ŒUVRES
DE FÉNELON.

T. I.

DE L'IMPRIMERIE DE L.-T. CELLOT
rue du Colombier, n° 30.

FÉNÉLON.

ŒUVRES
DE FÉNELON,
ARCHEVÊQUE-DUC DE CAMBRAI.

NOUVELLE ÉDITION, REVUE ET CORRIGÉE AVEC SOIN.

TOME PREMIER.

PARIS,
L. TENRÉ, LIBRAIRE, RUE DU PAON, N° 1;
BOISTE FILS AINÉ, LIBRAIRE,
QUAI DES AUGUSTINS, N° 29.
1822.

ESSAI HISTORIQUE

SUR

LA PERSONNE ET LES ÉCRITS

DE FÉNELON.

(EXTRAIT DE LA VIE DE CE PRÉLAT PAR LE P. QUERBEUF.)

ESSAI HISTORIQUE

SUR

LA PERSONNE ET LES ÉCRITS

DE FÉNELON.

Le nom du célèbre archevêque de Cambrai rappelle encore plus de vertus que de talens. Ses œuvres nous présentent un recueil précieux, souvent agréable, toujours instructif; et sa vie nous offre l'image touchante d'une âme pure, simple, noble, modeste, désintéressée.

Presque personne n'a paru sur la scène du monde avec plus d'éclat, et presque personne n'a soutenu avec plus de courage et moins de faste les grands succès et les grands revers. Tiré comme malgré lui de l'obscurité qu'il cherchoit et qu'il aimoit, il arriva à la cour sans intrigues, et il y vécut sans prétentions; et cette terre si orageuse, si mobile, sembla d'abord s'affermir et prendre sous ses pas une sorte de consistance.

Il s'y montra tel qu'il étoit, doux, facile, pieux, franc et réservé; et les dons de l'imagination la plus brillante, de l'esprit le plus soigneusement cultivé, ne servirent qu'à relever les grâces et les charmes de son caractère : aussi sur ce théâtre où les qualités éminentes seroient si utiles, si nécessaires, et sont quelquefois si redoutées, l'abbé de Fénelon, malgré son mérite, ne fut pendant quelques années ni plus craint ni plus envié que s'il n'avoit été qu'un homme médiocre.

Mais n'anticipons rien, et remontons jusqu'aux premiers momens d'une vie si digne d'être connue. Eh! que n'est-elle ici retracée par une plume aussi élégante que la sienne! Nous tâcherons du moins de nous modeler sur sa simplicité, sur sa droiture, sur son amour pour la vérité; et quelque grande que soit notre admiration pour lui, nous n'en parlerons ni en enthousiaste ni en homme de parti.

François de Salignac DE LA MOTHE FÉNELON naquit au château de Fénelon en Périgord, le 6 août 1651, d'un second mariage de Pons de Salignac, marquis de Fénelon, avec Louise de la Cropte, sœur du marquis de Saint-Abre. Mademoiselle de la Cropte avoit de la beauté, beaucoup de mérite, une naissance distinguée, et de grandes alliances tant anciennes que récentes. La comtesse de Soissons, épouse du frère aîné du fameux prince Eugène, étoit du même nom, de la même maison, mais de la branche de Beauvais-Chanterac. Cependant, parce que mademoiselle de la Cropte avoit peu de fortune, et que le marquis de Fénelon étoit âgé et déjà père de plusieurs enfans, la famille où elle entroit désapprouva une union d'ailleurs si sortable, et qui devint même très-heureuse, puisque l'archevêque de Cambrai en fut bientôt le fruit.

Que les pensées des hommes sont inconsidérées! que les calculs de l'intérêt et de la vanité sont peu sûrs! C'est à ce mariage qu'on redoutoit, auquel on s'étoit opposé, c'est à un enfant qu'on regardoit d'avance comme une charge onéreuse pour sa famille, que la maison de Fénelon doit une grande partie de son lustre, que le siècle si brillant de Louis XIV, que les lettres, que l'église de France, doivent un de leurs plus beaux ornemens.

Ce grand homme étoit issu d'une maison ancienne et distinguée en Périgord (1).

(1) La terre du nom s'appelle, dans le pays, *Salagnac* ou *Salignac* : une semblable variation a été commune à plusieurs autres grandes familles de ces provinces :

Nous n'insistons sur sa naissance que parce qu'il en a soutenu le poids, que parce qu'il en a rempli tous les engagemens.

La première éducation de Fénelon, simple, raisonnable et chrétienne, ne nous offre rien de remarquable, et n'en fut peut-être que meilleure. Le marquis de Fénelon, conduit par la raison et l'expérience, guides plus sûrs, plus dignes d'être suivis que l'imagination exaltée, que les raisonnemens captieux de nos nouveaux précepteurs du genre humain, voulut élever l'enfant de sa vieillesse comme on avoit élevé tous les grands hommes de son temps (et c'étoit le siècle de Louis XIV); il en fit sa plus douce comme sa plus importante occupation. Le moral, le physique, tout fut étudié, soigné, cultivé : le tempérament étoit foible, extrêmement délicat; à force de précautions, de ménagemens, de sobriété, on le rendit capable de soutenir la fatigue et le travail : l'esprit étoit vif, juste, pénétrant; on entretint, on alimenta cette flamme divine, mais avec la sagesse, la modération nécessaires

---

Armagnac, Armignac; Cardaillac, Cardillac; Pardaillan, Pardillan; Salagnac, Salignac, d'autres fois encore *Saleignac.* L'orthographe des plus anciens actes étoit même *Armanhac, Salanhac, Cardalhac, Pardalhan,* etc.

pour l'étendre et la fortifier : le cœur étoit droit, sensible, généreux ; et c'est à développer, à perfectionner ces qualités précieuses, et souvent si négligées, qu'on crut devoir ses premiers et ses principaux soins.

Dès que la raison commença à jeter quelques lueurs, dès qu'on entrevit les penchans, les dispositions de son âme, on s'attacha à lui donner des idées justes, à diriger tous ses sentimens vers la vertu : son naturel heureux et flexible se prêtoit à tout, et se plia de bonne heure à la règle, à l'ordre, au devoir.

Dès l'âge de six ans il donna une preuve bien sensible de la générosité qu'enseigne et qu'inspire la religion. Quoique le marquis et la marquise de Fénelon le perdissent rarement de vue, on le confioit cependant quelquefois à un domestique pour le mener à la promenade. Un jour qu'il prenoit l'air aux environs du château, il échappa à ce valet quelques propos qui manquoient de justesse ; le jeune enfant, qui en avoit beaucoup, s'en aperçut, et crut pouvoir les relever : le domestique, fier de la confiance qu'on lui marquoit, crut que c'étoit y manquer que de trouver qu'il raisonnoit de travers ; il insista, il voulut prouver ce qu'il avoit avancé ; l'enfant lui fit sentir paisiblement qu'il ne savoit ce qu'il disoit, et, désespérant enfin de le convaincre, le laissa parler sans rien répondre. Ce silence sage fut pris pour une nouvelle insulte; on ajouta au tort de mal raisonner celui de se conduire sans modération : l'enfant, saisi par le bras, fut jeté par terre, et se fit beaucoup de mal en tombant; il se releva avec peine, retourna au château, ne dit rien de cette aventure, et laissa croire qu'il avoit fait une de ces chutes dont on ne garantit pas toujours les enfans les mieux surveillés.

Nous ne citons cet exemple de l'empire qu'il avoit déjà sur lui-même, et du sacrifice qu'il fit de sa vengeance dans un âge où on la trouve toujours naturelle, et dans une circonstance où elle pouvoit paroître juste, que pour montrer combien il est utile d'accoutumer les enfans à essayer leurs forces contre eux-mêmes, contre leurs passions.

Le jeune Fénelon n'envisageoit dès lors la vertu que sous des traits aimables, et il faisoit pour elle les efforts qu'on ne nous dit que trop, et trop tôt, qu'il faut faire pour la fortune et pour la gloire. Il savoit déjà rentrer en lui-même, étudier, interroger son propre cœur, examiner ses actions, démêler leur motif; il savoit surtout s'adresser au Dieu de toute lumière et de toute puissance, et lui demander avec simplicité et avec confiance la connoissance, l'amour de sa loi, ainsi que les secours dont nous avons tant besoin pour l'accomplir;

il ne cherchoit à plaire que par sa modestie et sa docilité : content quand il n'avoit pas mérité de reproches, il ne couroit pas après les applaudissemens, et se portoit sans contrainte et sans dégoût à tout ce qui étoit de son âge, au jeu quand on le lui permettoit, et au travail quand on l'ordonnoit.

Le moment vint de penser plus sérieusement à la culture de son esprit. Sa santé étoit trop foible, et il étoit trop chéri peut-être pour qu'on se déterminât à l'éloigner sitôt de la maison paternelle : on lui chercha donc un instituteur assez patient pour ne pas se rebuter des soins constans et suivis que demande une éducation particulière, et assez instruit pour suppléer lui seul à la variété des secours qu'on trouve dans l'éducation publique ; la providence en ménagea un digne d'un tel élève.

Il prit des méthodes usitées ce qu'elles ont de bon, il y ajouta de lui-même et de son propre fonds ce qui pouvoit en assurer le succès ; il mettoit de l'ordre, de la netteté, de l'aménité dans ses leçons, et se gardoit bien de faire un épouvantail de l'étude, de la vérité, du devoir. Aussi, quoique le jeune Fénelon apprît beaucoup et très-facilement, il ne perdoit rien de sa candeur et de sa retenue, parce que, pour le garantir de la vanité et de la présomption, on ne lui faisoit envisager dans les sciences humaines qu'une vaste mer dont il ne pourroit jamais sonder toute la profondeur; et dans ses progrès, que des raisons de remercier et de bénir la providence à qui il les devoit. A l'âge de douze ans', il savoit très-bien le grec; écrivoit en françois et en latin avec facilité, avec élégance, avec cette propriété d'expressions qui répand sur le style tant de grâces et de clarté. Il connoissoit des anciens tout ce qu'à cet âge on en peut lire et retenir. Les historiens, les poëtes, les philosophes, les orateurs, il les avoit étudiés, analysés, comparés, et même déjà imités.

Ainsi croissoit, ainsi se formoit dans le silence et le recueillement, cet homme dont les écrits furent le charme encore plus que l'admiration de son siècle. Loin du fracas des villes, loin du tumulte des passions, son âme paisible et solitaire recevoit avidement et conservoit avec soin les impressions du bien et du beau; et c'est peut-être à ses premières études si bien faites, c'est sans doute à l'éducation morale et chrétienne qu'il reçut alors, que nous devons et la perfection de ses ouvrages, et, ce qui vaut encore mieux, la perfection de ses vertus.

On le destina de bonne heure à l'état ecclésiastique; et si, ce que nous n'osons croire, il entra dans ce projet quelques idées de fortune, quelques vues d'intérêt, nous pouvons du moins assurer que la victime qu'on offrit à l'autel n'étoit ni contrainte, ni défectueuse, qu'elle y marcha librement, et ne suivit, en s'y présentant, que les mouvemens d'une piété tendre, et que le saint attrait de vocation que Dieu nous donne ordinairement pour l'état auquel il nous appelle.

Cependant, pour en étudier les devoirs, pour puiser les connoissances qui y étoient relatives, il fallut quitter la maison paternelle. L'université de Cahors étoit florissante et peu éloignée; on y envoya l'abbé de Fénelon. On auroit pu dès lors lui faire commencer sa philosophie; mais sa grande jeunesse (il n'avoit encore que douze ans), le peu d'empressement qu'il avoit à se faire valoir, à montrer ce qu'il étoit, ce qu'il savoit, ce qu'il pouvoit, firent appréhender qu'il ne se rebutât des épines et de la sécheresse de cette science. Ainsi, pour laisser à sa raison le temps de se mûrir, pour ne point effaroucher en quelque sorte son imagination, on le fit entrer en rhétorique. Quelque supériorité qu'il eût sur ses condisciples, il ne s'en prévalut jamais, et se distingua encore plus par sa modestie que par les succès dont ses premiers essais furent publiquement couronnés.

Quoique dans cette année il revînt souvent

sur ses pas, qu'il fût dans la nécessité de relire encore ce qu'il avoit vu, de s'appliquer de nouveau à ce qu'on lui avoit déjà si bien enseigné, il ne perdit pas son temps, puisqu'il s'affermit dans ses bons principes, qu'il acquit une intelligence plus parfaite, plus raisonnée des anciens, et qu'il se mit en état de les apprécier mieux et de les imiter davantage.

Les belles-lettres, il est vrai, sembloient être son élément; mais la providence l'appeloit à d'autres travaux, à des études plus sérieuses, plus utiles sans doute, et sûrement plus analogues à l'état qu'il devoit embrasser.

Il s'y appliqua avec le soin qu'il mettoit à tout ce qui étoit de son devoir, avec cette flexibilité, cette *démission* d'entendement et de volonté qu'il recommande tant lui-même dans ses œuvres spirituelles, et qu'il pratiqua si bien dans le cours de sa vie. Il avoit une sagacité nette, prompte et lumineuse; une facilité d'attention qui ne se rebutoit de rien, et qui faisoit les choses les plus difficiles presque sans effort, toujours sans contention; une justesse d'esprit qui écartoit des mots, des idées, des définitions, tout ce qui les embrouille et les obscurcit; une imagination qui donnoit du corps, de la fraîcheur, une certaine douceur attrayante aux vérités les plus sèches, les plus abstraites.

A dix-huit ans il finit son cours de théologie, prit des grades dans l'université de Cahors, et retourna dans sa famille.

Antoine, marquis de Fénelon, son oncle, instruit de tout ce que promettoit un tel neveu, le fit venir alors à Paris, le reçut dans sa maison, et le traita comme son propre fils. Cet oncle étoit lui-même un homme de beaucoup d'esprit, d'une piété exemplaire et d'une valeur distinguée. Le grand Condé, qui l'honoroit de son estime, disoit de lui qu'il etoit également propre pour la conversation, pour la guerre et pour le cabinet. De son mariage avec une héritière de la très-ancienne maison de Montberon, il ne lui étoit resté qu'une fille, qui fut d'abord mariée dans la maison de Laval, et devint mère de M. le marquis de Laval, chef des nom et armes de l'illustre maison de Laval-Montmorency. En secondes noces, elle épousa par dispenses François de Salignac Fénelon, son cousin germain, fils d'un premier mariage de Pons de Salignac avec la fille du maréchal d'Aubeterre. Leur fils, nommé aussi François, marié à mademoiselle de Beaupoil de Saint-Aulaire, eut, entre autres enfans, Jacques-Gabriel de Salignac, marquis de Fénelon, qui fut élevé à Cambrai auprès de son grand-oncle.

Nommé à l'ambassade de Hollande en 1725,

trois ans après on l'en retira pour remplir la place de second plénipotentiaire au congrès de Soissons, sous M. le cardinal de Fleury, qui étoit le chef de cette légation ; et, le congrès fini, il retourna à la Haye avec la même qualité d'ambassadeur.

Il a eu plusieurs enfans de Louise le Pelletier, son épouse, fille et sœur d'un premier président du parlement de Paris, et d'un nom recommandable par les vertus et les lumières qui honorent les grandes places.

Il fut tué à la bataille de Raucoux le 11 octobre 1746 ; il étoit lieutenant général et chevalier des ordres du roi. « Le seul officier » général que la France perdit en cette journée, » dit M. de Voltaire, fut le marquis de Fénelon, » neveu de l'immortel archevêque de Cambrai. » Il avoit été élevé par lui, et en avoit toute la » vertu, avec un caractère tout différent. Vingt » années employées dans l'ambassade de Hol- » lande n'avoient pas éteint un feu et un em- » portement de valeur qui lui coûta la vie. » Blessé au pied depuis quarante ans, et pou- » vant marcher à peine, il alla sur les retran- » chemens ennemis à cheval : il cherchoit la » mort, et il la trouva. Son extrême dévotion » augmentoit encore son intrépidité : il pensoit » que l'action la plus agréable à Dieu étoit de » mourir pour son roi. Il faut avouer qu'une

» armée composée d'hommes qui penseroient
» ainsi seroit invincible. »

M. de Fénelon fut regretté et pleuré de sa famille, de ses amis, de toute l'armée. Son petit-fils, le marquis de Fénelon, est aujourd'hui l'aîné et le chef de nom et d'armes de sa maison : c'est à ses soins que le public sera redevable et des mémoires qui ont servi à cette histoire de M. l'archevêque de Cambrai, et des manuscrits qui serviront à compléter le recueil de ses œuvres.

Revenons à M. l'abbé de Fénelon, âgé seulement de dix-huit ans, et arrivant à Paris chez Antoine, marquis de Fénelon. Que ne puis-je décrire tout ce qu'on découvroit et dans son cœur de qualités aimables, et dans son esprit de qualités brillantes! Le marquis de Fénelon, pour l'occuper sans doute, et peut-être aussi pour essayer ses talens, et les diriger de bonne heure vers l'utilité et la sainteté de sa profession, l'engagea à composer quelques sermons. Il prêcha à dix-neuf ans, et fut extraordinairement applaudi. Ce succès si flatteur pour un oncle qui l'aimoit avec tendresse l'alarma cependant : il craignit pour cette âme sensible le poison subtil et dévorant de la vanité ; il se repentit presque de l'avoir montré, de l'avoir produit trop tôt ; et pour mieux conserver ce trésor de vertus et de talens, il se détermina à le soustraire aux éloges qu'on lui donnoit déjà dans le monde.

« Votre début a été assez heureux, lui dit-il un jour; mes amis deviennent les vôtres, ils s'intéressent à vous, ils cherchent à vous faire valoir, et veulent, par leurs applaudissemens, vous ouvrir, vous aplanir les routes de la fortune. Mais seroit-ce pour servir cette vaine idole que vous vous feriez ecclésiastique? Ne vous proposeriez-vous pour récompense de vos travaux que ces étonnemens, ces admirations, qui annoncent plus l'indigence de ceux qui paroissent les éprouver que la richesse de ceux à qui on les prodigue? Non, je vous connois trop bien, ajouta-t-il en l'embrassant : vous voulez être un disciple fidèle, un digne ministre de la religion que vous commencez à prêcher. Allez donc dans ces asiles où, loin des écueils et du tumulte, on étudie ses devoirs, on prend la sainte habitude de les remplir, et l'on acquiert, avec les lumières de votre état, la force et le zèle si nécessaires pour en soutenir le poids et la gravité. »

L'abbé de Fénelon aimoit véritablement ses parens ; il n'étoit pas insensible au plaisir pur et paisible de vivre au milieu d'eux et de leurs amis : mais il aimoit Dieu par-dessus tout ; et pour lui obéir, car le discours de son oncle lui parut un ordre du ciel, il ne balança pas à sacrifier un goût en soi très-permis, très-honnête, et à s'arracher à la douceur et aux agrémens qu'il trouvoit au sein de sa famille.

Il entra sans délai au séminaire de Saint-Sulpice. Dans cette école de toutes les vertus, de toutes les sciences ecclésiastiques, il s'abandonna sans aucune réserve à la direction de M. l'abbé Tronson, qui en étoit supérieur général, et à qui on l'avoit spécialement recommandé.

Il trouva dans cette maison ce qui le touchoit lui-même le plus, et ce qu'on y voit encore aujourd'hui avec beaucoup d'édification : une foi pure, des mœurs simples, de grandes lumières, et encore plus de modestie et de piété. Jamais il ne se sentit plus à sa place, et par conséquent plus à son aise, que dans une société où tout respiroit le recueillement et la paix.

Après cinq ans de recueillement, de retraite et d'instructions, il reçut la prêtrise à l'âge de vingt-quatre ans. Ce ne fut pas entre ses mains un talent oisif et infructueux, il en exerça les fonctions avec une piété édifiante dans la paroisse de Saint-Sulpice.

Le soin des pauvres, la visite des malades, le confessionnal, les catéchismes, les prônes, les exhortations familières, tous ces travaux obscurs et pénibles, qui n'en sont que plus méritoires, plus respectables, l'abbé de Fenelon s'y livra avec zèle, avec assiduité, ne croyant rien au-dessous de lui dans un ministère où tout est au-dessus de l'homme, quel qu'il soit.

Plein de respect pour le caractère sacré du sacerdoce, et d'une sainte ardeur pour en remplir les rigoureuses et effrayantes obligations, il se regardoit comme l'homme de Dieu, comme l'homme du peuple fidèle, et ne se proposoit dans tous ses travaux que la gloire de l'un et le salut de l'autre. Humble, doux, patient, charitable, ne recherchant pas les riches, ne dédaignant pas les pauvres, il ne refusoit à personne les soins et les conseils qu'on lui demandoit. Content de ce qu'on appelle la dernière, et qu'on appelleroit peut-être mieux la plus estimable, du moins la plus utile classe des prêtres, il ne pensoit ni à en sortir, ni même à s'y faire remarquer.

Cependant M. de Harlay, alors archevêque de Paris, instruit de ses talens et de ses succès, voulut en profiter et en étendre la sphère : il lui confia la supériorité des nouvelles catholiques. C'étoit une association de filles éclairées, pieuses, bien nées, qui se dévouoient librement et sans intérêt à l'instruction des jeunes protestantes. Louis XIV protégeoit cette maison, la combloit de biens, la remplissoit de prosélytes. Rien n'étoit donc plus important que de lui donner un chef qui réunît en sa personne et les dons de la science, et les dons plus nécessaires encore de la persuasion ; un chef instruit dans la controverse, sage, indulgent même, capable d'attendre patiemment les momens de la lumière et de la grâce, de gagner les cœurs, pour dissiper plus sûrement les nuages de l'esprit ; de ramener à la soumission, de vaincre l'entêtement, de guérir des préjugés de naissance, sans rien précipiter, sans rien aigrir, mais par la voie de la douceur, des ménagemens, de tout ce que permet, de tout ce qu'ordonne une charité modeste et compatissante.

M. de Harlay trouva tout cela dans M. l'abbé de Fénelon. A peine fut-il chargé du gouvernement de cette maison, qu'il devint véritablement le père, le conseil, l'ami des institutrices et des élèves. Il établit entre les premières ce concert, cette union, cette dépendance nécessaire pour qu'elles concourussent toutes également et avec ordre à la sainte œuvre qu'elles se proposoient, pour qu'elles s'y affectionnassent, et prévinssent, en s'y affectionnant, les jalousies, les dégoûts, ces troubles, ces anxiétés de l'amour-propre si ordinaires et si dangereuses dans les fonctions de cette espèce. Il leur donna des règlemens, des méthodes simples, claires, précises, proportionnées au degré d'intelligence et de dispositions de leurs prosélytes ; précaution essentielle pour que des filles, ou par trop de complaisance, ou par trop de zèle, ne demeurassent jamais au-dessous de ce qu'elles devoient demander, et n'allassent jamais au delà de ce qu'elles devoient exiger. Il les prémunit contre les lectures inutiles, contre les discussions indiscrètes, contre ces raisonnemens trop métaphysiques qui écartent souvent de la vérité ceux mêmes qui la recherchent de bonne foi. Il les entretint dans l'amour de la retraite, du travail, de l'étude, car elles en avoient besoin, du recueillement enfin et de la prière.

Il voyoit aussi les élèves, les entretenoit souvent, écoutoit leurs doutes, leurs objections, y répondoit toujours avec bonté, quelque futiles, quelque absurdes qu'elles fussent; s'occupoit de leurs besoins; prenoit part à leurs peines, à leurs chagrins; s'efforçoit de les calmer, de les consoler; s'intéressoit à tout ce qui les touchoit; leur parloit en particulier, en public ; et mettoit à les ramener, à les convertir, une suite, une vigilance, une adresse, une simplicité qui les charmoit et les préparoit si bien à l'abjuration intérieure, solide et réelle de toutes leurs erreurs.

Ce fut pendant l'exercice de cette supériorité qu'il fit connoissance avec le célèbre M. Bossuet, évêque de Meaux. L'abbé de Fénelon savoit beaucoup, mais il ne croyoit pas tout savoir; mais il n'ignoroit pas que nos lumières, quelque grandes qu'elles paroissent au microscope plus que magique de l'amour-propre, sont toujours en elles-mêmes très-foibles, très-courtes, très-susceptibles d'accroissement. Pour les étendre donc, pour les fortifier, il voulut connoître et s'approcher du savant et illustre évêque de Meaux. Il alla le voir, le consulter, l'étudier dans lui-même, après l'avoir étudié dans ses admirables ouvrages. Il en fut très-bien reçu, et il s'établit entre eux une correspondance, une liaison qui dura près de vingt ans, et qui auroit dû toujours durer. M. Bossuet vit avec intérêt, avec attendrissement, tout ce que l'âme de Fénelon renfermoit de qualités aimables et excellentes; et celui-ci trouva dans l'esprit vaste, lumineux et tranchant de Bossuet tout ce qu'il désiroit, un conseil éclairé, un guide ferme autant que sûr.

Quoique différens l'un de l'autre, ils étoient, j'ose le dire, faits l'un pour l'autre. Tous deux avoient un grand caractère; l'un d'élévation, l'autre de bonté : tous deux leur genre de sublime ; Bossuet, d'idées et de conceptions nobles et frappantes ; Fénelon, de pensées et de sentimens simples et pénétrans. Celui-là, déjà connu, déjà monté à cette hauteur de réputation qu'il ne devoit qu'à son génie, qu'à ses travaux, qu'à son zèle pour la religion, n'avoit point de supérieur, ni même de rival. Celui-ci entroit dans la carrière avec tout ce qui annonce, tout ce qui promet des succès rares, mais sans prétentions, sans vouloir rien disputer à personne, et seulement pour la parcourir selon les vues de la providence sur lui. Il savoit qu'il y trouveroit des écueils, des obstacles; cette vie en est toujours pleine : pour éclairer, pour diriger sa marche, pouvoit-il mieux s'adresser qu'à Bossuet? Ce grand homme étoit digne d'un tel disciple, et le disciple méritoit sans doute aussi d'avoir un tel maître. Ils s'aimèrent dès qu'ils se virent, dès qu'ils eurent conversé ensemble : tant leurs cœurs vertueux étoient disposés à s'entendre, quoique la trempe de leur esprit se ressemblât si peu.

Dans les visites qu'il rendoit à Bossuet, à sa campagne de Germigni, il l'écoutoit, il le consultoit, il lui proposoit ses doutes, ses vues, ses projets pour le bien de la religion; car il n'en formoit point d'autres : il lui parloit avec toute confiance, raisonnoit, discutoit, osoit même avoir un avis; et Bossuet le lui pardonnoit, et en concluoit avec raison que la déférence, les égards, dont Fénelon ne s'écartoit jamais, étoient commandés par l'estime et le respect, et non par cette timidité qu'on confond quelquefois avec la modestie, et qui n'est le plus souvent que le voile hypocrite de la foiblesse ou de l'amour-propre.

Ce commerce agréable et consolant pour Bossuet, qui n'avoit plus rien à acquérir, mais qui se plaisoit à former à l'église un ministre capable de la servir et de l'édifier, fut très utile pour celui que nous osons appeler son élève. Il étendit ses connoissances, lui inspira un nouveau goût pour l'étude, et, sans rien ôter à son zèle de sa douceur et de son onction, ne l'en rendit que plus ferme et plus assuré.

Aussi, quelque ordinaires, quelque obscures que fussent les fonctions de Fénelon, on admira bientôt la manière non commune dont il les remplissoit, et les nouvelles catholiques devinrent le théâtre de sa gloire et de sa réputation. On accouroit à ses catéchismes, à ses instructions ; on ne parloit que de son éloquence simple, noble, persuasive, que des conversions qui en étoient les fruits salutaires.

Louis XIV, attentif à tout ce qui se passoit dans sa capitale et dans son royaume, plus attentif encore à démêler, à employer les hommes utiles à l'état et à la religion, apprit avec joie tout ce qu'il avoit à attendre de tant de talens et de pieté : il résolut d'en faire promptement usage. Plein du désir si louable de réunir à l'église ceux de ses sujets que l'hérésie de Calvin en avoit séparés, il faisoit donner des missions dans les provinces où l'erreur avoit fait le plus de progrès et jeté de plus profondes racines. Les côtes de la Saintonge et le pays d'Aunis étoient de ces malheureuses contrees. Il nomma l'abbé de Fénelon chef des missionnaires qu'il projetoit d'y envoyer; mais il voulut auparavant le voir, l'entretenir, le juger lui-même, tant il avoit à cœur le succès heureux qu'il en attendoit. Fénelon parut devant ce monarque si imposant avec une assurance modeste, l'écouta avec respect, osa le contredire, ou plutôt lui représenter que les ministres de la religion étoient des évangélistes de paix, qu'il ne convenoit pas qu'ils marchassent escortés de gens de guerre ; que cet appareil militaire pouvoit effrayer, mais ne changeroit véritablement personne ; que le glaive de la parole, que la force de la grâce étoient les seules armes que les apôtres eussent employées; qu'à leur exemple il n'en vouloit point d'autres.

Mais, lui répliqua Louis XIV avec bonté, ne redoutez-vous rien? Ne dois-je pas vous garantir de la méchanceté, de la fureur entreprenante et séditieuse des hérétiques? Ne savez-vous pas de quoi leur fanatisme est capable, les préventions, l'esprit de vengeance qui les anime contre les pretres ? Je ne l'ignore pas, sire : mais un missionnaire doit-il craindre de pareils dangers ? J'ose vous le répéter, si vous attendez de nos prédications une moisson vraiment apostolique, il faut que nous y allions en vrais apôtres. J'aime mieux périr par la main des frères errans, que d'en voir un seul exposé aux vexations, aux insultes, aux violences presque inévitables des gens de guerre.

Le nouveau missionnaire ne tarda pas à se rendre à sa destination. Les excursions dans les campagnes, les voyages périlleux, les discussions critiques et délicates, la visite des plus entêtés, des plus prévenus, les supplications, les promesses, les raisons, il employoit tous les moyens, et presque tous lui réussirent. Ceux mêmes qu'il ne put gagner, qu'il ne put convaincre, il les charma par son égalité, par sa patience, par sa modération. En refusant de se rendre à ses tendres et pathétiques exhortations, aucun ne put lui refuser son estime, son admiration, je dirois presque son amitié, sa confiance; et s'il n'en fit pas des catholiques dociles, il en fit du moins des sujets soumis et fidèles.

Ayons, comme Fénelon, un zèle ferme et doux ; soyons, comme lui, des ministres de paix et des modèles de vertus ; imitons son désintéressement, sa modestie; ne cherchons, par nos travaux, ni les applaudissemens ni la fortune ; et notre ministère deviendra, comme le sien, utile à l'église, aux mœurs, à la tranquillité publique.

Ces missions heureusement terminées, il en vint rendre compte à Louis XIV. Il recommanda à ce monarque les peuples qu'il venoit d'évangéliser, fit valoir leurs dispositions pacifiques, parla avec éloge de ses coopérateurs, leur attribua les conversions qui s'y étoient faites, et n'ajouta pour lui que des assurances de fidélité et de promptitude à exécuter les ordres de sa majesté. Malgré la satisfaction que lui témoigna Louis XIV, malgré l'espérance d'en être toujours favorablement reçu, Fénelon fut plus de deux ans sans paroître à la cour : il reprit tranquillement ses fonctions de supérieur des nouvelles catholiques et de la Madeleine de Tresnel, et ne cherchoit ni à se produire, ni à changer de situation. On y pensa pour lui : il étoit en effet, comme impossible qu'avec tant de piété, qu'avec un si saint usage de ses rares talens, l'abbé de Fénelon ne fit pas une sorte de sensation dans le monde.

Le distributeur des grâces ecclésiastiques le proposa au roi pour l'évêché de Poitiers : mais M. de Harlay, qui lui avoit déjà reproché avec amertume qu'il vouloit être oublié et qu'il le seroit ; M. de Harlay, dis-je, choqué de voir si peu l'abbé de Fénelon, plus choqué encore de la préference qu'il donnoit à M. de Bossuet, et de sa grande confiance dans ce prélat, que l'archevêque n'aimoit pas, eut le crédit de le faire rayer de dessus la feuille avant que la nomination fût devenue publique.

On le représenta au roi comme prévenu en faveur des nouvelles opinions. Son goût pour la retraite, le peu de mouvement qu'il se donnoit pour son avancement; sa réserve avec les jésuites, qu'il ne voyoit pas, non qu'il s'en plaignît, non qu'il s'en défiât ou qu'il ne les aimât point, mais parce qu'ils avoient la principale confiance du roi pour la disposition des places ecclésiastiques ; ce désintéressement enfin, tant désirable dans les personnes de son état : la jalousie, si habile à mettre tout dans un faux jour, à noircir, à empoisonner tout, les fit valoir comme de fortes raisons de soupçonner qu'il étoit secrètement épris de ces nouveautés devenues presque à la mode dans le monde et à la cour, surtout parmi ceux qui se piquoient d'esprit, et à qui le parti pour lequel ils se déclaroient ne manquoit guère d'en trouver beaucoup.

Peu de temps après, M. l'évêque de la Rochelle vint à Paris. La conduite sage et édifiante de l'abbé de Fénelon, pendant tout le cours des missions qu'il avoit données dans son vaste diocèse, lui avoit gagné l'estime et l'affection de ce prélat. De son propre mouvement, à l'insu du jeune abbé, et dans l'unique vue de procurer à ses ouailles un pasteur qu'elles aimoient, dont elles connoissoient tout le mérite, il le demanda au roi pour son coadjuteur.

Cette démarche n'eut d'autre effet que de renouveler les soupçons qu'on avoit affecté de répandre, attendu que M. de la Rochelle étoit lui-même suspect de ce côté-là, et qu'il avoit auprès de lui des gens déclarés pour ces opinions récentes, à qui il livroit sa confiance.

La foi de Fénelon étoit pure comme sa conduite; ses principes sur l'autorité de l'église, sur la soumission qu'on lui doit, étoient exacts et même sévères. Il n'avoit jamais rien dit, jamais rien fait, qui pût autoriser ces bruits faux et méchans; il prit donc le parti de les laisser tomber, et n'en travailla ni avec moins de zèle, ni avec moins d'utilité. Il donna vers ce temps-là deux ouvrages au public, les deux premiers qui soient sortis de sa plume : l'un, intitulé L'ÉDUCATION DES FILLES, lui avoit été demandé par son ami M. le duc de Beauvilliers; l'autre est un traité sur LE MINISTÈRE DES PASTEURS.

Tous deux sont écrits d'un style simple, clair, élégant. Tous deux annoncent des vues sages et une manière précise en même temps qu'agréable de présenter, de faire goûter les matières les plus sèches, les plus abstraites.

Le traité de l'Éducation des filles eut alors la plus grande vogue; et il la méritoit par le charme de la diction, par la vérité des détails, par la justesse des observations. Ce livre, beaucoup lu, n'a peut-être jamais été assez médité.

L'auteur suit l'enfant dès le berceau, pour ainsi dire, et croit essentiel de commencer de très-bonne heure à le former. Il n'y a dans ses préceptes ni sécheresse, ni même trop d'uniformité; il se plie, il change, selon l'âge et les diverses dispositions des sujets différens : rien n'échappe à son œil attentif et pénétrant; et son cœur, plein comme son esprit de ce qu'il traite, donne à son style une douceur, une précision, une clarté, une abondance qui attache, qui entraîne le lecteur sans l'ennuyer ni le fatiguer jamais. Ce qui peut élever l'âme, ce qui peut fortifier le corps, y est désigné, y est facilité par des moyens simples, naturels, proportionnés à tous ceux qui ne manquent ni de bon sens ni de bonne volonté. Rien n'y a l'air de la recherche, de la singularité; et tout y est le résultat d'une sagesse très-rare, très-profonde, très-éclairée.

« N'effarouchez pas votre enfant, nous dit-il,
» sur la piété, par une sévérité inutile. Laissez-

» lui une liberté honnête et une joie innocente;
» accoutumez-la à se réjouir en-deçà du péché,
» et à mettre son plaisir loin des divertissemens
» contagieux.

» Tâchez de lui faire goûter Dieu ; ne souf-
» frez pas qu'elle ne le regarde que comme un
» juge puissant et inexorable qui veille sans
» cesse pour nous censurer et pour nous con-
» traindre en toute occasion. Faites-lui voir
» combien il est doux, combien il se propor-
» tionne à nos besoins, et a pitié de nos foi-
» blesses. Familiarisez-la avec lui comme avec
» un père tendre et compatissant. Ne lui laissez
» point regarder la prière comme une oisiveté
» ennuyeuse, et comme une gêne d'esprit où
» l'on se met pendant que l'imagination échap-
» pée s'égare. Faites-lui entendre qu'il s'agit
» de rentrer souvent au dedans de soi pour
» y trouver Dieu, parce que son règne est au
» dedans de nous. Il s'agit de parler simple-
» ment à Dieu à toute heure, pour lui avouer
» nos fautes, pour lui représenter nos besoins,
» et pour prendre avec lui les mesures né-
» cessaires par rapport à la correction de nos
» défauts. Il s'agit d'écouter Dieu dans le si-
» lence intérieur.

» Il s'agit de laisser tomber les pensées qui
» nous distraient dès qu'on les remarque, sans
» se distraire à force de combattre les distrac-

» tions, sans s'inquiéter de leur fréquent retour.
» Il faut avoir patience avec soi-même, et ne
» se rebuter jamais, quelque légèreté d'esprit
» qu'on éprouve en soi. Les distractions invo-
» lontaires ne nous éloignent pas de Dieu ; rien
» ne lui est si agréable que cette humble pa-
» tience d'une âme toujours prête à recommen-
» cer pour revenir à lui.

» Il ne s'agit, dans la prière, ni de grands
» efforts d'esprit, ni de saillies d'imagination,
» ni de sentimens délicieux que Dieu donne et
» qu'il ôte quand il lui plaît. Quand on ne con-
» noît point d'autre oraison que celle qui con-
» siste dans toutes ces choses si sensibles, si
» propres à nous flatter intérieurement, on se
» décourage bientôt; car une telle oraison tarit,
» et alors on croit avoir tout perdu : mais dites
» à votre enfant que la prière ressemble à une
» société simple, familière et tendre, ou, pour
» mieux dire, qu'elle est cette société même;
» accoutumez-la à épancher son cœur devant
» Dieu, à se servir de tout pour l'entretenir, à
» lui parler avec confiance comme on parle li-
» brement et sans réserve à une personne qu'on
» aime et dont on est sûr d'être aimé du fond
» du cœur. La plupart des personnes qui se
» bornent à une certaine manière de prier con-
» trainte, sont avec Dieu comme avec des per-
» sonnes qu'on respecte, qu'on voit rarement,

» par pure formalité, sans les aimer et sans être
» aimé d'elles ; tout s'y passe en cérémonies et
» en complimens ; on s'y gêne, on s'y ennuie,
» on a impatience de sortir. Au contraire, les
» personnes vraiment intérieures sont avec Dieu
» comme avec leur intime ami. On ne mesure
» point ce qu'on dit, parce qu'on sait à qui on
» parle; on ne dit rien que de l'abondance et de
» la simplicité du cœur. On parle à Dieu des
» affaires communes qui sont sa gloire et notre
» salut; nous lui disons nos défauts que nous
» voulons corriger, nos devoirs que nous avons
» besoin de remplir, nos tentations qu'il faut
» vaincre, les délicatesses et les artifices de
» l'amour-propre qu'il faut réprimer. On lui dit
» tout, on l'écoute sur tout.... Alors Dieu de-
» vient l'ami du cœur, le père dans le sein duquel
» l'enfant se console, l'époux avec lequel on
» n'est plus qu'un même esprit par la grâce....»

Qu'on juge par l'onction qui règne dans ce morceau, de celle qu'il mettoit dans ses sermons. Nous n'avons de lui que ceux de sa jeunesse, imprimés dans un recueil in-12 ; nous ne les proposerons pas comme un modele d'éloquence dans un temps où l'on semble dédaigner tout ce qui est simple, facile et naturel. Mais on accouroit à ces sermons, on les écoutoit avec fruit, et l'on en sortoit instruit, édifié, et souvent converti. Dans la suite, et même de très-bonne heure, l'habitude de parler de Dieu étoit devenue si familière à Fénelon, qu'il n'écrivoit plus ses sermons : fort peu de préparation lui suffisoit pour former en lui-même le plan de son discours et se tracer l'ordre qu'il vouloit y suivre; après quoi il se laissoit aller à cette abondance d'idées et de sentimens dont il étoit rempli : c'étoit une source pleine, pure et vive, qui se répandoit sur son auditoire ; et son éloquence avoit ce beau transport qui touche et remue, et qu'on ne trouve pas toujours dans les compositions les plus étudiées.

On le vit dans le cours de son épiscopat prêcher régulièrement tous les carêmes dans quelques-unes des églises de sa ville, et, à certains jours plus solennels, dans son église cathédrale, sans que les sermons d'une année revinssent jamais les années suivantes. Le même sujet étoit traité chaque fois avec le tour nouveau d'un génie fécond qui n'a jamais besoin de se copier. Il n'y a pas une des paroisses des villes et des campagnes de son diocèse qu'il n'ait visitée, et dont la visite n'ait été accompagnée d'une instruction pour le peuple.

Cette grande et merveilleuse facilité, il l'avoit acquise, moins encore par l'étude, qu'il ne négligeoit pas cependant, que dans la prière, que dans l'exercice fréquent de la méditation, que dans ce silence et ce calme intérieur qui le rendoit si attentif et si docile à la voix de Dieu. C'est en parlant souvent à ce grand maître qu'il apprenoit à parler de lui de manière à le faire craindre, à le faire aimer encore plus.

Quoi qu'il en soit, ce n'est pas uniquement sur les discours que nous avons de Fénelon qu'il faut apprécier son talent pour la chaire. Il étoit très-jeune quand il les fit, comme nous l'avons observé ; et quoiqu'on y trouve de l'élégance, de la clarté, de la méthode, du mouvement, de solides instructions, et déjà une grande connoissance de l'écriture, de la religion, des voies de la piété, nous présumons qu'il dut faire un plus grand effet dans les sermons qu'il prêcha dans un âge plus avancé et après des études plus profondes.

Il y suivoit sans doute ces règles si sages et si judicieuses qu'il nous donne dans ses Dialogues sur l'éloquence. Ce traité, quoique très-court, ne laisse presque rien à désirer sur cette matière : les principes nous paroissent excellens, et l'auteur les développe avec cette facilité, cette discrétion qui lui sont particulières. Sans condamner avec aigreur les méthodes d'usage, il en fait voir les inconvéniens, et ramène doucement à la sienne, qui semble effectivement la plus apostolique, et par conséquent la plus propre à instruire et à édifier. Ce qu'on y trouve d'érudition, de recherches, d'observations délicates et sensées, est étonnant; et ce qui l'est encore plus, c'est le peu d'appareil et de prétentions, c'est même le ton simple, naturel et modeste qui y règne d'un bout à l'autre. On sent partout qu'il est plein de son sujet, qu'il a lu, ruminé, parfaitement digéré les ouvrages qui y ont quelques rapports, et c'est ce qui répand sur sa manière tant de jour et de precision. On ne dit qu'avec prolixité, on ne dit qu'obscurément ce qu'on ne sait qu'à demi. C'est pourquoi l'instruction est la première chose qu'il demande à l'orateur chrétien.

Il faut lire dans l'ouvrage même les détails dans lesquels il entre sur la dignite du ministère, sur le genre d'étude auquel on doit s'appliquer, sur le ton, le geste, le style, sur cette sainte indépendance qu'inspire l'oubli de tout intérêt propre, sur les modèles qu'il faut se proposer. Quelle idée grande et majestueuse il nous donne de l'éloquence de Moïse, de David, des prophètes, des évangélistes et des apôtres! Comme il caractérise celle de Tertullien, de saint Cyprien, de saint Ambroise, de saint Augustin, de saint Jérôme, de saint Léon, de saint Pierre Chrysologue, de saint Jean Chrysostôme, de saint Grégoire de Nazianze, de saint Basile, de presque tous les pères grecs et latins! Ils avoient, dit-il, les défauts de leur siècle; mais ils les rachetoient par une modeste et prodigieuse érudition, par une élocution rapide et touchante, par un zèle, une piété qu'ils faisoient passer dans l'âme de leurs auditeurs. Ni Homère, ni Platon, ni Démosthènes, ni Cicéron, ni aucun des orateurs ou des poëtes les plus célèbres de l'antiquité, n'ont mieux connu les ressorts du cœur humain, ni employé plus d'art et de moyens pour les remuer, pour les diriger vers ce qui est bon, utile et seul nécessaire, je veux dire l'amour et la pratique de la vertu.

Ces dialogues si intéressans sont terminés par ces paroles de saint Jérôme à Népotien : « Quand vous enseignerez dans l'église, n'ex-
» citez point les applaudissemens, mais les gé-
» missemens du peuple. Que les larmes de vos
» auditeurs soient vos louanges. Il faut que les
» discours d'un prêtre soient pleins de l'écriture
» sainte. Ne soyez point un déclamateur, mais
» un vrai docteur des mystères de Dieu. »

Ainsi Fénelon n'a jamais l'air de parler d'après son opinion, mais d'après la raison, le bon sens, l'expérience et les principes d'un goût sûr et délicat qu'il s'étoit formé par la lecture des anciens. Son respect pour leur autorité n'étoit cependant pas aveugle. Ils ne sont pas parfaits, nous dit-il; mais ce sont ceux qui ont le plus approché de la perfection, parce que ce sont ceux qui se sont le moins éloignés de la nature.

Fénelon va changer de fonctions sans changer pour cela de mœurs et de sentimens : on le verra, dans la cour la plus magnifique, simple et désintéressé comme il l'étoit dans l'état modeste d'où il venoit de sortir.

L'âge du duc de Bourgogne demandoit qu'on le tirât des mains respectables, et en quelque sorte maternelles, qui avoient soigné les premières années de son enfance. Louis xiv, vieilli dans la connoissance des hommes, apporta à une affaire aussi importante l'attention d'un père tendre et éclairé, et celle d'un monarque sage et prudent : c'étoient ses petits-fils, c'étoient les enfans de l'état, qu'il s'agissoit de former et de rendre dignes de leur haute destination. Il falloit donc trouver des instituteurs qui joignissent à de grandes et vastes connoissances une probité, des vertus à toute épreuve. Il jeta les yeux sur M. le duc de Beauvilliers, qu'il connoissoit et qu'il avoit déjà fait entrer dans le conseil d'état; il le nomma gouverneur. Il le consulta ensuite sur le choix d'un précepteur, et, de concert avec lui, d'après le bien qu'il en savoit et que lui confirma M. le duc de Beauvilliers, il se décida pour M. l'abbé de Fénelon. Cette nomination, dès qu'elle fut rendue publique, ne fut pas moins applaudie que celle de M. de Montausier et de M. Bossuet pour l'éducation du grand Dauphin. L'évêque de Meaux en témoigna hautement sa satisfaction ; et voici comme il s'exprime dans une lettre écrite, le 9 août 1689, à madame la marquise de Laval, née Fénelon et cousine germaine du nouveau précepteur :

« Hier, madame, je ne fus occupé que du
» bonheur de l'eglise et de l'état : aujourd'hui
» j'ai eu le loisir de refléchir avec plus d'atten-
» tion sur votre joie, elle m'en a donné une
» très-sensible. Monsieur votre père (Antoine,
» marquis de Fénelon), un ami si cordial et si
» plein de mérite, m'est revenu dans l'esprit :
» je me suis représenté comme il seroit en cette
» occasion en voyant l'éclat d'une vertu qui se
» cachoit avec tant de soin. Enfin, madame,
» nous ne perdrons pas M. l'abbé de Fénelon :
» vous pourrez en jouir; et moi, quoique pro-
» vincial, je m'échapperai quelquefois pour
» l'aller embrasser. Recevez, je vous en con-
» jure, les témoignages de ma joie, et les assu-
» rances du respect avec lequel je suis, ma-
» dame, etc. *Signé*, BÉNIGNE, évêque de
» Meaux. »

M. de Fénelon ne tarda pas à commencer ses fonctions de précepteur auprès du duc de Bourgogne, l'aîné des princes qu'il devoit instruire. Ce fut au mois de septembre 1689, et il avoit alors trente-huit ans. Tout ce qui concouroit à cette éducation étoit d'un mérite distingué.

Les sous-précepteurs furent M. l'abbé de Beaumont, neveu de Fénelon, et M. l'abbé Fleuri, si célèbre par ses ouvrages, qu'ils font seuls son éloge.

Les chevaliers Dupuy et de l'Échelle, ses gentilshommes de la manche, étoient vraiment dignes du choix qu'on avoit fait d'eux.

Le père de Valois, indiqué par M. l'abbé de Fénelon pour être confesseur des princes, jouissoit dans Paris et à la cour d'une grande réputation de piété et de zèle. La maison de retraite qu'il avoit établie au noviciat des Jésuites, et les lettres pleines d'onction et de force qu'il avoit données au public pour faire voir les avantages qu'on peut retirer en toutes sortes d'états des exercices spirituels qui se font dans la retraite, lui avoient attiré la confiance de plusieurs personnes de qualité, qui étoient devenues sous sa conduite des modèles de vertu et de régularité. On crut donc avec raison que nul ne seroit plus propre que lui à inspirer aux jeunes princes de grands sentimens de religion, dans un âge où ces premières semences peuvent avoir de si heureuses suites pour toute la vie.

La plus grande harmonie régnoit dans cette éducation : tous ceux qui y avoient été appelés, pénétrés de l'importance de leur emploi, ne songeoient qu'à répondre à la confiance du roi et aux espérances de l'état. Sans projets pour leur fortune, sans jalousie, sans rivalité, sans prétentions, ils ne s'occupoient que du bien de leur élève, et des moyens de le former à la vertu. Les chefs consultoient les subalternes, profitoient de leurs lumières, et leur en rapportoient l'honneur et la gloire : les subalternes entroient dans les vues des chefs, et ne se permirent jamais de les traverser ou de les contredire. C'est, n'en doutons pas, à cet accord si nécessaire, et peut-être si rare, presque autant qu'au mérite et aux talens des instituteurs, qu'on fut redevable du succès de cette précieuse institution.

Le premier soin de l'illustre précepteur fut d'étudier son élève, de démêler ses inclinations, de s'assurer de la portée et de l'étendue de ses facultés, et de s'y proportionner dans ses leçons. Il s'attacha ensuite à gagner sa confiance sans recourir à de basses flatteries ou à de lâches complaisances, mais en ne le trompant jamais sur rien, en lui résistant même quelquefois, et en lui montrant toujours la vérité, non comme un obstacle à ses goûts, mais comme le seul objet digne de ses recherches, le seul propre à faire son bonheur.

Il trouva dans le jeune prince de grandes qualités et de grands défauts. La plus auguste naissance n'est pas exempte de ce triste mélange, et tout ce qui l'environne ne contribue que de trop bonne heure à alterer ce que l'auteur de la nature a mis dans nous de penchans vertueux, et à développer l'inclination au mal qui infecte toutes les origines.

Fénelon ne fut donc pas surpris d'avoir à combattre des vices naissans ; il s'y attendoit, il s'y prépara. Le moral dans tous les hommes, et encore plus dans les princes, est ce qu'il est essentiel de bien diriger ; et c'est aussi par où il voulut commencer. On peut paroître grand par l'esprit, par la science, par le pouvoir, par l'autorité ; mais on n'est heureux, on ne fait des heureux que par les qualités intérieures et morales de l'âme, par l'empire qu'on prend sur ses passions, par l'amour de l'ordre, par la connoissance de ses devoirs et la fidélité à les remplir. Et pourquoi réussit-on si rarement à nous en persuader? ne seroit-ce pas parce qu'on nous parle trop des efforts que demande la vertu, et pas assez des douceurs, du contentement qu'elle nous procure ? On nous montre ce qu'elle a d'austère et de pénible, on nous cache presque les fruits délicieux qu'elle prodigue à ceux qui osent les cueillir. Ce n'est pas ainsi que s'y prit Fénelon. Il ne parloit de la vertu qu'avec cette chaleur, cet enthousiasme qu'elle inspire à ses vrais partisans : Elle n'est rebutante, disoit-il, que pour les lâches, que pour ceux qui ne veulent pas essayer de la pratiquer. Interrogez-vous vous-même, rentrez dans votre conscience, ajoutoit-il; êtes-vous content quand vous avez préféré votre plaisir à une bonne action ? le mensonge, la dissimulation ne vous donnent-ils ni honte ni inquiétude ? Le mal, quelque agréable qu'il paroisse quelquefois, peut-on s'y livrer sans alarmes ? ne vous cachez-vous pas pour le commettre ? ne cherchez-vous pas à vous tromper, à vous étourdir du moins, soit avant de le commettre, soit après que vous l'avez commis ? Toutes ces réflexions étoient jetées à propos, sans affectation, avec l'air de l'intérêt plutôt que celui du reproche; on les insinuoit, on les faisoit naître au jeune prince, sans sécheresse, sans aigreur. Tantôt on lui dépeignoit sensiblement tout ce que les vices ont de bas et d'odieux, combien l'orgueil est petit et ridicule, combien la colère annonce de foiblesse et prépare de regrets, combien de malheurs entraînent sur une nation entière l'ignorance, l'inapplication, la vanité, la paresse de ses princes. Tantôt c'étoit le doux repos d'une âme modérée et maîtresse d'elle-même dont on lui traçoit le tableau, ce témoignage si consolant d'une conscience pure et droite, l'affection des peuples, la confiance des voisins, le respect et l'admiration de tous. On employoit des apologues ingénieux, d'agréables allégories, des dialogues intéressans, pour l'instruire et le corriger. L'histoire, la fable, les écrits des poëtes, des philosophes, des orateurs les plus célèbres, tout fut mis à contribution; et nous sommes étonnés et de ce que supposoit de connoissances ce que nous avons trouvé dans les manuscrits de Fénelon, et de ce qu'il falloit de zèle, de patience, de facilité, pour entreprendre autant de travaux et entrer dans des détails qu'on auroit tort de traiter de minutieux et de peu dignes d'un aussi bel esprit. La fin qu'il se proposoit ennoblissoit tous les moyens qu'il prenoit pour y arriver : il vouloit former un prince selon le cœur de Dieu, et capable par conséquent de travailler sans relâche au bonheur d'un grand et d'un bon peuple. Que ne fit-il pas pour y réussir !

Il devint enfant, pour ainsi dire, avec son auguste élève. Il n'avoit jamais perdu l'innocence et la simplicité de cet âge; il en prit l'air et quelquefois le langage pour attirer sa confiance et lui faire goûter ses leçons; il se prêtoit à ses jeux, paroissoit s'amuser de tout ce qui le récréoit; lui passoit ce qu'il n'étoit point important de relever, ce qui n'annonçoit que de l'étourderie, de la légèreté, de l'inexpérience; se conduisoit enfin avec cette gaieté qui attire sans dégénérer en familiarité, et avec cette sagesse qui obtient, parce qu'elle ne précipite rien, et qu'elle sait attendre et ne pas exiger ou trop tôt ou à contre-temps. Le jeune prince étoit avec ses instituteurs aussi libre, aussi à son aise qu'il l'auroit été avec d'autres enfans de son âge ; on le laissoit agir, parler, faire ses petites observations sur tout ce qu'il sentoit, sur tout ce qui se présentoit ; on le laissoit même se montrer avec tous ses défauts, et par cette méthode on les connut, et l'on prit les mesures les plus propres à l'en corriger. Celui qui se faisoit le plus remarquer dans le duc de Bourgogne étoit une fierté dure et hautaine qui bravoit les menaces et se roidissoit contre tout ce qu'on avoit l'air de lui commander ; on n'en obtenoit rien que par de bonnes raisons, et il n'étoit pas toujours disposé à les écouter. Fénelon, qui vouloit en faire un prince aimable autant que puissant et éclairé, ne crut pas devoir attaquer ce vice capital par des punitions ; il se contenta d'abord de douces remontrances, de railleries fines, mais jamais piquantes, de ces réflexions simples et naturelles que les enfans d'esprit saisissent si bien ; il parut même céder quelquefois, et n'usa de fermeté que quand il l'eut amené au point qu'il vouloit pour faire plier son humeur sans l'aigrir ou la cabrer. Un jour donc qu'il lui parloit avec cette autorité qu'il crut devoir prendre, le duc de Bour-

gogue lui répondit : « Non , non, monsieur,
» je ne me laisse point commander; je sais ce
» que je suis et qui vous êtes. » Fénelon ne releva pas d'abord ce propos, il auroit irrité sans
fruit son élève; il se contenta de prendre un air
triste, ne parla plus de la journée, et prépara
par ce silence l'effet de la leçon qu'il vouloit faire.

« Je ne sais, monsieur, lui dit-il le lende-
» main, si vous vous rappelez de ce que vous
» m'avez dit hier, que vous saviez ce que vous
» êtes et ce que je suis. Il est de mon devoir de
» vous apprendre que vous ignorez l'un et l'au-
» tre. Vous vous imaginez donc, monsieur,
» être plus que moi ; quelques valets sans doute
» vous l'auront dit ; et moi je ne crains pas de
» vous dire, puisque vous m'y forcez, que je
» suis plus que vous. Vous comprenez assez
» qu'il n'est point question ici de la naissance.
» Vous regarderiez comme un insensé celui qui
» prétendroit se faire un mérite de ce que la
» pluie du ciel a fertilisé sa moisson sans arroser
» celle de son voisin ; vous ne seriez pas plus
» sage, si vous vouliez tirer vanité de votre
» naissance, qui n'ajoute rien à votre mérite
» personnel. Vous ne sauriez douter que je suis
» au-dessus de vous par les lumières et les con-
» noissances. Vous ne savez que ce que je vous
» ai appris; et ce que je vous ai appris n'est
» rien, comparé à ce qu'il me resteroit à vous

» apprendre. Quant à l'autorité, vous n'en avez
» aucune sur moi, et je l'ai moi-même, au
» contraire, pleine et entière sur vous. Le roi
» et monseigneur vous l'ont dit assez souvent.
» Vous croyez peut-être que je m'estime fort
» heureux d'être pourvu de l'emploi que j'exerce
» auprès de vous ? Désabusez-vous encore,
» monsieur : je ne m'en suis chargé que pour
» obéir au roi et faire plaisir à monseigneur,
» et nullement pour le pénible avantage d'être
» votre précepteur; et afin que vous n'en dou-
» tiez pas, je vais vous conduire chez sa majesté
» pour la supplier de vous en nommer un autre
» dont je souhaite que les soins soient plus
» heureux que les miens. » « Ah! monsieur, reprit
» le jeune prince, vous pourriez me rappeler
» bien d'autres torts que j'ai eus à votre égard.
» Il est vrai que ce qui s'est passé hier y a mis
» le comble ; mais j'en suis désespéré. Si vous
» parlez au roi, vous me ferez perdre son amitié;
» et si vous abandonnez mon éducation, qu'est-
» ce qu'on pensera de moi dans le public ? Au
» nom de Dieu, ayez pitié de moi, je vous
» promets de vous satisfaire à l'avenir. »

C'étoit où vouloit venir Fénelon. Cependant, pour tirer de la circonstance tout l'avantage qu'il pouvoit s'en promettre, il le laissa un jour entier dans l'inquiétude, et ne parut ceder qu'à la sincérité de son repentir, et aux instances de madame de Maintenon.

La colère, et une colère violente et emportée, étoit encore un des défauts de l'élève de Fénelon. Il ne la combattit pas de front; mais par sa douceur insinuante, par ses soins assidus, par d'innocens artifices, il l'attaqua avec succès. Le vice déplaît toujours dans les autres, surtout quand on en éprouve soi-même les inconvéniens. Nous avons tous un fonds de justice et de rectitude; et si l'amour-propre nous adoucit ou nous cache ce qu'il y a dans nous de défectueux, il n'étouffe ni nos lumières ni notre sensibilité par rapport aux défauts d'autrui. Un jour que le jeune prince s'arrêtoit à considérer les outils d'un menuisier qui travailloit dans son appartement, l'ouvrier, à qui Fénelon avoit fait la leçon, lui dit du ton le plus absolu de passer son chemin. Le prince, peu accoutumé à de pareilles brusqueries, se fâcha; mais l'ouvrier, haussant la voix, et comme hors de lui-même, lui cria : « Retirez-» vous, mon prince; car quand je suis en fu-» reur je casse bras et jambes à tous ceux qui » se montrent sur mes pas. » Le duc de Bourgogne, effrayé, courut avertir son précepteur, qui étoit dans la chambre voisine, qu'on avoit introduit chez lui le plus méchant homme de la terre. « C'est un bon ouvrier, lui dit Féne-

» lon : son unique défaut est de se livrer aux
» emportemens de la colère. » Le prince insista
pour qu'on le renvoyât au plus tôt.

« Pour moi, monsieur, reprit Fénelon, je
» le crois plus digne de pitié que de châtiment.
» Vous l'appelez le plus méchant des hommes
» parce qu'il a fait une menace lorsqu'on le dis-
» trayoit de son travail : quel nom donneriez-
» vous donc à un prince qui battroit son valet
» de chambre dans le temps même que celui-
» ci lui rendroit des services ? »

Fénelon n'avoit garde cependant de multiplier ces leçons; il les ménageoit avec prudence, tantôt pour lui donner l'horreur de la
flatterie, tantôt pour lui donner l'amour et
le goût de la vérité ; mais toutes préparées
qu'elles étoient de loin, il les faisoit naître si naturellement, que le jeune prince n'y apercevoit
ni projet arrêté, ni cette affectation qui n'é-
chappe jamais à l'œil des enfans, et qui les
prévient et les rebute presque toujours. Une
attention si suivie, tant de moyens et de soins
réunis firent sentir au duc de Bourgogne que
notre humeur, nos vices, nos passions, sont le
grand obstacle à notre bonheur; que la liberté
de les suivre et de s'y livrer est funeste à notre
repos et à celui des autres, et qu'on ne sauroit
travailler trop tôt à les réprimer. Mais ce qui
contribua plus efficacement encore à le rendre

maître de lui-même, ce furent les sentimens de religion et de piété qu'on eut soin de lui inspirer. La raison est une barrière sans doute qu'il faut entretenir ; mais, sans l'appui de la religion, elle est bientôt ébranlée, bientôt renversée par les orages et les tempêtes des passions.

Fénelon, pour les régler ou les prévenir dans son élève, n'attendit pas qu'elles fissent entendre leur langage bruyant et séducteur; il se pressa d'opposer à leur douce, mais cruelle, mais redoutable tyrannie, la crainte de Dieu et l'autorité de la loi. Il accoutuma de bonne heure le duc de Bourgogne à regarder le maître de l'univers comme son juge, comme son père, comme son bienfaiteur ; à recourir à lui avec confiance, à lui exposer tendrement ses besoins, et à attendre de sa libéralité miséricordieuse tous les secours qui lui étoient nécessaires pour ne rien faire de mal, et pour faire tout le bien dont il étoit capable. Les images grandes et majestueuses sous lesquelles on lui montroit la divinité passoient de son esprit dans sa volonté, et la pénétroient d'attachement et de zèle pour l'accomplissement de ses devoirs. C'étoit sous les yeux de Dieu, c'étoit pour Dieu qu'il lui apprit dès son enfance à obéir, à étudier, à parler, à agir, et surtout à se vaincre lui-même. La connoissance si précise qu'il lui donna de la religion n'étoit pas le fruit de leçons sèches et rebutantes, mais de conversations douces et faciles ; et il lui en inspira pour ainsi dire le goût et le sentiment avant que de lui en développer les preuves. Ces preuves mêmes, il trouvoit le moyen de les rendre sensibles par des comparaisons heureuses et intéressantes, en y mêlant les traits d'histoire les plus propres à fixer et à attacher l'imagination. Sa marche, quoique méthodique, quoique bien ordonnée, n'avoit rien de pénible et de gêné. Fénelon savoit attendre, revenir sur ses pas, présenter la vérité de tant de manières et sous tant de faces, qu'on la saisissoit enfin, et qu'on s'y affectionnoit.

Il ne disoit que ce qu'on pouvoit entendre, il ne se pressoit jamais, et ne passoit point aux conséquences avant que d'avoir clairement et solidement établi les principes qui en sont le fondement. Il fut merveilleusement secondé dans ses instructions par M. l'abbé Fleuri, auteur du Catéchisme historique, et des Mœurs des Israélites et des premiers chrétiens ; ouvrages précieux et même suffisans pour bien apprendre la religion, pour en montrer l'excellence, la nécessité, et pour faire sentir les avantages inestimables qu'elle procure à ceux qui la pratiquent. Ces deux grands hommes pensoient que c'est par la narration des faits, bien plus que par des raisonnemens abstraits, qu'il faut nous introduire dans le sanctuaire de la religion.

Le soin de donner à la conduite du jeune prince une base sûre et des principes solides, de lui former un cœur droit, pur, sensible et vertueux, ne fit point négliger à ses instituteurs la culture de son esprit. Jamais les lumières n'ont été un obstacle à la foi ; c'est souvent l'ignorance, c'est presque toujours l'orgueil et la présomption qui font les incrédules.

Fénelon ne craignit donc pas d'affoiblir la piété de son élève en éclairant son esprit. Il le trouva vif et passionné pour les belles choses, pour toutes les connoissances utiles, mais léger encore et peu capable d'une application suivie.

L'habile directeur en profita pour occuper cette activité prodigieuse, pour la tourner vers les objets les plus importans. Mais il se garda de rien précipiter, et de forcer pour ainsi dire le développement d'une raison qu'il falloit aider seulement, qu'il falloit attendre quelquefois, et toujours préparer.

Les premières leçons se donnèrent dans les conversations libres et familières : on y piquoit sa curiosité ; on lui faisoit naître l'envie de savoir la signification d'un mot latin, l'étymologie d'une expression française, d'acquérir la connoissance plus détaillée d'un trait de l'histoire ou de la fable, d'apprendre la situation, les usages, les productions d'une province ou d'un royaume. Nous avons dans les manuscrits de Fénelon les élémens de la langue latine qu'il avoit rédigés avec art et clarté, et qui sont dépouillés de ces définitions métaphysiques que les enfans répètent avec dégoût parce qu'ils ne les conçoivent qu'avec une peine extrême.

Il faisoit d'abord traduire un mot français par le mot latin qui y correspondoit ; il y ajoutoit ensuite un adjectif dont il demandoit aussi la traduction, et puis une phrase courte, mais d'un bon sens, à l'occasion de laquelle on expliquoit clairement la règle de grammaire qui y étoit relative. Ainsi successivement les principes des deux langues se gravoient dans l'esprit, et l'application s'en faisoit sans gêne et presque sans travail.

On le désaccoutumoit ainsi de l'inutilité du vague frivole, du pitoyable enfantillage où l'on tient nos premières années : on semoit dans cette terre neuve et bien disposée une foule de vérites qui n'avoient rien d'amer et de dur, et on les semoit sans confusion et avec mesure. On peut voir avec quelle sorte d'industrie, avec quelle sagesse, Fénelon s'élevoit avec le duc de Bourgogne, régloit sa marche sur la sienne, et se proportionnoit à ses progrès. Qu'on lise les dialogues et les fables qu'il composa pour les premiers temps de l'éducation ; tout y est à la portée de l'enfance, tout y renferme un sens admirable toujours présenté avec beaucoup d'agrément. La mythologie, avec ses riantes images, lui en fournit les premiers sujets. Il passe après cela aux grands hommes des temps héroïques, aux poëtes qui les ont célébrés ; aux premiers, aux plus puissans monarques de l'orient ; aux sages, aux législateurs de la Grèce, aux philosophes, aux historiens qu'elle a produits ; aux fondateurs de Rome, à ses premiers rois, aux orateurs célèbres, aux héros fameux, aux tyrans même, à tous les hommes extraordinaires qui ont illustré ce grand empire ou qui en ont accéléré la chute.

Il vient ensuite aux temps modernes, et fait passer en revue les princes, les ministres, les guerriers, tous ceux qui, dans la guerre, la politique, les sciences, se sont distingués en bien ou en mal ; et c'est alors en Angleterre, en Espagne, dans l'Empire, en France, et dans l'Église, qu'il va prendre ses personnages pour en former une galerie de tableaux aussi amusans qu'instructifs : tout y respire la sagesse, l'amour de la justice et l'horreur du vice ; tout y porte à la vertu par des exemples encourageans et persuasifs.

On entremêloit ces dialogues d'aventures et

de fables qui servoient à soulager l'attention et à enrichir l'imagination.

Rien de plus doux, de plus tendre, de plus agréable et de plus moral en même temps que l'aventure d'Aristonoüs. La vertu calme et fidèle dans le malheur, les récompenses intérieures de la modération et de la patience, le repos délicieux d'une âme exacte à ses devoirs, les charmes de la médiocrité, les avantages d'une vie laborieuse et retirée y sont présentés avec ce style facile et enchanteur que j'appellerois, si je l'osois, le style du cœur plutôt que le style de l'esprit de Fénelon.

L'histoire de Mélésichthon, quoique dans un autre genre, attache également, et ne nous offre pas moins de grâces, d'aménité et d'instruction : c'est un grand, ruiné par son luxe et ses profusions, et craignant de se dégrader en cessant de vivre d'emprunts, et par conséquent d'injustices. Accablé de chagrins et de soucis dévorans, il s'endort. Un songe mystérieux l'éclaire et lui apprend à chercher dans le travail le remède à ses écarts et à sa mauvaise fortune. Vivez de peu, lui dit une divinité propice ; gagnez ce peu par le travail, ne soyez à charge à personne, vous serez le plus noble des hommes. Le genre humain se rend lui-même misérable par sa mollesse et sa fausse gloire. Si les choses nécessaires vous manquent, pourquoi voulez-vous les devoir à d'autres plutôt qu'à vous-même? Mélésichthon se réveille, court chez lui, réforme sa maison, se défait de tout ce qui lui est inutile, cultive ses champs, son jardin, et retrouve dans la simplicité, dans l'économie, dans une industrieuse activité, l'abondance et le repos qu'il n'avoit jamais goûtés dans ce qu'on appelle la grandeur et la magnificence.

Ce récit est rempli de réflexions tirées du sujet, et orné de descriptions et d'images qui ont une fraîcheur et inspirent un intérêt pour la vertu qui semblent caractériser le pinceau de Fénelon.

On trouve ensuite des contes persans, des fables, des féeries même. Toutes ces narrations sont claires, coulantes, et pleines d'élégance et de morale : en amusant, elles rectifient les idées, forment le jugement, donnent des leçons de bonne foi, de fermeté, de justice, de modération, attaquent ces fausses maximes accréditées par l'habitude et le préjugé, mettent pour ainsi dire le vice et la vertu sur la scène et en action, celui-là avec toute sa difformité et celle-ci avec tous ses charmes. Tant de productions, le fruit d'une lecture immense, de beaucoup de réflexions et d'une grande connoissance du cœur humain, étoient l'ouvrage du moment, de la circonstance, et sembloient ne rien coûter à Fénelon et échapper à sa plume. Il les faisoit tantôt traduire, tantôt apprendre par cœur, et souvent imiter à son auguste élève : il nourrissoit ainsi son cœur, comme son esprit, de tout ce qui pouvoit fixer l'un et l'autre dans l'amour et la connoissance du bien.

Fénelon ne s'en tenoit pas là ; uniquement jaloux de former un prince juste et éclairé, il ne cherchoit pas à en avoir seul toute la gloire. Bien loin donc de l'isoler, de le séquestrer en quelque sorte, et d'ôter à tout autre mérite qu'au sien propre les moyens d'approcher le jeune prince, il aimoit à lui présenter tous ceux qui avoient quelques talens distingués ; mais il vouloit que les personnes admises à lui faire la cour payassent en quelque sorte cet honneur par quelque leçon utile qu'il concertoit avec elles.

Le célèbre La Fontaine avoit accès auprès du duc de Bourgogne, qui désira de connoître l'auteur des apologues qu'il avoit lus avec tant de plaisir, et dont on lui avoit fait sentir la sage et ingénieuse philosophie. Dans ces entrevues, La Fontaine récitoit toujours quelques fables nouvelles ; et le prince, après y avoir applaudi, répliquoit par quelque autre fable qu'il avoit apprise de son précepteur, ou qu'il avoit lui-même composée. On sait que notre inimitable fabuliste en a mis en vers dont il reconnoît qu'il devoit l'invention à M. le duc de Bourgogne ; telle est la neuvième du douzième livre, où La Fontaine dit :

> Ce qui m'étonne est qu'a huit ans
> Un prince en fable ait mis la chose,
> Pendant que sous mes cheveux blancs
> Je fabrique à force de temps
> Des vers moins sensés que sa prose.

Fénelon et ses coopérateurs, toujours attentifs à seconder de si heureuses dispositions, en tirèrent le plus grand parti, et exercèrent leur élève dans tous les genres de littérature. Il suffisoit de montrer au duc de Bourgogne quelque chose d'utile à apprendre pour qu'il s'y portât avec ardeur : il auroit voulu tout savoir. Mais cette volonté même avoit ses inconvéniens ; on lui fit sentir la nécessité de mettre un certain ordre dans son travail, de lui donner un objet principal, et de s'attacher d'abord au latin et à l'histoire. La géographie, la fable, les arts agréables étoient le sujet des conversations dans les momens de récréation et dans les heures de promenade. A dix ans, M. le duc de Bourgogne écrivoit élégamment en latin, et traduisoit les auteurs les plus difficiles avec une exactitude, une finesse de style qui surprenoient les connoisseurs. Il avoit lu les plus belles oraisons de Cicéron, Tite-Live tout entier.

Il avoit expliqué Horace, Virgile, les Métamorphoses d'Ovide; il avoit traduit les Commentaires de César, et commencé la traduction du profond Tacite, qu'il acheva par la suite, et qu'on ne retrouve malheureusement plus.

Le caractère se perfectionnoit avec les talens; il ne montroit plus tant de vivacité, de colère, d'entêtement; il étoit libre, égal, et même assez complaisant. Mais il ne se plaisoit guère et n'étoit vraiment à son aise qu'avec les personnes qui l'environnoient ou qu'il connoissoit particulièrement; un inconnu l'embarrassoit, le déconcertoit. Fénelon, pour le guérir de cette timidité étrange dans les princes, et cependant, à ce qu'on dit, assez ordinaire, le détermina à recevoir des gens de lettres et des artistes célèbres; il l'obligea à parler aux ambassadeurs, aux étrangers de quelque distinction, et surtout aux Français recommandables par leur valeur et leurs services : il voulut même qu'il fît en public quelques-uns de ses exercices littéraires; il les lui faisoit arranger et composer lui-même : c'étoit une fable de son invention, une explication de la mythologie, un trait d'histoire développé avec quelque étendue, un discours moral ou chrétien.

Le jeune prince apercevant un jour, dans

l'assemblée qui venoit de se former, des personnes qu'il n'avoit jamais vues, témoigna de la répugnance à parler. « Vous avez raison, » monsieur, lui dit Fénelon, et je pense comme » vous qu'un orateur ne doit jamais s'exposer » quand il craint ceux qui l'écoutent. — Vous » croyez donc, monsieur l'abbé, répondit le » duc de Bourgogne, que c'est la crainte qui » m'arrête? Eh bien! qu'on fasse entrer cent » personnes de plus, et je vous ferai voir que » vous vous trompez. »

Les portes de l'appartement furent ouvertes; l'on introduisit tous ceux qui se présentèrent. Le prince, piqué de l'espèce de reproche qu'on lui avoit fait, se surpassa lui-même; et les applaudissemens qu'il reçut lui inspirèrent une si noble assurance, que depuis il n'hésita plus à parler en public.

Fénelon partageoit le plaisir de ses succès; son âme sensible ne voyoit pas avec indifférence ce que promettoit de prospérité et de bonheur un enfant capable d'émulation, qui sentoit déjà le prix de la vérité, des lumières et de la vertu, qui cherchoit à connoître le bien et commençoit à n'estimer que ce qui pouvoit y conduire. Il observoit sans cesse son cœur et son esprit, et attendoit le moment de les diriger vers des sciences moins agréables peut-être, mais aussi plus utiles. Il arriva ce moment heureux, plus tôt encore qu'il n'avoit osé l'espérer; la raison du duc de Bourgogne acquéroit une maturité, une fermeté, qui annonçoit qu'on pouvoit, qu'il étoit même temps de lui ouvrir les trésors de la philosophie.

La carrière où Fénelon alloit entrer avec son auguste élève étoit immense ; elle ne l'effraya point : il sut même sur cette route sèche, aride et obscure, répandre des lumières et de l'agrément; c'étoit son grand talent : il embellissoit tout ce qu'il entreprenoit de traiter; il le présentoit avec tant de netteté, de grâce et d'intérêt, qu'on ne sentoit que le plaisir de l'entendre et de le suivre.

Il commença par peindre au duc de Bourgogne l'importance et l'utilité de la philosophie, par lui en inspirer le goût, et lui faire désirer d'en acquérir la connoissance. Ce n'est pas, lui dit-il, l'étude d'un enfant; c'est celle d'une raison sage et mûre : elle est vraiment digne de l'homme, et demande tous vos soins, toute votre application.

La logique est la recherche de la vérité, elle vous apprendra à la connoître; elle a des caractères sûrs pour les esprits attentifs : il y a des règles pour les distinguer, car ils ne sont pas toujours sensibles ; le faux prend souvent les apparences du vrai : et il est essentiel pour un prince surtout de ne pas s'y méprendre !

Je ne veux pas vous prévenir contre les hommes; mais je dois vous dire qu'il y en a de trompeurs, qu'il s'en trouve partout, même dans les cours des rois, et quelquefois dans leurs conseils. Prémunissez-vous donc par une bonne logique contre les raisonnemens plus captieux que solides qu'on ne manquera pas de vous faire, et tremblez d'avance sur les conséquences que pourroit avoir, sur les guerres, les calamités de tous les genres que pourroit entraîner votre paresse à les examiner, ou votre facilité à les adopter.

La morale vous instruira des règles que vous devez suivre dans votre conduite; elle vous montrera un législateur au-dessus de vous, et au-dessus de tout ce qui existe; c'est lui qui a gravé dans vous-même cette loi sainte et éternelle qui parle à tous ceux qui veulent la consulter et l'écouter; vous y verrez le rapport nécessaire que nos actions doivent avoir à Dieu, les égards, les services même que votre prochain a droit d'attendre de vous, et ce respect que vous vous devez à vous-même en ne vous permettant rien que votre conscience condamne et dont elle puisse rougir. Vous conclurez avec évidence que le bien et le mal moral ne sont point des objets de convention humaine, et que si le juste est malheureux, mais résigné ici-bas, si le méchant a quelquefois l'apparence du bonheur, il y a une autre vie qui met tout dans l'ordre, et qui réserve des récompenses au premier et des châtimens au second.

Sur les ailes de la métaphysique vous vous éleverez jusqu'à la contemplation de Dieu même de ses perfections infinies, des traits de ressemblance qu'il a daigné nous donner avec lui ; de la liberté, de la spiritualité, de l'immortalité de votre âme. Après avoir plané dans cette région des êtres intelligibles, je descendrai avec vous sur la terre, remplie elle-même de prodiges et de merveilles : nous y verrons dans tout ce qu'elle renferme le doigt puissant d'un Dieu créateur, et dans la marche constante et majestueuse des globes qui nous éclairent, comme dans la variété et l'abondance des productions qui nous nourrissent, le doigt non moins puissant d'un Dieu conservateur. Nous examinerons ces différens systèmes du monde, le jeu de l'esprit humain, et quelquefois de son orgueilleuse, de son extravagante curiosité. Mais pour les bien comprendre ces divers systèmes, vous aurez besoin du secours des mathématiques ; et ce goût pour une science sûre et exacte que j'ai été obligé de contenir jusqu'à présent, vous pourrez vous y livrer avec plus de liberté.

Ce n'étoit donc pas par de longs et interminables écrits, mais dans des instructions libres et familières, que Fénelon instruisoit M. le duc de Bourgogne des actions et de la doctrine des philosophes les plus célèbres de l'antiquité. Il avoit lu tous leurs ouvrages, deviné leurs conceptions, démêlé ce qu'elles ont quelquefois de sublime et quelquefois d'inintelligible ou d'extravagant. Ce n'est pas la raison, disoit-il, qui les a égarés, c'est l'orgueil et la présomption : fiers de leurs découvertes, ils ont cru que l'humaine intelligence pouvoit atteindre à tout, connoître tout, expliquer tout; et en voulant raisonner sur tout, ils se sont perdus dans leurs pensées, ils se sont écartés de la raison elle-même, qui, comme notre œil, n'a qu'un horizon assez borné, au delà duquel on ne peut ni saisir ni bien distinguer les objets.

C'est surtout pour rectifier ces faux calculs de la raison de l'homme errant sans guide et sans lumières certaines dans ce labyrinthe d'opinions contradictoires ou erronées, sur les vérités premières, que Fénelon composa son magnifique traité de l'*Existence de Dieu*. Après avoir semé, arrosé et vu se parer de fruits la terre qu'il étoit chargé de cultiver; après l'avoir éclairée, echauffée, fécondée par les plus purs rayons de la science, Fénelon s'attacha à développer avec plus d'étendue et à rassembler dans un seul ouvrage ce qui établit solidement la vérité fondamentale de l'existence de Dieu :

c'est de ce dogme primitif que découlent les autres dogmes ; c'est par lui qu'on les explique, et c'est à le bien prouver qu'il crut devoir donner tous ses soins. Sa marche est simple, claire, méthodique et lumineuse. L'idée de la divinité peut, dit-il, nous conduire à la bien connoître ; mais ce chemin, quoique droit et court, est cependant rude et difficile pour la plupart des esprits : prenons-en donc un autre non moins sûr, mais plus facile, plus accessible ; c'est le spectacle de la nature. On ne peut ouvrir les yeux sans admirer l'art qui éclate dans toutes les parties de l'univers, et porte le caractère d'une cause infiniment puissante et industrieuse; le hasard ne peut les avoir formées et réunies.

« Qui croira que l'Iliade d'Homère, ce poëme
» si parfait, n'ait jamais été composée par un
» effort du génie d'un grand poëte ; et que les
» caractères de l'alphabet ayant été jetés en
» confusion, un coup de pur hasard, comme
» un coup de dés, ait rassemblé toutes les
» lettres précisément dans l'arrangement néces-
» saire pour décrire dans des vers pleins d'har-
» monie et de vérité tant de grands événemens,
» pour les placer, pour les lier si bien tous
» ensemble ; pour peindre chaque objet avec
» tout ce qu'il a de plus gracieux, de plus
» noble, de plus touchant ; enfin pour faire
» parler chaque personne, selon son caractère,

» d'une manière si naïve et si passionnée ?
» Qu'on raisonne et qu'on subtilise tant qu'on
» voudra, on ne persuadera jamais à un homme
» sensé que l'Iliade n'ait point d'autre auteur
» que le hasard. »

Il cite d'autres exemples d'après lesquels on voit que la raison la plus droite conclut naturellement que le hasard et la matière n'ont pu produire cet univers ; il en fait ensuite la description : « Arrêtons-nous d'abord au grand
» objet qui attire nos regards, je veux dire la
» structure générale de l'univers : jetons les
» yeux sur la terre qui nous porte, regardons
» cette voûte immense des cieux qui nous cou-
» vrent, ces abîmes d'air et d'eau qui nous en-
» vironnent, et ces astres qui nous éclairent....
» ne sont-ils pas autant de démonstrations d'un
» être souverainement sage et intelligent ?
» Quelle puissance invisible excite et apaise
» si soudainement les tempêtes de ce grand
» corps fluide ? de quel trésor sont tirés les
» vents qui purifient l'air, qui attiédissent les
» saisons, qui tempèrent la rigueur des hivers,
» et qui changent en un instant la face du ciel ?...
» ces astres lumineux, qui est-ce qui les a sus-
» pendus et réglé leur marche ? qui est-ce qui
» a donné à l'élément que nous foulons aux
» pieds son immobilité et sa fécondité ? » Que seroit-ce, ajoute-t-il, si nous parcourions en

détail tout ce qui respire, tout ce qui nous entoure? Renfermons-nous dans la machine de l'animal. « Elle a trois choses qui ne peuvent » être trop admirées : 1° elle a en elle-même de » quoi se défendre contre ceux qui l'attaquent » pour la détruire; 2° elle a de quoi se renou- » veler par la nourriture; 3° elle a de quoi se per- » pétuer par la génération. » Qu'y a-t-il de plus admirable, s'écrie Fénelon, que la multiplication des animaux? « Regardez les individus : » nul animal n'est immortel; tout vieillit, tout » disparoît : regardez les espèces ; tout sub- » siste, tout est permanent et immuable dans » une vicissitude continuelle. »

Dire que le hasard a présidé à la structure et à la production des êtres animés, c'est faire le hasard raisonnable. « Étrange prévention, de ne » pas vouloir reconnoître une cause très-intel- » ligente, d'où nous vienne toute intelligence, » et d'aimer mieux dire que la plus pure raison » n'est qu'un effet de la plus aveugle de toutes » les causes ! » Que ne pouvons-nous le suivre dans ce qu'il continue de dire de l'homme, dont il décrit toutes les parties, toutes les proportions, tout l'artifice, avec une fidélité qui annonce une grande connoissance de l'anatomie, et avec une élégance qui embellit un sujet qui n'en paroît guère susceptible !

Mais le corps de l'homme, qui paroît le chef-

d'œuvre de la nature, n'est point comparable à son âme, à sa pensée; c'est par elle que l'homme est en quelque sorte le roi de l'univers. Fénelon prouve qu'elle est distinguée de la matière et cependant unie dans nous à cette matière : union réelle; mais qui l'a formée entre des êtres si différens? qui a établi entre eux cette dépendance réciproque? « L'esprit veut, et tous
» les membres du corps se remuent à l'instant
» comme s'ils étoient entraînés par les plus
» puissantes machines. D'un autre côté le corps
» se meut, et à l'instant l'esprit est forcé de
» penser avec plaisir ou avec douleur à certains
» objets. Quelle main, également puissante sur
» ces deux natures si diverses, a pu leur imposer
» ce joug et les tenir captives dans une société
» si exacte et si inviolable? Dira-t-on que c'est
» le hasard? si on le dit, entendra-t-on ce qu'on
» dira, et le pourra-t-on faire entendre à un
» autre? La puissance de l'homme sur ses mou-
» vemens, qui est si souveraine, est en même
» temps aveugle. Le paysan le plus ignorant
» sait aussi bien mouvoir son corps que le phi-
» losophe le mieux instruit de l'anatomie : l'es-
» prit du paysan commande à ses nerfs, à ses
» muscles, à ses tendons qu'il ne connoît point,
» et dont il n'a jamais ouï parler : sans pouvoir
» les distinguer et sans savoir où ils sont, il les
» trouve, il s'adresse précisément à ceux dont

» il a besoin, et il ne prend point les uns pour
» les autres.

» L'aveuglement est de l'homme; mais la
» puissance, de qui est-elle ? à qui l'attribue-
» rons-nous, si ce n'est à celui qui voit ce que
» l'homme ne voit pas, et qui fait en lui ce qui
» le surpasse ?

» Ceux qui s'instruisent de l'anatomie, dit
» Saint Augustin, apprennent d'autrui ce qui se
» passe en eux, et qui est fait par eux-mêmes.
» Pourquoi, dit-il, n'ai-je aucun besoin de
» leçons pour savoir qu'il y a dans le ciel, à une
» prodigieuse distance de moi, un soleil et des
» étoiles ? et pourquoi ai-je besoin d'un maître
» pour m'apprendre par où commence le mou-
» vement ?...... Nous sommes trop élevés à
» l'égard de nous-mêmes, et nous ne saurions
» nous comprendre. »

Mais tant de grandeur et tant de petitesse
nous ramène toujours à ce premier, à ce grand
être qui a fait tous les autres, et qui leur a tout
donné.

Il faut lire dans l'auteur même la mécanique
étonnante de la vision, ce qu'il dit sur la mémoire, sur les idées, sur la faculté de juger,
de réfléchir, sur la raison, sur la liberté.

« Je suis libre, et je n'en peux douter. J'ai
» une conviction intime et inébranlable que je
» puis vouloir et ne vouloir pas; qu'il y a en

» moi une élection : je sens, comme le dit l'é-
» criture, que je suis dans la main de mon
» conseil. En voilà assez pour me montrer que
» mon âme n'est point corporelle : tout ce qui
» est corps ou corporel ne se détermine en rien
» soi-même, et est au contraire déterminé en
» tout par des lois qu'on nomme physiques,
» qui sont nécessaires, invincibles, et contraires
» à ce qu'on appelle liberté.

» Cette vérité imprimée au fond de nos
» cœurs, nul homme ne peut la révoquer en
» doute ; elle est supposée par les philosophes
» mêmes qui voudroient l'ébranler par de creu-
» ses spéculations. Son évidence intime est
» comme celle des premiers principes qui n'ont
» besoin d'aucunes preuves, et qui servent eux-
» mêmes de preuves aux autres vérités moins
» claires. »

L'attaquer, c'est attaquer les lois, les législateurs, anéantir la morale, et porter le coup le plus funeste à la société.

Cette partie de l'ouvrage de Fénelon est en descriptions, en tableaux rapidement et fortement tracés. L'auteur dit ce qu'il faut, ne dit rien de trop ; il nous a persuadés et convaincus parce qu'il a parlé à l'esprit et à l'imagination, et qu'il est clair et élégant où les autres sont si souvent secs et obscurs. Il termine ainsi l'exposition et le détail de ces preuves de l'existence de Dieu tirées de la physique et de ce qui frappe nos yeux :

« Nous venons de voir les traces de la divi-
» nité, ou, pour mieux dire, le sceau de Dieu
» même, dans tout ce qu'on appelle les ouvrages
» de la nature. Quand on ne veut point subti-
» liser, on remarque du premier coup d'œil
» une main qui est le premier mobile dans tou-
» tes les parties de l'univers. Les cieux, la terre,
» les astres, les plantes, les animaux, nos corps,
» nos esprits, tout marque un ordre, une me-
» sure précise, un art, une sagesse, un esprit
» supérieur à nous, qui est comme l'âme du
» monde entier, et qui mène tout à ses fins
» avec une force douce et insensible, mais
» toute-puissante. »

Cependant que n'a-t-on pas imaginé pour embrouiller, obscurcir et combattre cette vérité ?

L'homme conteste à Dieu le pouvoir de créer ce monde si merveilleux, si bien ordonné ; et il ne rougit pas de l'attribuer au concours des atomes, au hasard, à l'énergie de la nature : mots vagues et vides de sens ! ils ne peuvent faire illusion qu'à ceux qui ne veulent ni penser ni réfléchir.

L'esprit nous a été donné pour chercher et connoître le vrai. Et combien de fois ne l'a-t-on pas employé à le cacher, à y substituer l'erreur et à la parer des couleurs de la vraisemblance ! Rien de plus absurde que l'opinion des épicuriens sur la création, que celles des autres matérialistes tant anciens que modernes, et surtout que le système monstrueux de Spinosa ; ils révoltent à la première vue, ils étonnent l'imagination presque autant que la raison ; et à force de subtilités, d'abus des termes, de doutes affectés, de sophismes insidieux, on vient à bout d'embarrasser, d'ébranler, de persuader quelquefois des hommes ou bornés, ou dissipés, ou intéressés par la corruption de leur cœur à adopter tout ce qui la favorise. Fénelon ne dissimule pas les objections que ces prétendus philosophes ont pu faire ; il les rappelle toutes avec simplicité, et les met dans tout le jour qu'on peut répandre sur des argumens ténébreux : il les suit ensuite, les analyse, les dépouille de ce qu'elles ont d'imposant et y répond avec force, mais toujours avec une douce modération.

« Gardons-nous de vouloir confondre les
» hommes qui se trompent, puisque nous
» sommes hommes comme eux, et aussi ca-
» pables de nous tromper. Plaignons-les, ne
» songeons qu'à les éclairer avec patience, qu'à
» les édifier, qu'à prier pour eux, et qu'à
» conclure en faveur d'une vérité évidente.

» Tout porte donc la marque divine dans

» l'univers ; tout nous montre un dessein suivi,
» un enchaînement de causes subalternes con-
» duites avec ordre par une cause supérieure.

» Il n'est point question de critiquer ce grand
» ouvrage...... Souvent même ce qui paroît
» défaut à notre esprit borné dans un endroit
» séparé de l'ensemble, est un ornement par
» rapport au dessein général, que nous ne
» sommes pas capables de regarder avec des
» vues assez étendues et assez simples pour
» connoître la perfection du tout. N'arrive-t-il
» pas tous les jours qu'on blâme témérairement
» certains morceaux des ouvrages des hommes,
» faute d'avoir pénétré toute l'étendue de leurs
» desseins ? C'est ce qu'on éprouve souvent
» pour les ouvrages des peintres et des archi-
» tectes.

» Mais après tout, les vrais défauts mêmes
» de cet ouvrage ne sont que des imperfections
» que Dieu y a laissées pour nous avertir qu'il
» l'avoit tiré du néant. Il n'y a rien dans l'uni-
» vers qui ne porte et qui ne doive porter éga-
» lement ces deux caractères si opposés ; d'un
» côté le sceau de l'ouvrier sur son ouvrage, de
» l'autre côté la marque du néant d'où il est sorti
» et où il peut retomber à toute heure. C'est
» un mélange incompréhensible de bassesse et
» de grandeur, de fragilité dans la matière,
» d'art dans la façon. La main de Dieu éclate

» partout, jusque dans un ver de terre : le
» néant se fait sentir partout, jusque dans
» les plus vastes et les plus sublimes génies....

» Qu'on étudie le monde tant qu'on voudra ;
» qu'on descende au dernier détail ; qu'on fasse
» l'anatomie du plus vil animal ; qu'on regarde
» de près le moindre grain de blé semé dans
» la terre, et la manière dont ce germe se
» multiplie ; qu'on observe attentivement les
» précautions avec lesquelles un bouton de rose
» s'épanouit au soleil et se referme vers la nuit :
» on y trouvera plus de dessein, de conduite,
» d'industrie, que dans tous les ouvrages de
» l'art ; ce que l'on appelle même l'art des
» hommes n'est qu'une foible imitation du
» grand art qu'on nomme les lois de la nature,
» et que les impies n'ont pas honte d'appeler
» le hasard aveugle..... Que s'ensuit-il de là ?
» la conclusion vient d'elle-même. S'il faut tant
» de sagesse et de pénétration, dit Minutius
» Félix, même pour remarquer l'ordre et le
» dessein merveilleux de la structure du monde,
» combien à plus forte raison en a-t-il fallu pour
» le former ! Si on admire tant les philosophes
» parce qu'ils découvrent une petite partie des
» secrets de cette sagesse qui a tout fait, il faut
» être bien aveugle pour ne pas l'admirer elle-
» même. Voilà le grand spectacle du monde
» entier, où Dieu, comme dans un miroir, se

» présente au genre humain. Mais les uns, *je*
» *parle des faux sages*, se sont évanouis dans
» leurs pensées; tout s'est tourné pour eux en
» vanité. A force de raisonner subtilement,
» plusieurs d'entre eux ont perdu même une
» vérité qu'on trouve naturellement et simple-
» ment en soi sans avoir besoin de philoso-
» phie. »

L'auteur termine cette partie par une prière à Dieu; elle est vive et touchante, mais un peu longue : nous n'osons la copier en entier, mais nous en extrairons quelques traits propres à peindre son âme sensible et pénétrée de reconnoissance pour l'auteur de tous les biens.

« Toute la nature parle de vous, ô mon Dieu,
» et retentit de votre saint nom; mais elle parle
» à des sourds dont la surdité vient de ce qu'ils
» s'étourdissent toujours eux-mêmes. Vous êtes
» auprès d'eux et au dedans d'eux; mais ils sont
» fugitifs et errans hors d'eux-mêmes..... Ils
» s'endorment dans votre sein tendre et pa-
» ternel; et pleins de songes trompeurs qui
» les agitent pendant leur sommeil, ils ne
» sentent pas la main qui les porte. Si vous
» étiez un corps stérile, impuissant et inanimé,
» tel qu'une fleur qui se flétrit, une rivière qui
» coule, une maison qui va tomber en ruine,
» un tableau qui n'est qu'un amas de couleurs
» pour frapper l'imagination, ou un métal inu-

» tile qui n'a qu'un peu d'éclat, ils vous aper-
» cevroient et vous attribueroient follement la
» puissance de leur donner quelque plaisir,
» quoiqu'en effet le plaisir ne puisse venir des
» choses inanimées qui ne l'ont pas, et que
» vous en soyez l'unique source.... Levez-vous,
» Seigneur, levez-vous : qu'à votre présence
» vos ennemis se fondent comme la cire, et
» s'évanouissent comme la fumée. Malheur à
» l'âme impie, qui loin de vous, est sans Dieu,
» sans espérance, sans éternelle consolation !
» Déjà heureuse celle qui vous cherche, qui
» soupire, qui a soif de vous ! Mais pleinement
» heureuse celle sur qui rejaillit la lumière de
» votre face, dont votre main a essuyé les
» larmes, et dont votre amour a comblé les
» désirs ! Quand sera-ce, Seigneur ? O beau
» jour sans nuage et sans fin, dont vous serez
» vous-même le soleil, et où vous coulerez au
» travers de mon cœur comme un torrent de
» volupté ! A cette douce espérance mes os
» tressaillent, et je m'écrie : Qui est semblable
» à vous.... ô Dieu de mon cœur et mon éter-
» nelle portion ! »

Fénelon, dans la seconde partie, passe à la démonstration de l'existence et des attributs de Dieu, tirée des idées intellectuelles ; il remplit cette tâche avec le même succès. Sa métaphysique n'a rien d'obscur et d'embrouillé ; il donne toujours du corps à ses idées, et son style animé et plein d'images se soutient et intéresse dans les discussions les plus stériles. « Plus la » vérité est précieuse, dit-il dès le commence- » ment de cette partie, plus je crains de trou- » ver ce qui lui ressembleroit et ne seroit pas » elle-même. O vérité, s'écrie-t-il, écoutez mes » désirs, voyez la préparation de mon cœur, » ne souffrez pas que je prenne votre ombre » pour vous-même, soyez jalouse de votre » gloire, montrez-vous, il me suffira de vous » voir. »

Tout ce qu'il a fait et écrit porte ce caractère de droiture et de pureté d'intention. En parlant du doute universel qu'il combat fortement comme déraisonnable, il nous dit : « Je pense » puisque je doute, et je suis puisque je pense, » car le néant ne sauroit penser, et une même » chose ne sauroit être et ne pas être. Mais » d'où est-ce que je viens? Est-ce du néant » que je suis sorti? ou bien ai-je toujours » été?.... Ce qu'il me semble voir est-il quel- » que chose? O vérité, vous commencez à » luire à mes yeux.... achevez de percer mes » ténèbres. »

De notre propre existence il remonte à ce qui en est la cause, et suit cette chaîne jusqu'à la première cause, qui est nécessaire, qui n'en a point, et qui est Dieu. Il nous explique ensuite ce que c'est que l'être qui existe par lui-même : « O vérité précieuse, ô vérité féconde, » ô vérité unique ! en vous seule je trouve » tout...... Je tiens la clef de tous les mystères » de la nature, dès que je découvre son auteur. » O merveille qui m'expliquez toutes les autres, » vous êtes incompréhensible, mais vous me » faites tout comprendre..... Votre infini m'é-» tonne et m'accable..... mais c'est à cet infini » que je vous reconnois pour l'être qui m'a tiré » du néant. » Il passe à l'idée de l'être infini : » Dieu est, et ne cesse point d'être ; il n'y a » pour lui ni degré ni mesure : il est, et rien » n'est que par lui. Tel est ce que je conçois ; » et puisque je le conçois, il est : car il n'est » pas étonnant qu'il soit, puisque rien, *comme* » *la raison me le dit,* ne peut être que par lui. » Mais ce qui est étonnant et incompréhen-» sible, c'est que moi, foible, borné, défec-» tueux, je puis le concevoir : il faut qu'il soit » non-seulement l'objet immédiat de ma pen-» sée, mais encore la cause qui me fait penser, » comme il est la cause qui me fait être, et » qu'il élève ce qui est fini à penser à l'infini. »

De cette infinité de Dieu découle sa nécessité, d'où il prend encore occasion de réfuter directement le spinosisme. Dès qu'on l'entame par quelque endroit, on rompt toute sa prétendue chaîne. Selon ce philosophe, deux hommes, dont l'un dit oui et l'autre non, dont l'un se trompe et l'autre croit la vérité, dont l'un est un scélérat et l'autre un homme très-vertueux, ne sont qu'un même être indivisible : c'est ce que je défie tout homme sensé de croire jamais sérieusement dans la pratique.

Il développe après cela son sentiment *sur la nature de nos idées*, et il paroît pencher pour l'opinion du P. Malebranche : « Je vois Dieu
» en tout ; ou, pour mieux dire, c'est en Dieu
» que je vois toutes choses : car je ne connois
» rien, je ne m'assure de rien que par mes
» idées ; cette connoissance même des indivi-
» dus, où Dieu n'est pas l'objet immédiat de
» ma pensée, ne peut se faire qu'autant que
» Dieu donne à la créature l'intelligibilité, et à
» moi l'intelligence actuelle. C'est donc à la
» lumière de Dieu que je vois tout ce qui peut
» être vu. »

Il s'étend après cela sur les attributs de Dieu ou de l'être nécessaire, et sur son unité qu'il démontre victorieusement. « Périssent, dit-il,
» tous les faux dieux qui sont les vaines images
» de votre grandeur ! périsse tout être qui
» veut être pour soi-même, et qui veut que
» quelque autre chose soit pour lui ! périsse
» tout ce qui n'est point à celui qui a tout fait
» pour lui-même ! périsse toute volonté mons-
» trueuse et égarée qui n'aime point l'unique

» bien pour l'amour duquel tout ce qui est a
» reçu l'être ! »

La simplicité, l'immensité, la science, toutes les perfections de Dieu sont prouvées avec la même lumière, toujours douce, toujours persuasive et convaincante ; et il termine par cette humble confession de sa foiblesse :

« Je ne puis m'accoutumer à vous voir, ô
» infini simple, au-dessus de toutes les mesures
» par lesquelles mon foible esprit est tenté de
» vous mesurer. J'oublie toujours le point es-
» sentiel de votre grandeur, et par-là je tombe
» à contre-temps dans l'étroite enceinte des
» choses finies. Pardonnez ces erreurs, ô bonté
» qui n'êtes pas moins infinie que toutes les
» autres perfections de mon Dieu ; pardonnez
» les bégaiemens d'une langue qui ne peut
» s'abstenir de vous louer, et les défaillances
» d'un esprit que vous n'avez fait que pour ad-
» mirer votre perfection. »

Le soin que prenoit Fénelon de donner au duc de Bourgogne une connoissance éclairée de la religion fut sans doute le premier, comme le plus essentiel, puisqu'elle est l'unique et la plus solide base de la justice et de la bonté ; mais il ne négligea point les autres sciences d'agrément et d'utilité. Les belles-lettres, la géographie, l'histoire, la politique, l'économie, tout ce qui pouvoit contribuer à faire aimer et respecter son élève, lui fut enseigné avec attention et avec succès. Ce jeune prince connoissoit la France comme le parc de Versailles ; il n'eût été étranger dans aucun pays ; les temps passés, comme les événemens actuels, lui étoient présens. Toute la suite des siècles, dit l'abbé Fleury, étoit rangée nettement dans sa mémoire ; il étudioit l'histoire des pays voisins dans les auteurs originaux, les lisant chacun en sa langue ; il savoit l'histoire de l'église jusqu'à étonner les prélats les plus instruits.

Bossuet, quoique habitant de la cour, ne le connoissoit pas bien encore, et il avoit de la peine à se persuader tout ce qu'on publioit de ses rares qualités. Pour mettre ce prélat, si juste appréciateur du mérite, à portée de juger par lui-même de celui de M. le duc de Bourgogne, on lui ménagea une entrevue et même un tête-à-tête avec le jeune prince. Le prélat, après l'avoir entretenu sur les différentes matières relatives à son éducation, ne put s'empêcher de marquer tout à la fois sa surprise et son admiration : il prédit dès lors qu'il n'en seroit pas de la réputation du duc de Bourgogne comme de celle que la flatterie fait quelquefois aux enfans des rois, et qui s'évanouit dès qu'ils paroissent sur le théâtre du monde.

Fénelon partageoit l'honneur de tant de succès ; c'étoit principalement au doux ascendant qu'il avoit pris sur son élève qu'il devoit tant de progrès dans les sciences et dans la vertu.

Louis XIV voyoit avec complaisance croître dans son petit-fils un digne soutien de son auguste maison et de la prospérité de la nation; il n'avoit encore éprouvé que peu de revers; et depuis les orages de la fronde, son règne sembloit n'être qu'une suite non interrompue de succès et de triomphes; les arts, les lettres, les sciences, qu'il encourageoit, étoient parvenus à ce dégré de perfection qui contribue tant au lustre des peuples et des rois; rien ne paroissoit manquer à sa gloire et à son bonheur : il n'étoit cependant pas content, et son cœur lui répétoit sans cesse ce que disoit Salomon bien avant lui, que tant de plaisirs, de magnificence et d'éclat n'étoit que vanité, et ne pouvoit remplir ses désirs. Madame de Maintenon, qu'il honoroit de sa confiance, n'en profitoit que pour le guérir de ses passions et le ramener à la vertu. Cette femme étonnante par ses malheurs et par sa haute fortune, dont la vie paroît un roman, et dont l'esprit étoit si raisonnable, avoit triomphé sans art et sans projet des préventions du monarque contre elle. Ce prince se défioit de tout ce qui avoit une grande réputation d'esprit, et croyoit, comme tous ceux dont on a négligé la première éducation, que la pédanterie, que la finesse, le désir de tromper et de faire des dupes, en sont inséparables. Long-temps donc en garde contre madame de Maintenon, il ne commença à en prendre une juste idée que sur les lettres et les réparties de M. le duc du Maine. Touché du mérite de l'institutrice, entraîné par ce penchant qu'il avoit pour tout ce qui étoit excellent, il s'accoutuma à la voir, à l'entretenir, et prit pour elle ce goût, cette estime, qu'il conserva jusqu'au dernier soupir. Le cœur de Louis XIV, flétri, blasé, si j'ose m'exprimer ainsi, se trouva donc encore sensible aux charmes d'une conversation solide autant qu'ingénieuse. Son esprit, toujours rempli jusqu'alors de ces projets qui mènent à la gloire et nous tiennent toujours si loin de nous-mêmes, tomboit dans une sorte d'affaissement dès qu'il manquoit de l'espèce d'occupation que lui donnoient les affaires : il ne pouvoit presque être seul, et tout l'ennuyoit souvent lorsqu'il étoit avec les autres : il avoit besoin d'une confidente qui connût la route de son intérieur, dont il fût sûr, à qui il pût tout dire, mais qui n'usât point de son crédit pour le contraindre, pour le gêner, et ne s'en servît que pour l'éclairer, pour rectifier ses sentimens, pour l'accoutumer à penser, pour lui faire supporter les momens de solitude qui se rencontrent nécessairement dans les cours les plus nombreuses et les plus brillantes. Fatigué du monde, des plaisirs, de la gloire et de lui-même, parce que sa tête étoit vide et son cœur desséché, la vie comme la couronne lui seroient devenues intolérables, s'il n'avoit pas trouvé une âme forte et douce qui amollît et soutînt la sienne. C'est ce qu'il rencontra dans madame de Maintenon, qui, dans ses vues, dans ses sentimens et dans sa conduite, avoit de l'élévation, de la délicatesse et de la patience, qui savoit écouter, parler à propos, démêler ce qu'on avoit envie et qu'on n'osoit pas toujours lui dire, proposer modestement un avis et le faire adopter en paroissant peu se soucier qu'on le suivît ou qu'on le préférât.

Fénelon, qui la connoissoit, en étoit singulièrement estimé. Que M. l'abbé de Fénelon est aimable! disoit-elle; qu'il prête de charmes à la vertu, et qu'il persuade aisément ce que d'autres ont tant de peine à nous faire concevoir!

Ne pouvant assister aux pieuses conférences que Fénelon faisoit chez lui à ses heures de loisir, elle lui demanda du moins un moyen de connoître ses défauts et de s'en corriger. Il lui envoya la lettre suivante, qui est remplie des maximes les plus sages, les plus claires et les plus profondes.

LETTRE DE M. DE FÉNELON

A MADAME DE MAINTENON.

Je ne puis, madame, vous parler sur vos défauts que douteusement et presque au hasard : vous n'avez jamais agi de suite avec moi, et je compte pour peu ce que les autres m'ont dit de vous. Mais n'importe, je vous dirai ce que je pense, et Dieu vous en fera faire l'usage qu'il lui plaira.

Vous êtes ingénue et naturelle ; de là vient que vous faites très-bien, sans avoir besoin d'y penser à l'égard de ceux pour qui vous avez du goût et de l'estime, mais trop froidement dès que ce goût vous manque. Quand vous êtes sèche, votre sécheresse va assez loin. Je m'imagine qu'il y a dans votre fonds de la promptitude et de la lenteur : ce qui vous blesse, vous blesse vivement. Vous êtes née avec beaucoup de gloire ; c'est-à-dire de cette gloire qu'on nomme bonne et bien entendue, mais qui est d'autant plus mauvaise qu'on n'a point de honte de la trouver bonne : on se corrigeroit plus aisément d'une vanité folle. Il vous reste encore beaucoup de cette gloire sans que vous l'aperceviez : la sensibilité sur les choses qui la pourroient piquer jusqu'au vif marque combien il s'en faut qu'elle ne soit éteinte. Vous tenez encore à l'estime des honnêtes gens, à l'approbation des gens de bien, au plaisir de soutenir votre prospérité avec modération, enfin à celui de paroître par votre cœur au-dessus de votre place.

Le *moi* trop humain, dont je vous ai parlé si souvent, est encore une idole que vous n'avez point brisée. Vous voulez aller à Dieu de tout votre cœur, mais non par la perte du *moi*: au contraire, vous cherchez le *moi* en Dieu. Le goût sensible de la prière et de la présence de Dieu vous soutient ; mais si ce goût venoit à vous manquer, l'attachement que vous avez à vous-même et au témoignage de votre propre vertu vous jetteroit dans une dangereuse épreuve. J'espère que Dieu fera couler le lait le plus doux, jusqu'à ce qu'il veuille vous sevrer et vous nourrir du pain des forts.

Mais comptez bien certainement que le moindre attachement aux meilleures choses, par rapport à vous, vous retardera plus que toutes les imperfections que vous pouvez craindre. J'espère que Dieu vous donnera la lumière pour entendre ceci mieux que je ne l'ai expliqué.

Vous êtes naturellement bonne et disposée à la confiance, peut-être même un peu trop pour des gens de bien dont vous n'avez pas assez à fond éprouvé la prudence ; mais quand vous commencez à vous défier, je m'imagine que votre cœur se serre trop. Les personnes ingénues et confiantes sont d'ordinaire ainsi, lorsqu'elles sont contraintes de se défier. Il y a un milieu entre l'excessive confiance qui se livre, et la défiance qui ne sait plus à quoi s'en tenir lorsqu'elle sent que ce qu'elle croyoit tenir lui échappe. Votre bon esprit vous fera assez voir que, si les honnêtes gens ont des défauts auxquels il ne faut pas se laisser aller aveuglément, ils ont aussi un certain procédé droit et simple auquel on reconnoît sûrement ce qu'ils sont. Le caractère de l'honnête homme n'est point douteux et équivoque à qui le sait bien observer dans toutes ses circonstances ; l'hypocrisie la plus profonde et la mieux déguisée n'atteint jamais jusqu'à la ressemblance de cette vertu ingénue : mais il faut se souvenir que la vertu la plus ingénue a de petits retours sur soi-même, et certaines recherches de son propre intérêt qu'elle n'aperçoit pas.

Il faut donc éviter également, et de soupçonner les gens de bien éprouvés jusqu'à un certain point, et de se livrer à toute leur conduite.

Je vous dis tout ceci, madame, parce qu'en la place où vous êtes on découvre tant de choses indignes, et on en entend si souvent d'imaginées par la calomnie, qu'on ne sait plus que croire. Plus on a d'inclination à aimer la vertu et à s'y confier, plus on est embarrassé et troublé en ces occasions : il n'y a que le goût de la vérité et un certain discernement de la sincère vertu qui puissent empêcher de tomber dans l'inconvénient d'une défiance universelle, qui seroit un très-grand mal.

J'ai dit, madame, qu'il ne faut se livrer à personne : je crois pourtant qu'il faut, par principe de christianisme et par sacrifice de sa raison, se soumettre aux conseils d'une seule personne qu'on a choisie pour la conduite spirituelle. Si j'ajoute une seule personne, c'est qu'il me semble qu'on ne doit pas multiplier les directeurs, ni en changer sans de grandes raisons; car ces changemens ou mélanges produisent une incertitude et souvent une contrariété dangereuse. Tout au moins on est retardé, au lieu d'avancer, par tous ces différens secours : il arrive même d'ordinaire que, quand on a tant de différens conseils, on ne suit que le sien propre, par la nécessité où l'on se trouve de choisir entre tous ceux qu'on a reçus d'autrui. Je conviens néanmoins qu'outre les conseils d'un sage directeur on peut en diverses occasions prendre des avis pour les affaires temporelles, qu'un autre peut voir de plus près que le directeur; mais je reviens à dire qu'excepté la conduite spirituelle, pour laquelle on se soumet à un bon directeur, pour tout le reste qui est extérieur on ne doit se livrer à personne.

On croit dans le monde que vous aimez le bien sincèrement. Beaucoup de gens ont cru long-temps que la vaine gloire vous faisoit prendre ce parti : mais il me semble que tout le public est désabusé, et qu'on rend justice à la pureté de vos motifs. On dit pourtant encore, et, selon toute apparence, avec vérité, que vous êtes sèche et sévère ; qu'il n'est pas permis d'avoir des défauts avec vous ; qu'étant dure à vous-même, vous l'êtes aussi aux autres ; que quand vous commencez à trouver quelque foible dans les gens que vous avez espéré trouver parfaits, vous vous en dégoûtez trop vite, et que vous poussez trop loin le dégoût.

S'il est vrai que vous soyez telle qu'on vous dépeint, ce défaut ne vous sera ôté que par une longue et profonde étude de vous-même.

Plus vous mourrez à vous-même par l'abandon total à l'esprit de Dieu, plus votre cœur s'élargira pour supporter les défauts d'autrui et pour y compatir sans bornes. Vous ne verrez partout que misère ; vos yeux seront plus perçans et en découvriront encore plus que vous n'en voyez aujourd'hui : mais rien ne pourra ni vous scandaliser, ni vous surprendre, ni vous resserrer ; vous verrez la corruption dans l'homme comme l'eau dans la mer.

Le monde est relâché, et néanmoins d'une sévérité impitoyable. Vous ne ressemblerez point au monde : vous serez fidèle et exacte, mais compatissante et douce comme Jésus-Christ l'a été pour les pécheurs, pendant qu'il confondoit les pharisiens, dont les vertus extérieures étoient si éclatantes.

On dit que vous vous mêlez trop peu des affaires. Ceux qui vous parlent ainsi sont inspirés par l'inquiétude, par l'envie de se mêler du gouvernement, et par le dépit contre ceux qui distribuent les grâces, ou par l'espoir d'en obtenir par vous. Pour vous, madame, il ne vous convient point de faire des efforts pour redresser ce qui n'est pas dans vos mains.

Le zèle du salut du roi ne doit point vous faire aller au delà des bornes que la providence semble vous avoir marquées.

Il y a mille choses déplorables ; mais il faut attendre les momens que Dieu seul connoît et qu'il tient dans sa puissance.

Ce n'est point la fausseté que vous aurez à craindre tant que vous la craindrez : les gens faux ne croient pas l'être ; les vrais tremblent toujours de ne l'être pas. Votre piété est droite : vous n'avez jamais eu les vices du monde, et depuis long-temps vous en avez abjuré les erreurs.

Le vrai moyen d'attirer la grâce sur le roi et sur l'état n'est pas de crier ou fatiguer le roi ; c'est de l'édifier, de mourir sans cesse à vous-même ; c'est d'ouvrir peu à peu le cœur de ce prince par une conduite ingénue, cordiale, patiente, libre néanmoins et enfantine dans cette patience.

Mais parler avec chaleur et avec âpreté, revenir souvent à la charge, dresser des batteries sourdement, faire des plans de sagesse humaine pour réformer ce qui a besoin de réforme, c'est vouloir faire le bien par une mauvaise voie. Votre solidité rejette de tels moyens, et vous n'avez qu'à la suivre simplement.

Ce qui me paroît véritable touchant les affaires, c'est que votre esprit en est plus capable que vous ne pensez : vous vous défiez peut-être un peu trop de vous-même, ou bien vous craignez trop d'entrer dans des discussions contraires au goût que vous avez pour une vie tranquille et recueillie. D'ailleurs, je m'imagine que vous craignez le caractère des gens que vous trouvez sur vos pas quand vous entrez dans quelque affaire ; mais enfin il me paroît que votre esprit naturel et acquis a bien plus d'étendue que vous ne lui en donnez.

Je persiste à croire que vous ne devez jamais vous ingérer dans les affaires d'état ; mais vous devez vous en instruire selon l'étendue de vos vues naturelles ; et quand les ouvertures de la providence vous offriront de quoi faire le bien, sans pousser trop loin le roi au delà de ses bornes, il ne faut jamais reculer.

Je vous ai détaillé ce que le monde dit : voici, madame ce que j'ai à dire.

Il me paroît que vous avez encore un goût trop naturel pour l'amitié, pour la bonté du cœur, et pour tout ce qui lie la bonne société : c'est sans doute ce qu'il y a de meilleur, selon la raison et la vertu humaine ; mais c'est pour cela même qu'il y faut renoncer.

Ceux qui ont le cœur dur, et même froid, ont sans doute un très-grand défaut naturel : c'est même une très-grande imperfection qui reste dans leur piété ; car si leur piété étoit plus avancée, elle leur donneroit ce qui leur manque de ce côté-là. Mais il faut compter que la véritable bonté du cœur consiste dans la fidélité à Dieu et dans le pur amour. Toutes les générosités, toutes les tendresses naturelles ne sont qu'un amour-propre plus raffiné, plus séduisant, plus flatteur, plus aimable, et par conséquent plus diabolique.

Je vous dis tout ceci sans nul intérêt personnel ; car je suis assez sec dans ma conduite, et froid dans les commencemens, mais assez chaud et tendre dans le fond. Rien de tout ceci ne regarde l'*homme* à l'égard duquel vous avez des devoirs d'un autre ordre : l'accroissement de la grâce, qui a fait déjà tant de prodiges en lui, achevera d'en faire un autre homme. Mais je vous parle pour le seul intérêt de Dieu en vous ; il faut mourir sans réserve à toute amitié. Si vous ne teniez plus à vous, vous ne seriez non plus dans le désir de voir vos amis attachés à vous, que de les voir attachés au roi de la Chine : vous tâcheriez de les aimer du pur amour de Dieu, c'est-à-dire d'un amour parfait, infini, généreux, agissant, compatissant, consolant, égal, bienfaisant et tendre comme Dieu même : le cœur de Dieu seroit versé dans le vôtre ; et votre amitié ne pourroit non plus avoir de défaut, que celui qui aimeroit en vous : vous ne voudriez rien des autres que ce que Dieu en voudroit, et uniquement pour lui : vous seriez jalouse pour lui contre vous-même ; et si vous exigiez des autres une conduite plus cordiale, ce ne seroit que pour leur perfection et pour l'accomplissement des desseins de Dieu sur eux.

Ce qui vous blesse donc dans les cœurs resserrés ne vous blesse qu'à cause que le vôtre est encore plus resserré au dedans de lui-même : il n'y a que l'amour-propre qui blesse l'amour-propre ; l'amour de Dieu supporte avec condescendance l'infirmité de l'amour-propre, et attend en paix que Dieu le détruise. En un mot, madame, le défaut de vouloir de l'amitié n'est pas moindre devant Dieu que celui de manquer à l'amitié. Le vrai amour de Dieu aime généreusement le prochain sans espérance d'aucun retour.

Au reste, il faut tellement sacrifier à Dieu le *moi* dont nous avons tant parlé, qu'on ne le recherche plus, ni pour la réputation, ni pour la consolation du témoignage qu'on se rend à soi-même sur ses bonnes qualités ou sur ses bons sentimens. Il faut mourir à tout sans réserve, ne posséder pas même sa vertu par rapport à soi. Ce n'est point une obligation précise pour tous les chrétiens ; mais je crois que c'est la perfection d'une âme qu'il a autant prévenue que la vôtre par ses miséricordes.

Il faut être prêt à se voir méprisé, haï, décrié, condamné par autrui, et à ne trouver en soi que trouble et condamnation, pour se sacrifier sans nul adoucissement au souverain domaine de Dieu, qui fait de sa créature selon son bon plaisir. Cette parole est dure à quiconque veut vivre en soi et jouir pour soi-même de sa vertu : mais qu'elle est douce et consolante pour une âme qui aime autant Dieu, qu'elle renonce à s'aimer elle-même.

Vous verrez un jour combien les gens qui sont dans cette disposition sont grands dans l'amitié : leur cœur est immense, parce qu'il tient de l'immensité de Dieu qui les possède. Ceux qui entrent dans ces vues de pur amour, malgré leur naturel sec et serré, vont toujours en s'élargissant peu à peu ; enfin Dieu leur donne un cœur semblable au sien, et des entrailles de mère pour tout ce qu'il unit à eux.

Ainsi la vraie et pure piété, loin de donner de la dureté et de l'indifférence, tire de l'indifférence, de la sécheresse, de la dureté de l'amour-propre qui se rétrécit en lui-même pour rapporter tout à lui.

Pour vos devoirs, je n'hésite pas un moment à croire que vous devez les renfermer dans des bornes plus étroites que la plupart des gens trop zélés ne le voudroient.

Chacun, plein de son intérêt, veut vous y entraîner, et vous trouve insensible à la gloire de Dieu, si vous n'êtes autant échauffée que lui ; chacun veut même que votre avis soit conforme au sien, et sa raison à la vôtre.

Vous pourrez peut-être dans la suite, si Dieu vous en donne les facilités, faire des biens plus étendus.

Maintenant vous avez la communauté de Saint-Cyr, qui demande beaucoup de soins ; encore même voudrois-je que vous fussiez bien soulagée et déchargée de ce côté-là : il vous faut des temps de recueillement et de repos, tant de corps que d'esprit. Vous devez suivre le courant des affaires générales pour tempérer ce qui est excessif et redresser ce qui en a besoin. Vous devez, sans vous rebuter jamais, profiter de tout ce que Dieu vous met au cœur, et de toutes les ouvertures qu'il vous donne dans celui du roi pour lui ouvrir les yeux et pour l'éclairer, mais sans empressement, comme je vous l'ai souvent représenté.

Au reste, comme le roi se conduit bien moins par des maximes suivies que par l'impression des gens qui l'environnent, et auxquels il confie son autorité, le capital est de ne perdre aucune occasion pour l'obséder par des gens sûrs qui agissent de concert avec vous pour lui faire accomplir dans leur vraie étendue ses devoirs, dont il n'a point assez d'idées.

S'il est prévenu en faveur de ceux qui font tant de violences, tant d'injustices, tant de fautes grossières, il le seroit bientôt encore plus en faveur de ceux qui suivroient les règles et qui l'animeroient au bien. C'est ce qui me persuade que quand vous pourrez augmenter le crédit de MM. de Chevreuse et de Beauvilliers, vous ferez un grand coup. C'est à vous à vous mesurer pour le temps ; mais si la simplicité et la liberté ne peuvent point emporter ceci, j'aimerois mieux attendre jusqu'à ce que Dieu eût préparé le cœur du roi. Enfin le grand point est de l'assiéger, puisqu'il veut l'être ; de le gouverner, puisqu'il veut être gouverné : son salut consiste à être assiégé par des gens droits et sans intérêt.

Votre application à le toucher, à l'instruire, à lui ouvrir le cœur, à le garantir de certains piéges, à le soutenir quand il est ébranlé, à lui donner des vues de paix, et surtout de soulagement des peuples, de modération, d'équité, de défiance à l'égard des conseils durs et violens, d'horreur pour les actes d'autorité arbitraire, enfin d'amour pour l'église, et d'application à lui chercher de saints pasteurs; tout cela, dis-je, vous donnera bien de l'occupation; car, quoique vous ne puissiez point parler de ces matières à toute heure, vous aurez besoin de perdre bien du temps pour choisir les momens propres à insinuer ces vérités. Voilà l'occupation que je mets au-dessus de toutes les autres.

Après les heures de piété, vous devez aussi, ce me semble, travailler et donner le temps nécessaire pour connoître par des gens sûrs les excellens sujets en chaque profession, et les principaux désordres qu'on peut réprimer. Il ne faut point avoir de rapporteurs qui s'empressent à vous empoisonner du récit de toutes les petites fautes des particuliers; mais il faut avoir des gens de bien qui, malgré eux, soient chargés en conscience de vous avertir des choses qui le mériteront : ceux-ci ne vous diront que le nécessaire, et laisseront le superflu aux tracassiers.

Vous devez aussi veiller pour soutenir dans leur emploi les gens de bien qui sont en fonction, empêcher les rapports calomnieux et les soupçons injustes, diminuer le faste de la cour quand vous le pourrez, faire entrer peu à peu Monseigneur dans toutes les affaires, empêcher que le venin de l'impiété ne se glisse autour de lui; en un mot être la sentinelle de Dieu au milieu d'Israël, pour protéger tout le bien et pour réprimer tout le mal, mais suivant les bornes de votre autorité.

Pour Saint-Cyr, je croirois qu'une inspection générale et une attention suivie pour redresser dans le général tout ce qui en aura besoin, suffit à une personne accablée de tant d'affaires, appelée à de plus grands biens, capable d'objets plus étendus.

Il faut encore ajouter que vous ne pouvez éviter d'écouter ceux qui voudront se plaindre ou vous avertir. Tout cela va assez loin; ainsi je m'y bornerai.

Les bonnes œuvres que vous voulez tourner du côté de l'*homme* me paroissent fort à propos; elles seront sans contradictions et sans embarras. Pour celles de Paris, je crois que vous y trouveriez des traverses continuelles qui vous commettroient trop.

Vous avez à la cour des personnes qui paroissent bien intentionnées; elles méritent que vous les traitiez bien, et que vous les encouragiez. Mais il y faut beaucoup de précaution, car mille gens se feroient dévots pour vous plaire; ils paroîtroient touchés aux personnes qui vous approchent, et iroient par-là à leur but : ce seroit nourrir l'hypocrisie, et vous exposer à passer pour trop crédule; ainsi il faut connoître à fond la droiture et le désintéressement des gens qui paroissent se tourner à Dieu, avant que de leur montrer qu'on fait attention à ces commencemens de vertu.

Si ce sont des femmes qui aient besoin d'être soutenues, faites-les aider par des personnes de confiance, sans que vous paroissiez vous-même.

Je crois que vous devez admettre peu de gens dans vos conversations pieuses, où vous cherchez à être en liberté. Ce qui vous est bon n'est pas toujours proportionné au besoin des autres. Jésus-Christ disoit : « J'ai » d'autres choses à vous enseigner, mais vous ne pouvez » pas encore les porter. »

Les pères de l'église ne découvroient les mystères du christianisme qu'à ceux qui vouloient se faire chrétiens, qu'à mesure qu'ils les trouvoient disposés à les croire.

En attendant que vous puissiez faire du bien par le choix des pasteurs, tâchez de diminuer le mal.

Pour votre famille, rendez-lui les soins qui dépendent de vous, selon les règles de modération que vous avez dans le cœur : mais évitez également deux choses; l'une, de refuser de parler pour vos parens quand il est raisonable de le faire ; l'autre, de vous fâcher quand votre recommandation ne réussit pas.

Il faut faire simplement ce que vous devez, et prendre en paix et en humilité les mauvais succès : l'orgueil aimeroit mieux se dépiter, ou il prendroit le parti de ne parler plus, ou bien il éclateroit pour arracher ce qu'on lui refuse.

Il me paroît que vous aimez comme il faut vos parens, sans ignorer leurs défauts et sans perdre de vue leurs bonnes qualités.

Enfin, madame, soyez bien persuadée que pour la correction de vos défauts et pour l'accomplissement de vos devoirs, le principal est d'y travailler par le dedans et non par le dehors.

Ce détail extérieur, quand vous vous y donneriez tout entière, sera toujours au-dessus de vos forces : mais si vous laissez faire à l'esprit de Dieu ce qu'il faut pour vous faire mourir à vous-même, et pour couper jusqu'aux dernières racines du *moi*, les défauts tomberont peu à peu comme d'eux-mêmes, et Dieu élargira votre cœur au point que vous ne serez embarrassée de l'étendue d'aucun devoir ; alors l'étendue de vos devoirs croîtra avec l'étendue de vos vertus et avec la capacité de votre fonds, car Dieu vous donnera de nouveaux biens à faire à proportion de la nouvelle étendue qu'il aura donnée à votre intérieur. Tous nos défauts ne viennent que d'être encore attachés et recourbés sur nous-mêmes ; c'est par le *moi*, qui veut mettre les vertus à son usage et à son point, qu'il faut commencer. Renoncez donc, sans hésiter jamais, à ce malheureux *moi*, dans les moindres choses où l'esprit de grâce vous fera sentir que vous le recherchez encore. Voilà le vrai et total crucifiement : tout le reste ne va qu'aux sens et à la superficie de l'âme. Tous ceux qui travaillent à mourir autrement quittent la vie par un côté, et la reprennent par plusieurs autres ; ce n'est jamais fait.

Vous verrez par l'expérience que, quand on prend pour mourir à soi le chemin que je vous propose, Dieu ne laisse rien à l'âme, et qu'il la poursuit sans relâche ; il paroît impitoyable jusqu'à ce qu'il lui ait ôté le dernier souffle de vie propre, pour la faire vivre en lui dans une paix et une liberté d'esprit infinie.

Ce directeur si recueilli, si occupé de Dieu et du soin de lui plaire, ne négligeoit ni l'étude des lettres, ni de répandre sur ses ouvrages de littérature et de morale les grâces du style et les richesses de l'imagination. M. Pellisson étant venu à mourir au commencement de 1693, on insinua à Fénelon qu'il devoit se mettre sur les rangs pour lui succéder, et il y fut appelé d'une voix unanime : c'est la première faveur qu'il éprouva depuis qu'il étoit à Versailles, et ce ne fut pas celle à laquelle il fut le moins sensible. Il aimoit les lettres et étoit bien loin de dédaigner l'honneur d'être placé dans leur sanctuaire. Il reçut cette distinction comme une grâce qu'on lui faisoit, plutôt que comme une justice qu'on lui rendoit, et il y vint prendre séance le mardi 31 mars de cette même année.

Son remercîment est un modèle de modestie, de politesse et de goût. M. Bergeret, secrétaire du cabinet du roi, et alors directeur de l'académie, répondit à Fénelon par un discours digne de la réputation dont il jouissoit. Nous ne rapporterons ici que ce qui regarde personnellement le nouveau récipiendaire.

« Nulle autre considération que celle de votre
» mérite n'a obligé l'académie à vous donner
» son suffrage.

» Elle ne l'a point donné à l'ancienne et il-
» lustre noblesse de votre maison, ni à la dignité
» et à l'importance de votre emploi, mais seu-
» lement aux grandes qualités qui vous y ont
» fait appeler. »

Il loue ensuite ses talens, ses vertus, et surtout sa charité apostolique pour le salut des peuples, qui l'avoit fait juger d'autant plus propre à élever de jeunes princes.

« L'obligation de vous acquitter d'une fonc-
» tion aussi importante, ajoute M. Bergeret,
» fit aussitôt briller en vous toutes ces rares
» qualités de l'esprit dont on n'avoit vu qu'une
» partie dans vos exercices de piété ; une vaste

» étendue de connoissances en tous genres d'é-
» rudition, sans confusion et sans embarras;
» un juste discernement pour en faire l'applica-
» tion et l'usage; un agrément et une facilité
» d'expression qui vient de la clarté et de la
» netteté des idées; une mémoire dans laquelle,
» comme dans une bibliothèque qui vous suit
» partout, vous trouvez à propos les exemples
» et les faits historiques dont vous avez besoin;
» une imagination de la beauté de celle qui fait
» les grands hommes dans tous les arts, et dont
» on sait par expérience que la force et la viva-
» cité vous rendent les choses aussi présentes
» qu'elles le sont à ceux même qui les ont de-
» vant les yeux.

» Ainsi vous possédez avec avantage tout ce
» qu'on pourroit souhaiter, non-seulement pour
» former les mœurs des jeunes princes, ce qui
» est sans comparaison le plus important, mais
» encore pour leur polir et leur orner l'esprit;
» ce que vous faites avec d'autant plus de suc-
» cès, que par une douceur qui vous est propre,
» vous avez su leur rendre le travail aimable et
» leur faire trouver du plaisir dans l'étude. »

Il leur en faisoit même trouver dans la pratique de la vertu, dans la résistance à leurs
caprices, à leurs fantaisies. Ce que vous voulez
est-il raisonnable? leur représentoit-il souvent:
examinez-le vous-mêmes, je vous en fais les

juges ; et supposé qu'il ne le soit pas, je vous le demande, convient-il que, placés pour donner l'exemple, pour travailler au bonheur des autres, vous vous permettiez ce que vous désapprouvez dans le fond de l'âme, et ce que blâmeroient tous les gens sensés qui vous environnent?

L'instruction que donnoit Fénelon à ses augustes élèves s'étendoit à tout, et lui fit composer les écrits qui en sont les précieux restes, et qu'on ne connoissoit alors que par l'admiration où l'on étoit de tout ce que savoient ces jeunes princes. Le précepteur en devint plus cher au roi et à la nation ; tous se félicitoient de voir les espérances de l'État confiées à des mains si habiles et si vertueuses. Louis XIV le traitoit avec la plus grande bonté, et paroissoit avoir dans lui la plus flatteuse confiance.

Fénelon ne se servit de son crédit que pour remplir ses fonctions avec plus de soin et plus de zèle, que pour bouleverser de fond en comble, si je puis m'exprimer ainsi, les idées que les corrupteurs des rois leur donnent de leur grandeur et de leur pouvoir : la raison, la religion, l'intérêt même personnel, tout étoit mis en usage pour armer leur esprit et leur cœur contre les dangers de l'autorité et de l'opulence ; et content du bien qu'il s'efforçoit de faire, Fénelon n'aspiroit à rien de plus.

Dès son arrivée à la cour, par une distinction qu'on crut devoir à sa naissance, il fut réglé qu'il monteroit dans les carrosses du roi, et qu'il mangeroit avec les princes; mais quoiqu'il fût depuis six ans dans la plus haute faveur, on n'avoit point pensé à lui dans la distribution qui se faisoit tous les jours des grâces ecclésiastiques. Le public lui donnoit toutes les grandes places qui venoient à vaquer, et il n'arrivoit pas même aux plus médiocres. La longue habitude de borner ses désirs, jointe à son caractère de modestie et de désintéressement, lui ôtoit jusqu'à la pensée de s'élever et de devenir riche. Enfin le roi, étonné et presque honteux de l'avoir oublié si long-temps, le nomma à l'abbaye de Saint-Valery : il voulut le lui annoncer lui-même et lui faire des excuses de ce qu'il lui donnoit si peu et si tard. L'archevêché de Paris étant venu à vaquer dans cette année 1695 par la mort de M. de Harlay, tout le monde jeta les yeux sur Fénelon, et lui destina ce grand siége. M. de Noailles, évêque de Châlons, et recommandable par sa naissance et par sa piété, lui fut préféré : il avoit pour lui des parens accrédités, le mariage de son neveu avec mademoiselle d'Aubigné, que madame de Maintenon projetoit peut-être déjà, et beaucoup de vertus. Fénelon applaudit d'abord à ce choix, qui étoit bon en lui-même, et qui n'auroit produit que de bons effets si le prélat ne s'étoit pas laissé subjuguer par des alentours à qui il avoit donné sa confiance, et qui n'avoient ni sa candeur ni sa probité. Nous verrons par la suite ce qui refroidit et divisa, sinon de cœur, du moins de pensées et de sentimens, deux hommes faits pour s'aimer et s'estimer toujours.

Quelques mois après la première grâce que venoit de recevoir M. l'abbé de Fénelon, on lui en fit une encore plus importante, en lui donnant l'archevêché de Cambrai. Il ne consentit à l'accepter que lorsque le roi lui dit que l'éducation étant presque finie, les gens de mérite qu'il avoit sous lui pourroient suppléer à ses absences ; il céda à la volonté du roi, et rendit en même temps l'abbaye qu'on venoit de lui donner. Le roi en parut surpris ; il n'étoit pas accoutumé à trouver dans sa cour un pareil désintéressement. Mais ce n'étoit aux yeux de celui qui donnoit ce rare exemple qu'une action commune.

Cependant, depuis quelque temps, la providence sembloit préparer à une vertu si pure l'épreuve de l'adversité ; il s'élevoit des nuages avant-coureurs de la terrible tempête qu'on entendit gronder bientôt, et qui fit perdre à Fénelon les bontés et presque l'estime de son maître. Nous ne nous étendrons pas beaucoup sur ce qui en fut le triste sujet, et nous voudrions pouvoir nous dispenser d'en parler par respect pour les acteurs célèbres qui parurent sur la scène ; mais notre qualité d'historien, en nous imposant l'obligation d'être vrais, mais réservés, ne nous permet pas de dissimuler ou d'omettre ce qui se passa au sujet de la fameuse querelle de Bossuet et de Fénelon. Nous ne chercherons ni à justifier les erreurs du dernier, il les a reconnues et condamnées lui-même ; ni à prêter au premier des motifs d'ambition ou de jalousie dans une affaire où nous devons croire qu'il n'étoit animé que par le zèle qu'il avoit toujours montré pour la pureté de la foi. Nous rapporterons en peu de mots ces faits, sans hasarder des soupçons et des conjectures ; et nous renverrons ceux qui aimeroient de plus longs détails à ce qui a été imprimé sur cette querelle.

Une vie pure, la pratique constante des vertus les plus sublimes, l'application à la prière et à tous les exercices d'une piété pénitente et intérieure, ne purent garantir madame Guyon de l'animosité de ceux qui se déclarèrent contre elle. Née fort riche, mariée très-jeune, et veuve à l'âge de 28 ans, elle abandonna son pays, ses enfans, leur garde-noble qui étoit de quarante mille livres de rente, son propre bien, et ne se réserva qu'une modique pension. Cette conduite extraordinaire, approuvée par le peu d'hommes éclairés et respectables qu'elle avoit consultés, fut condamnée par presque tout le monde. Après quelques courses, quelques séjours à Genève, à Thonon, à Verceil et à Grenoble, elle revint à Paris. Elle y connoissoit plusieurs personnes vertueuses ; et quoiqu'elle aimât la retraite, elle consentit à les voir. Ce cercle s'étendit ; elle y parla de piété, d'oraison, de la manière de servir Dieu. Elle avoit de l'agrément, de l'insinuation, une façon de s'exprimer vive et touchante ; mais elle aimoit trop à instruire et à dogmatiser : elle se fit des prosélytes, leur donna des méthodes, s'établit leur guide, leur conseil ; des personnes d'un rang distingué mirent en elle leur confiance. Madame de Maintenon sembla la goûter, et voulut qu'elle visitât souvent la maison de Saint-Cyr, que Louis XIV venoit de fonder. C'est par son crédit qu'elle sortit du couvent de la Visitation rue Saint-Antoine, où M. de Harlay, effrayé de ses directions, et prévenu contre son oraison, la tint enfermée pendant huit mois, et lui fit subir de longs examens et des interrogatoires fréquens. Madame Guyon répondit à tout avec douceur et simplicité. Son innocence triompha alors ; la supérieure et les religieuses de cette maison rendirent toutes unanimement un témoignage authentique à sa vertu, et la liberté lui fut rendue. Ce ne fut qu'après cette sortie, en 1687, que Fénelon fit connoissance avec madame Guyon. Il en avoit beaucoup entendu parler ; mais naturellement ennemi de tout ce qui paroissoit singulier, il n'étoit pas sans prévention contre elle. Il la vit pour la première fois chez madame la duchesse de Béthune, fille du célèbre surintendant ; et voulant en juger par lui-même, il lui fit diverses questions qui passoient naturellement sa portée. Elle y satisfit avec beaucoup de lumière, mais sans appareil cependant et sans affectation. L'imagination ardente de madame Guyon, son désintéressement jusque dans l'amour de Dieu, son courage supérieur à tant de contradictions qu'elle avoit éprouvées, son abandon total à la providence, tant de traits enfin de ressemblance avec le caractère de Fénelon, qui étoit cependant plus sage et plus réservé, firent disparoître tous les préjugés qu'il avoit auparavant, et le rangèrent, si ce n'est au nombre de ses disciples, du moins parmi ses amis et parmi ses admirateurs. Des hommes en place, des dames de la cour, jeunes et brillantes, goûtèrent aussi son genre d'esprit et de spiritualité, renoncèrent aux plaisirs profanes, s'occupèrent plus sérieusement de ce qu'elles devoient à Dieu et à leurs familles, devinrent raisonnables et chrétiennes, se mirent à parler plus souvent de piété que de parures, de modes et de spectacles. L'on en fut alarmé : un changement si inattendu fut traité de fanatisme ; et, pour en arrêter le danger, on employa tout ce qu'on crut propre à décréditer celle qu'on en regardoit comme la principale cause. On répandit des bruits sourds d'une hérésie naissante et accréditée à la cour : c'étoient les erreurs de Molinos, docteur espagnol, récemment foudroyées par le saint-siége, qui se renouveloient ; c'étoient ses illusions qui avoient passé les monts ; et l'on prétendoit qu'abusant de ce qu'il y a de plus saint, on se faisoit de la spiritualité un manteau pour couvrir les plus révoltantes abominations : on n'entendit plus que clameurs sur le péril où étoit l'Église de France par le molinosisme, qui se glissoit subtilement parmi les personnes du plus grand mérite.

Le mouvement fut tel, que la plupart des amis de madame Guyon en furent ébranlés. Pour les rassurer contre le péril d'une pareille illusion, elle proposa elle-même de confier ses écrits à quelque prélat d'une science distinguée, qui les examineroit et en rendroit témoignage. Elle choisit M. de Meaux : elle le connoissoit pour ami de tous les temps de Fénelon, et le crut plus propre que tout autre à dissiper les ombrages et à calmer les préventions des esprits échauffés. Elle donna tous ses manuscrits à ce prélat, qui les lut, et dit d'abord à M. le duc de Chevreuse qu'il y trouvoit une lumière et une onction qu'il n'avoit point trouvées ailleurs, et qu'en les lisant il s'étoit senti dans une présence de Dieu qui lui avoit duré trois jours entiers. Il les emporta ensuite à Meaux, en fit de grands extraits, revint à Paris au bout de cinq mois, eut une longue conférence avec madame Guyon, et, après l'avoir communiée de ses propres mains, lui exposa ses difficultés, écouta ses réponses ; et quoiqu'il ne fût pas satisfait de toutes ses idées sur la spiritualité, il déclara à M. le duc de Chevreuse qu'elles ne blessoient pas la foi, et qu'il étoit prêt à lui donner un certificat de catholicité. Madame Guyon, contente de ce témoignage verbal, n'en exigea pas d'autre; mais, dans l'espérance de calmer cet orage, elle ne songea qu'à se retirer dans un lieu inconnu même à ses amis, avec qui elle crut devoir rompre presque tout commerce. Cette prudente précaution auroit dû mettre fin à ces noires imputations; mais ce n'étoit plus à elle seulement qu'on en vouloit. Les esprits inquiets et les ennemis secrets en devinrent plus acharnés : on travailla même à rompre l'heureux accord qui avoit régné jusqu'alors entre Bossuet et Fénelon ; on chercha à inspirer à l'un et à l'autre des soupçons. Bossuet ne les écouta pas sans doute; et Fénelon, comme on le verra, étoit trop sincère dans l'amitié pour se livrer facilement à la défiance dans ce genre.

Cependant le déchaînement contre madame Guyon devint universel : les soupçons qu'on avoit conçus contre sa foi sembloient retomber sur ses amis. Son cœur sensible, quoique résigné à tout, en fut alarmé; c'est ce qui lui fit prendre la résolution de rompre le silence et de demander à se justifier par une voie publique : elle sollicita des commissaires, et offrit de se mettre en prison pour y attendre la peine qui lui étoit due si on la jugeoit coupable.

Madame de Maintenon, par qui devoit s'obtenir cette commission, refusa cet expédient. Il n'est point question, dit-elle à M. le duc de Beauvilliers, des mœurs de madame Guyon, *mais de sa doctrine*. Elle s'arrêta donc à un examen dogmatique de ses livres, et en parla au roi.

M. de Meaux fut choisi comme principal examinateur; on y ajouta M. l'évêque de Châlons, depuis cardinal de Noailles, et M. Tronson, supérieur du séminaire de Saint-Sulpice. Madame de Maintenon voulut que M. de Fénelon y entrât comme quatrième; le roi l'approuva, Dieu le permit : et voilà la source de tout ce qui arriva de fâcheux à Fénelon. Ce n'étoit pas par mauvaise volonté sans doute, ni pour lui tendre un piége, qu'on l'associa à cet examen ; mais il en résulta, et sa brouillerie avec Bossuet, et le livre des *Maximes des saints*, tous deux funestes par l'événement à la tranquillité de l'Église et à l'honneur de la religion.

Fénelon, soutenu par la pureté de ses intentions et par la haute idée qu'il avoit de la bonne foi des examinateurs, s'y livra entièrement, sans crainte, et avec une simplicité de cœur sans bornes. M. de Meaux lui avoua qu'il avoit lu peu d'auteurs contemplatifs, et le pria d'en faire des extraits avec des remarques. Fénelon le fit, et lui envoya un recueil de passages tirés des pères grecs et latins, des saints canonisés, et des docteurs approuvés.

Enfin, dans les célèbres conférences d Issy vers le commencement de 1695, ce prélat, réuni avec M. de Châlons, M. Tronson, et M. de Fénelon, qui venoit d'être nommé à l'archevêché de Cambrai, leur montra trente articles qu'il avoit dressés et qu'il leur proposa de signer comme une barrière contre les nouveautés. Fénelon, malgré sa déférence pour Bossuet, voulut les lire, les discuter, proposa d'en changer quelques-uns et d'en ajouter quelques autres. M. Bossuet se rendit à cet avis, qui étoit celui des deux autres examinateurs, et les articles furent signés avec les changemens et les additions que Fénelon avoit proposés.

Dans le courant de la même année, M. de Châlons, M. de Chartres et M. de Meaux publièrent des ordonnanees contre le quiétisme, et condamnèrent les livres imprimés de madame Guyon. Cette dame, en attendant le jugement définitif de ces prélats, s'étoit retirée d'elle-même aux religieuses de Sainte-Marie de Meaux, afin d'être sous les yeux de M. Bossuet, et de répondre à toutes les questions qu'il lui voudroit faire. Il lui demanda de signer son mandement, et de rétracter les erreurs dont il y faisoit mention ; il la pressa même de faire d'autres aveux qui l'effrayèrent, et auxquels elle crut devoir se refuser : « J'ai pu me tromper, lui dit-elle, dans le choix de mes expressions ; mais je ne puis, sans trahir ma conscience, avouer que j'ai prétendu enseigner les erreurs monstrueuses que vous me reprochez. » M. de Meaux, après six mois de sollicitations pressantes, et convaincu enfin que les intentions de cette dame n'étoient pas aussi perverses qu'il l'avoit craint, céda à la force de la vérité, et lui donna un certificat dans lequel il déclara qu'il étoit satisfait de sa conduite.

Des actes si authentiques, après un examen si rigoureux et tant de soin pour la faire trouver coupable, déplurent infiniment, et on ne sait pourquoi, à madame de Maintenon. M. de Meaux, en arrivant à la cour, fut bien étonné de s'entendre dire par elle que son attestation feroit un effet contraire à ce qu'on s'étoit proposé, qui étoit de détromper les personnes prévenues en faveur de madame Guyon. Il nous semble cependant que si on l'avoit eloignée alors de Paris, quoique humble et docile comme elle le paroissoit, on n'en eût eu peut-être rien à appréhender, tout étoit fini, et qu'on n'y auroit plus pensé non plus qu'à ses ouvrages.

Frappé des reproches et du mécontentement de madame de Maintenon, M. Bossuet se hâta de retourner à Meaux pour retirer son attestation. Madame Guyon, fatiguée de tout ce tracas, et se voyant en liberté, en avoit profité pour revenir à Paris, où elle croyoit pouvoir vivre oubliée, et n'avoir plus à penser qu'à sa propre sanctification : mais tant de ressorts furent mis en œuvre, qu'elle fut bientôt arrêtée et mise au château de Vincennes, vers la fin de l'année 1695.

Fénelon, touché de ses malheurs, ne s'en plaignoit pas, et ne faisoit même aucunes démarches pour les adoucir; il souffroit en silence, et se flattoit que madame Guyon, en perdant la liberté, ne perdroit pas cette paix de cœur qui allège le poids des plus lourdes chaînes. On ne lui savoit cependant aucun gré de sa modération ; on traitoit même d'entêtement sa résistance à ne point la condamner d'une manière aussi vive que quelques-uns de ses confrères. On se proposa enfin de l'y forcer en quelque sorte, mais avec adresse et par insinuation plutôt que par violence, car on avoit affaire au plus doux des hommes et en même temps au plus ferme dans tout ce qui regardoit l'honneur, la probité et la religion. Bossuet etoit sans doute incapable de lui rien demander de contraire : mais il le croyoit dans l'erreur, il vouloit le détromper ; il vouloit peut-être même encore alors l'engager à une démarche qu'il pouvoit, qu'il devoit faire selon lui, selon beaucoup d'autres personnes éclairées, et qui auroit ramené les esprits prévenus et persuadés qu'il ne refusoit de parler que parce qu'il tenoit secrètement aux opinions qu'il s'agissoit de proscrire : il lui manda donc qu'il faisoit un ouvrage pour autoriser la vraie spiritualité et réprimer l'illusion, et le pria de l'approuver. M. de Cambrai se réjouit d'un dessein si utile, et s'offrit d'y travailler de concert avec lui. Voici la lettre de M. de Meaux ; elle est datée du 15 mai 1695.

« Je vous suis uni dans le fond avec l'incli-
» nation et le respect que Dieu sait. Je crois
» pourtant ressentir un je ne sais quoi qui nous
» sépare encore un peu, cela m'est insuppor-

» table. Mon livre nous aidera à entrer dans la
» pensée l'un de l'autre : je serai en repos quand
» je serai uni avec vous par l'esprit autant que
» je le suis par le cœur. »

Cette lettre rassura M. de Cambrai contre les défiances qu'on s'efforçoit de lui inspirer. Il ne put cependant se défendre d'une sorte de surprise quand M. de Meaux lui envoya son instruction manuscrite sur les etats d'oraison; il y trouva nombre de passages tirés des livres de madame Guyon, auxquels on donnoit le sens le plus affreux : on supposoit à cette dame un système lié dans toutes ses parties, dont « le dessein évident étoit d'établir une indiffé- » rence brutale pour le salut et pour la dam- » nation, pour le vice et pour la vertu, un oubli » de Jésus-Christ et de tous ses mystères, une » indifférence et une quiétude impie. »

M. de Cambrai, dont on vouloit rendre la foi suspecte, et qui s'alarmoit de son côté de l'espèce de ridicule qu'on alloit repandre selon lui sur la vraie piété, sur cette priere du cœur, sur ce culte intérieur et profond que Dieu demande de nous, crut qu'il étoit temps et qu'il ne pouvoit plus se dispenser de parler. Il projeta donc, de l'avis de M. l'archevêque de Paris et de M. l'évêque de Chartres, de donner un livre au public pour faire çonnoître sa doctrine et venger celle des ascétiques, qu'il croyoit injustement attaquée : et attendu la chaleur que M. de Meaux commençoit à mettre dans cette affaire, ils lui conseillèrent tous deux de ne lui rien communiquer de son dessein.

Les trente-quatre articles vus et approuvés dans les conférences d'Issy servirent de base à ce trop fameux ouvrage : on y exposoit d'abord les sentimens des saints dans une proposition générale ; on joignoit ensuite à chaque article les autorités des pères, des saints et des docteurs, qui favorisoient les maximes qu'on avoit établies. M. de Cambrai avoit une si grande facilité, ces objets lui étoient si familiers, et il avoit déjà tant consulté, tant lu, tant rassemblé de matériaux, qu'il eut bientôt fini la tâche qu'il s'étoit imposée. Il donna son livre à examiner à M. l'archevêque de Paris, qui le lut avec M. de Beaufort, l'un de ses théologiens, et qui le rendit au bout de trois semaines, en montrant tous les endroits qu'il croyoit devoir être retouchés. M. de Cambrai les corrigea en sa présence ; et M. de Paris en fut si édifié, qu'il dit tout de suite à M. le duc de Chevreuse qu'il ne trouvoit qu'un défaut à M. de Cambrai, qui étoit d'*être trop docile*. Il désira cependant qu'on le communiquât encore à quelque habile théologien ; et il fut donné à examiner à M. Pyrot, docteur de Sorbonne, et très-dévoué à M. de Meaux. Ce docteur lut l'ouvrage avec M. de Cambrai, et, après un examen rigoureux, déclara qu'il étoit *tout d'or ;* ce furent ses propres paroles.

M. de Meaux apprit que le livre étoit sous presse, et menaça d'en arrêter l'impression. Plût à Dieu qu'il eût exécuté cette menace ! il auroit mieux servi Fénelon que ses amis les plus zélés. Ceux-ci, malgré les lettres expresses de ce prélat, allèrent trouver M. l'archevêque de Paris pour le prier de consentir à la publication du livre : malheureusement encore il ne s'y opposa pas, et l'ouvrage parut avant celui de Bossuet, contre la volonté de l'auteur.

Les intentions de Fénelon étoient certainement droites et pures ; il ne croyoit défendre que la piété intérieure, et ce que les mystiques appellent l'oraison de silence, ou l'oraison du cœur : il vouloit établir, sur la ruine de nos penchans, l'empire et le règne du pur amour. « Ne pourrions-nous pas aimer le créateur, disoit-il, comme nous prétendons, comme nous nous vantons d'aimer la créature ? » La facilité qu'il avoit à rendre ses idées et à les dépouiller de tout embarras, de toute ambiguité, son ardeur pour Dieu, son zèle pour lui former de vrais adorateurs, lui persuadèrent qu'il pourroit aussi facilement expliquer les sentimens que nous éprouvons, tout mobiles, tout fugitifs, tout imperceptibles qu'ils sont quelquefois dans les âmes même les plus parfaites ; et lui, qui étoit si simple, qui alloit à Dieu par une voie si franche et si droite, se jeta par degrés dans des routes pleines d'obscurités et de mystères : car quoi de plus caché, quoi de plus inexplicable en quelque sorte, que les opérations de la grâce, que les traits de lumière, que les touches secrètes de l'amour divin ? On se sent éclairé, animé, fortifié : il ne faut alors ni résistance, ni inaction ; il faut craindre autant de contrarier ce souffle puissant, que de ne pas le seconder par nos propres efforts. Mais comment et pourquoi ? Contentons-nous de suivre avec humilité et avec reconnoissance ces mouvemens saints et subits : avouons qu'ils viennent de Dieu, qu'ils nous portent à Dieu, et n'examinons que la nécessité et les moyens d'y être fidèles.

Cependant Louis XIV, fatigué bientôt de la trop longue et trop fâcheuse altercation qui s'éleva entre les deux prélats, ordonna à M. de Cambrai de rectifier tellement son ouvrage, que les évêques de son royaume n'y trouvassent rien à reprendre. « Sire, lui répondit l'ar-
» chevêque, M. le duc de Beauvilliers m'a parlé
» de la part de votre majesté sur mon livre. Je
» prends la liberté de lui confirmer ce que j'ai
» déjà eu l'honneur de lui dire : c'est que je
» veux de tout mon cœur en recommencer

» l'examen avec M. l'archevêque de Paris,
» M. Tronson, M. Pyrot, qui l'avoient déjà
» examiné. C'est avec plaisir, sire, que je pro-
» fiterai de leurs lumières pour changer ou pour
» expliquer les choses que je reconnoîtrai avec
» eux avoir besoin de changement ou d'explica-
» tion : l'expérience m'a persuadé que cela est
» nécessaire pour contenter beaucoup de lec-
» teurs auxquels tout est nouveau dans ces
» matières. Quoique le pape soit mon seul juge,
» et que M. l'archevêque de Paris ne puisse agir
» avec moi que par persuasion, je crois voir de
» plus en plus, sire, et avec une espèce de cer-
» titude, que nous n'avons aucun embarras
» sur la doctrine, et que nous serons, au bout de
» quelques conférences, pleinement d'accord
» sur les termes.

» Si j'ai écrit au pape, votre majesté sait que
» je l'ai fait par ses ordres et même bien tard,
» quoique j'eusse dû le faire dès le commence-
» ment; car un évêque ne peut voir sa foi sus-
» pecte sans en rendre compte au plus tôt au saint-
» siége. J'avois même un intérêt pressant de ne
» me laisser pas prévenir par des gens qui ont
» de grandes liaisons à Rome.

» Cette affaire n'auroit pas tant duré, sire,
» si chacun avoit cherché comme moi à la finir:
» il y a trois mois et demi qu'on me fait at-
» tendre les remarques de M. de Meaux......

» J'en suis bien honteux, sire, et bien affligé
» d'un si long retardement qui fait durer l'éclat:
» c'est un accablement pour moi de voir qu'il
» importune un maître des bontés et des bien-
» faits duquel je suis comblé. Mais en vérité,
» sire, j'ose dire que je suis à plaindre et pas à
» blâmer. »

M. de Cambrai étoit réellement à plaindre : une suite de circonstances l'avoit engagé malgré lui dans cette querelle, et il ne croyoit plus pouvoir reculer, ni en honneur, ni en conscience. Il étoit évêque, et ce n'étoit pas selon lui à son confrère en dignité, quelque supérieur qu'il pût être en science, à lui donner la loi et à le forcer impérieusement à la recevoir. Il estimoit madame Guyon; il la voyoit malheureuse et calomniée, à ce qu'il pensoit : quelle lâcheté, non-seulement de l'abandonner, mais de se joindre à ceux qui vouloient la déshonorer, et de se rendre l'écho de tout ce qu'on lui imputoit ! Enfin quelle doctrine, quelle conduite, lui sembloit-il qu'il justifioit ? celle de beaucoup de saints, celle d'un grand nombre de personnages éminens en lumières et en piété.

L'orage grossissoit : Fénelon le voyoit prêt à fondre sur lui, et n'en étoit point ébranlé. L'intérêt de sa gloire qui souffroit de ces contestations, l'intérêt de sa tranquillité et de sa fortune, rien ne lui arracha le moindre signe d'une complaisance qui, à ses yeux, auroit été une foiblesse, une vraie lâcheté, une sorte de trahison de la vérité : il lui sembloit que Dieu demandoit de lui qu'il fît au pur amour le sacrifice de tous ses intérêts; et ses propres adversaires, il les confondoit presque avec les ennemis de la charité. Séduit ainsi par son imagination et par un fonds de délicatesse de sentimens, il tenoit plus fortement que jamais à ses opinions ; il n'avoit garde même de se les reprocher, parce qu'il se rendoit témoignage qu'il étoit dans l'humble et sincère disposition de les abandonner, de les condamner, si l'église les réprouvoit. En attendant la décision, il soutint cette guerre avec une constance toujours modeste, et, nous osons le dire, bien digne d'une meilleure cause.

Presque tout le monde prenoit parti pour ou contre dans cette querelle, comme il arrive à Paris et à la cour pour des objets souvent moins importans; les esprits s'échauffoient, les cœurs se divisoient : et n'eût-on empêché que ce mal, qui est très-grand, on eût bien fait, à ce qu'il nous semble, ou de s'entendre sans mettre le public dans sa confidence, ou de renoncer à un livre dont l'église s'étoit passée, et qui, en refroidissant la charité qu'on doit avoir les uns pour les autres, devenoit un obstacle à ce véritable amour qu'on le croyoit si propre à inspirer. Mais M. de Cambrai auroit cru abjurer la piété intérieure, la seule effectivement qui honore Dieu, la seule qui soit digne d'un être raisonnable et chrétien. Comment ne voyoit-il pas que la crainte, que la foi, que l'espérance, ne se soutiennent que par des actes réitérés, que par des retours et des réflexions fréquentes et profondes, et que ces vertus sont des degrés ici-bas nécessaires pour monter à l'amour, qu'elles en sont dans cette vie le fondement et le soutien? Il est vrai que, dans ses explications, dans ses apologies, dans le développement qu'il fut obligé de donner à ses pensées, il leur rend tout l'honneur qui leur est dû; mais il est aussi très-vrai qu'au premier coup d'œil il y a dans son livre des propositions qu'on saisit mal, et dont l'orgueil de l'homme, l'orgueil même de ces âmes qu'on appelle dévotes, peut étrangement abuser. Il ne le sentoit pas sans doute : son esprit prompt, droit et pénétrant, alloit à ce qui se présentoit de vrai ; il rejetoit tout ce qu'il appeloit fausses conséquences, et prétendoit que, puisqu'il les désavouoit, on avoit très-grand tort de les lui imputer.

Louis XIV, voyant qu'on ne réussissoit pas à se concilier, et moins favorablement disposé pour Fénelon que pour Bossuet, dont le génie sublime et le caractère ferme et austère avoient plus d'analogie avec celui du monarque, résolut d'éloigner M. de Cambrai de la cour, et de le renvoyer dans son diocèse. Le duc de Bourgogne, en ayant été informé, vint de lui-même, et sans qu'on le lui eût insinué, se jeter aux pieds du roi, s'offrant de justifier son maître, et de répondre lui-même sur la religion qu'il lui avoit enseignée. Le roi, profondément sage et religieux, quoique susceptible de prévention, lui fit cette réponse d'un sens si admirable : « Mon fils, je ne suis pas maître de faire de » ceci une affaire de faveur; il s'agit de la pureté » de la foi, et M. de Meaux en sait plus en » cette partie que vous et moi. » Cependant, pour ne pas affliger à l'excès le jeune prince, on laissa encore à l'archevêque le titre de précepteur, en lui ordonnant de rester dans son diocèse jusqu'à nouvel ordre. Nous dirons ici qu'avant de partir pour l'un des voyages qu'il y faisoit auparavant régulièrement, on lui apprit un jour, avec des ménagemens dont il n'avoit pas besoin, que le feu avoit pris à son palais, et que tous les livres de sa bibliothèque avoient été consumés par les flammes. « Pourquoi tant de précaution pour m'annoncer cette nouvelle? répliqua-t-il sans s'émouvoir : je regrette mes livres, mais je pourrai ou m'en passer ou en acheter d'autres; et j'aime bien mieux que le feu ait exercé ses tristes ravages sur ma maison, que sur la récolte, que sur la chaumière de quelque malheureux paysan de mon diocèse. »

C'étoit rendre Fénelon à ses principales obligations que de l'exiler dans son diocèse ; mais la cause et la manière, l'affliction de son auguste élève, l'embarras, les craintes et l'abattement de ses amis, tout étoit amer dans cette disgrâce : elle lui annonçoit celle de la plupart des personnes qu'il avoit placées dans l'éducation, et dont l'attachement pour lui étoit inébranlable ; c'étoit la punition d'une résistance qu'il croyoit juste, et une sorte de préjugé contre sa conduite qu'il croyoit aussi à l'abri de tout reproche.

Cependant Fénelon ne vit dans ce qui lui arrivoit que la volonté de Dieu, que la nécessité de se soumettre, et d'adorer sa main puissante et bienfaisante, lorsqu'elle nous éprouve, lorsqu'elle nous frappe et nous anéantit en quelque sorte. Il quitta la cour dès le lendemain ; et, avant que de partir pour Cambrai, il écrivit à M. de Beauvilliers la lettre suivante ; elle est pleine de résignation et de dispositions pacifiques.

Paris, ce 3 août 1697.

Ne soyez point en peine de moi, monsieur ; l'affaire de mon livre va à Rome. Si je me suis trompé, l'autorité du saint-siége me détrompera ; et c'est ce que je cherche avec un cœur docile et soumis : si je me suis mal expliqué, on réformera mes expressions : si la matière paroît mériter une explication plus étendue, je la ferai avec joie par des additions : si mon livre n'exprime qu'une doctrine pure, j'aurai la consolation de savoir précisément ce qu'on doit croire et ce qu'on doit rejeter. Dans ce cas même, je ne laisserai pas de faire toutes les additions qui, sans affoiblir la vérité, pourront éclaircir et édifier les lecteurs les plus faciles à alarmer. Mais enfin, monsieur, si le pape condamne mon livre, je serai, s'il plaît à Dieu, le premier à le condamner, et à faire un mandement pour en défendre la lecture dans le diocèse de Cambrai...... Avec ces dispositions, que Dieu me donne, je suis en paix, et je n'ai qu'à attendre la décision de mon supérieur, en qui je reconnois l'autorité de Jésus-Christ. Il ne faut défendre l'amour désintéressé qu'avec un sincère désintéressement. Il ne s'agit point ici du point d'honneur, ni de l'opinion du monde, ni de l'humiliation profonde que la nature peut craindre d'un mauvais succès. J'agis, ce me semble, avec droiture : je crains autant d'être présomptueux, entêté et indocile, que d'être foible, politique et timide dans la défense de la vérité. Si le pape me condamne, je serai détrompé ; et par-là le vaincu aura tout le fruit de la victoire : si, au contraire, le pape ne condamne point ma doctrine, je tâcherai, par mon silence et par mon respect, d'apaiser ceux d'entre mes confrères dont le zèle s'est animé contre moi, en m'imputant une doctrine dont je n'ai pas moins d'horreur qu'eux, et que j'ai toujours détestée ; peut-être me rendront-ils justice quand ils verront ma bonne foi.

Je ne veux que deux choses qui composent toute ma doctrine : la première, que la charité est un amour de Dieu pour lui-même, indépendamment du motif de la béatitude qu'on trouve en lui ; la seconde, que, dans la vie des âmes les plus parfaites, c'est la charité qui prévient toutes les autres vertus, qui les anime et qui en commande les actes, en sorte que le juste, élevé à cet état de perfection, exerce alors d'ordinaire l'espérance et toutes les autres vertus avec tout le désintéressement de la charité même. Je dis *d'ordinaire*, parce que cet état n'est pas sans exception, n'étant qu'habituel et point invariable. Dieu sait que je n'ai jamais rien voulu enseigner qui passe ces bornes. Je ne crois pas qu'il y ait aucun danger que le saint-siége condamne jamais une doctrine si autorisée par les pères, par les écoles de théologie, et par tant de grands saints que l'église romaine a canonisés. Pour les expressions de mon livre, si elles peuvent nuire à la vérité faute d'être correctes, je les abandonne au jugement de mon supérieur; et je serois bien fâché de troubler la paix de l'église, s'il ne s'agissoit que de l'intérêt de ma personne et de mon livre.

Voilà mes sentimens, monsieur. Je pars pour Cambrai, ayant sacrifié à Dieu au fond de mon cœur tout ce que je puis lui sacrifier là-dessus. Souffrez que je vous exhorte à entrer dans le même esprit. Je n'ai rien ménagé d'humain et de temporel pour la doctrine que j'ai crue véritable; je ne laisse ignorer au pape aucune des raisons qui peuvent appuyer cette doctrine. En voilà assez; c'est à Dieu à faire le reste : si c'est sa cause que j'ai défendue, ne regardons ni les intentions des hommes ni leur procédé; c'est Dieu seul qu'il faut voir en tout ceci. Soyons les enfans de la paix, et la paix reposera sur nous; elle sera amère, mais elle n'en sera que plus pure. Ne gâtons pas des intentions droites par aucun entêtement, par aucune chaleur, par aucune industrie humaine, par aucun empressement naturel pour nous justifier. Rendons simplement compte de notre foi;

laissons-nous corriger si nous en avons besoin, et souffrons la correction quand même nous ne la mériterions pas. Pour vous, monsieur, vous ne devez avoir en partage que le silence, la soumission et la prière. Priez pour moi dans un si pressant besoin; priez pour l'église qui souffre de ces scandales; priez pour ceux qui agissent contre moi, afin que l'esprit de grâce soit en eux, pour me détromper si je me trompe, ou pour me faire justice si je ne suis pas dans l'erreur; enfin, priez pour l'intérêt de l'oraison même, qui est en péril, et qui a besoin d'être justifiée. La perfection est devenue suspecte; il n'en falloit pas tant pour en éloigner les hommes lâches et pleins d'eux-mêmes. L'amour désintéressé paroît une source d'illusions et d'impiété abominables : on a accoutumé les chrétiens, sous prétexte de sûreté et de précaution, à ne chercher Dieu que par intérêt pour eux-mêmes. On défend aux âmes les plus avancées la contrition parfaite, et de servir Dieu par le pur motif par lequel on avoit jusqu'ici souhaité que les pécheurs mêmes revinssent de leur égarement, je veux dire *la bonté de Dieu infiniment aimable.*

Je sais qu'on abuse du pur amour et de l'abandon; je sais que des hypocrites, sous de si beaux noms, renversent l'évangile : mais le pur amour n'en est pas moins la perfection du christianisme; et le pire de tous les remèdes est de vouloir abolir les choses parfaites pour empêcher qu'on en abuse. Dieu y saura mieux pourvoir que les hommes. Humilions-nous, taisons-nous : au lieu de raisonner sur l'oraison, songeons à la faire. C'est en la faisant que nous la défendons; c'est dans le silence que sera notre force.

M. le duc de Beauvilliers eut le courage de donner aussitôt cette lettre au public : elle déplut aux ennemis de Fénelon, et l'on s'efforça de faire un crime au duc de Beauvilliers de son attachement pour un ami malheureux; c'étoit, dit-on, manquer au roi, que de ne pas manquer à une vertu que les païens mêmes ont canonisée. On travailla donc à rendre suspect l'homme le plus simple, le plus modeste, le plus vertueux, dans le temps même où il donnoit une preuve non équivoque de la pureté et de la générosité de ses sentimens.

La conduite courageuse du duc de Beauvilliers n'offensa pas le monarque. Tant d'attachement pour Fénelon lui parut cependant une foiblesse, mais le duc de Bourgogne conserva son gouverneur. Celui-ci, de son côté, conserva des relations très-intimes avec le précepteur, et continua de le consulter sur les études et l'éducation de leur élève.

Malgré les liens si doux et si forts qui attachoient Fénelon à la cour, il s'en éloigna avec courage, et se soumit, si ce ne fut pas sans peine, du moins sans foiblesse, à tout ce que sa disgrâce avoit d'amer et d'humiliant. Ce qui l'affligeoit le plus, c'étoit la douleur de ses élèves et de ses amis; c'étoient encore les nuages et les soupçons qu'on affectoit de répandre sur sa foi et sur sa docilité. A force de parler de lui au monarque, et de le représenter comme le plus entêté, et en même temps comme le plus séduisant des hommes, on étoit parvenu à le rendre suspect, et à faire redouter ses qualités les plus estimables, plus encore que les défauts qu'on lui reprochoit. Louis XIV alarmé ne voyoit autour du trône qu'erreurs semées par les mains adroites qui auroient dû les en écarter. Pour conserver aux jeunes princes la pureté de leur croyance, on lui persuada enfin d'éloigner d'eux celui qui les avoit élevés dans une soumission entière à l'église et dans la pratique de toutes les vertus qu'exige et que commande la religion. Le motif de Louis XIV étoit respectable ; l'ouvrage de Fénelon prêtoit à la censure, et le zèle ardent de ses antagonistes y vit encore plus de mal qu'il n'y en avoit peut-être.

On fut consterné dans le royaume de la disgrâce de Fénelon. On en gémit comme d'un événement malheureux, et ses amis ne furent certainement pas les seuls à la déplorer.

Mais à la cour, mais à Paris, beaucoup de personnes y applaudirent. On s'y flatta de plus que le duc de Beauvilliers, que le duc de Chevreuse, et quelques autres personnages importans dont on connoissoit l'attachement invariable pour Fénelon, perdroient bientôt leurs places et la faveur. Que de raisons pour se réjouir de ce que l'archevêque de Cambrai avoit perdu la sienne! que de projets, que d'espérances flatteuses n'en conçurent pas les courtisans, inquiets, empressés et avides! Fénelon n'étoit pas lui-même sans alarmes : il emporta des craintes encore plus pour ses amis que pour lui ; il s'étudia à trouver des moyens de les cultiver sans les compromettre, et fut le premier à les exhorter à prendre moins d'intérêt à sa situation

« On ne peut être plus sensible, écrivoit-il
» en arrivant à Cambrai à M. le duc de Beau-
» villiers, on ne peut être plus sensible à la
» peine que je vous cause : le seul désir de vous
» soulager suffiroit pour me faire faire toutes
» les choses les plus amères et les plus humi-
» liantes ; mais on a refusé de me laisser expli-
» quer, et on veut absolument m'imputer des
» erreurs que je déteste autant que ceux qui me
» les imputent. Cette conduite est inouïe, et
» avec un peu de temps elle ouvrira les yeux à
» toutes les personnes équitables. Pour moi,
» je ne songe qu'à porter ma croix en paix,
» et qu'à prier pour ceux qui me la font porter.
» Après avoir dit mes raisons à Rome, je subirai
» toutes les condamnations que le pape vou-
» dra faire. On ne verra, s'il plaît à Dieu, en moi,
» que docilité sincère, soumission sans réserve,
» et amour de la paix : en attendant je tâcherai
» de faire ici mon devoir. Ce qui m'afflige le
» plus, monsieur, est de déplaire au roi, et de

» vous exposer à ne lui être plus agréable :
» sacrifiez-moi ; et soyez persuadé que mes in-
» térêts ne me sont rien en comparaison des
» vôtres. Si mes prières étoient bonnes, vous
» sentiriez bientôt la paix, la confiance et la
» consolation dont vous avez besoin dans votre
» place. Dieu sait avec quelle tendresse, quelle
» reconnoissance et quel respect je suis tout ce
» que je dois être pour vous. »

Fénelon, rendu à son troupeau, en fut reçu avec des transports qui l'attendrirent. Me voilà, s'écria-t-il, au milieu de mes enfans, et par conséquent à ma vraie place ; je prie Dieu qu'il m'aide à les instruire, à les former à la vertu, à les rendre bons et heureux. Ce fut en effet à quoi il s'appliqua le plus. Il n'est sorte de soins qu'il ne prît de ses diocésains : le riche, le pauvre, tous avoient chez lui un accès facile ; tous venoient lui demander librement des conseils et de l'appui, et tous en sortoient consolés et éclairés. La contradiction, qui aigrit les hommes ordinaires, avoit guéri Fénelon d'un peu de sécheresse et d'austérité qui lui étoient assez naturelles, et l'avoit rendu encore plus facile, plus souple et plus compatissant : il sembloit qu'il n'avoit à faire que ce qu'il faisoit ; et ce qu'il faisoit et ce qu'il s'efforçoit de faire le mieux, c'étoit son devoir de pasteur et d'archevêque. Il visitoit régulièrement son diocèse, prêchoit dans toutes les églises qu'il visitoit, alloit voir les malades, soulageoit les indigens, réformoit doucement les abus, et veilloit particulièrement sur les prêtres ses coopérateurs.

C'est à former de dignes ministres pour son église qu'il donna les soins les plus assidus et les plus constans. Il savoit l'impression que fait sur le peuple le mauvais exemple ou l'ignorance de ses conducteurs : il s'appliqua donc à instruire et à élever dans la piété les jeunes gens qui se destinoient au sacerdoce. Son séminaire étoit près de Valenciennes, à huit lieues de sa résidence, et par conséquent peu à portée d'être surveillé ; il le rapprocha et l'établit à Cambrai même, choisit d'excellens directeurs pour le conduire, et se fit un devoir de s'assurer par lui-même des lumières et des dispositions à la vertu des jeunes candidats qu'il y faisoit élever.

Rien ne nous retrace mieux le caractère de l'esprit et de la piété de M. de Cambrai, que les différentes formes qu'il prenoit dans les instructions publiques pour s'accommoder à tout comme saint Paul. Noble et sublime, mais toujours simple, le peuple le plus grossier l'entendoit, et les personnes de l'esprit le mieux cultivé l'écoutoient, non-seulement sans ennui, mais avec étonnement et admiration. Tous ses sermons étoient faits de l'abondance du cœur: il n'écrivoit point. il ne préméditoit point avec cette contention d'un esprit qui veut briller et paroître; content de se renfermer dans son oratoire, il y puisoit auprès de Dieu ces lumières vives, ces sentimens tendres dont ses discours étoient remplis. Comme Moïse, l'ami de Dieu, il alloit sur la montagne sainte, et revenoit ensuite vers le peuple lui communiquer ce qu'il avoit appris dans ses entretiens ineffables. Il commençoit toujours par instruire, par établir les motifs de notre foi, de notre espérance, et s'élevoit ensuite à cette charité pure qui produit et qui perfectionne toutes les vertus. Il bannissoit de ses discours les idées subtiles, les raisonnemens abstraits, les ornemens superflus, qui blessent la simplicité évangélique. Ce génie si étendu, si délicat, ne songeoit qu'à parler en bon père, pour consoler, pour soulager, pour éclairer son troupeau. C'est, à ce qu'il nous semble, à ce genre d'éloquence persuasive que devroient principalement s'attacher les orateurs chrétiens. C'est à toucher ses auditeurs, bien plus qu'à les convaincre, qu'il faudroit s'étudier. La vérité, lorsqu'elle est armée pour ainsi dire de raisonnemens, trouve une sorte de résistance dans notre orgueilleuse raison, qui se croit en droit d'en peser alors, d'en examiner rigoureusement les preuves, et leur oppose ses préventions et ses sophismes ; au lieu que cette vérité s'insinue, qu'elle entraîne, lorsqu'on la présente avec simplicité, avec douceur. Tout cède ordinairement à la voix de celui qui, en nous instruisant sans nous humilier ou nous confondre, ne paroît occupé que de nos intérêts et de notre bonheur.

Fénelon vouloit que toutes les affaires de son diocèse lui fussent rapportées, et il les examinoit par lui-même ; mais la moindre chose importante dans la discipline ne se décidoit que de concert avec ses vicaires généraux et les autres chanoines de son conseil, qui s'assembloit deux fois la semaine. Jamais il ne s'y est prévalu de son rang ou de ses talens, pour décider par autorité, sans persuasion : il reconnoissoit les prêtres pour ses frères, recevoit leurs avis, et profitoit de leur expérience. *Le pasteur*, disoit-il, *a besoin d'être encore plus docile que le troupeau ; il faut qu'il apprenne sans cesse pour enseigner, qu'il obéisse souvent pour bien commander. Le sage agrandit sa sagesse par toute celle qu'il recueille en autrui.*

M. de Fénelon dormoit peu, mangeoit encore moins, et ne se permettoit aucun plaisir que celui qu'on trouve dans l'accomplissement de ses devoirs ; la promenade étoit l'unique divertissement qu'il ait pris dans tout le temps qu'il a été archevêque de Cambrai.

Dans ses promenades, il passoit le temps à s'entretenir utilement avec ses amis, ou à chercher l'occasion de faire du bien à ses diocésains. Quand il rencontroit sur son chemin quelques paysans, il s'asseyoit quelquefois sur l'herbe auprès d'eux, les interrogeoit en bon père sur l'état de leur famille, leur donnoit des avis pour régler leur petit ménage et pour mener une vie chrétienne. Il entroit même quelquefois chez eux pour leur parler de Dieu et les consoler dans leurs misères. Si ces pauvres gens lui présentoient quelques rafraîchissemens, selon la mode du pays, il ne dedaignoit point d'en goûter, et ne leur montroit aucune délicatesse ni sur la pauvreté de leur état ni sur la malpropreté de leurs chaumières. Il rencontra un jour dans les champs un pauvre villageois presque au désespoir. Il alla à lui, lui parla avec bonté, et voulut savoir la cause de son affliction. Ah! mon bon seigneur, s'écria le paysan, je suis le plus malheureux des hommes. J'avois une vache qui étoit ma ressource et celle de ma famille, je ne la retrouve plus; je l'avois menée dans ces pâturages, elle a disparu : qu'est-elle devenue? que vais-je devenir? Je la chercherai avec vous, mon enfant, lui dit l'archevêque; j'espère que Dieu bénira nos soins et nos recherches. Examinons d'abord par où elle aura pu s'échapper; découvrons quelques-unes de ses traces, et encore une fois confions-nous en la providence, qui ne demande qu'à seconder nos peines et à les faire prospérer. Aussitôt il part avec cet infortuné villageois, court avec lui tout le jour, et ne revient qu'après avoir retrouvé et ramené dans son étable la vache qu'on pleuroit, qu'on croyoit perdue, et qu'on ne trouva qu'après des courses longues et fatigantes.

Ce trait, et si nous osions nous exprimer ainsi, ce pieux élan de charité, n'a pas besoin d'être relevé, et perdroit beaucoup à tous les embellissemens dont on pourroit le charger.

Ne peint-il pas assez les dispositions habituelles de Fénelon? N'a-t-il pas quelque chose de si beau, mais de si bon, de si touchant, qu'on éprouve, en le racontant, encore moins d'admiration que d'attendrissement? Pauvre lui-même au milieu de son abondance, il distribuoit presque tout son revenu aux hôpitaux, aux clercs qu'il élevoit, aux couvens de filles qui étoient dans le besoin, aux pauvres honteux, aux personnes de tous les rangs, de toutes les nations, qui étoient à portée d'éprouver sa générosité pendant les temps de guerre.

Ces douces occupations ne l'empêchoient pas de sentir très-vivement sa disgrâce. Les inquiétudes de ses amis et tout ce qu'on débitoit contre son livre, contre sa piété, contre sa foi, l'affectoient; mais il étoit parfaitement résigné; il vouloit même garder le silence et attendre en paix la décision de Rome, où il avoit lui-même déféré son livre. Ses amis le firent manquer à cette sage et modeste résolution, en lui mandant que la cause du pur amour en souffroit. Il se rendit à leurs instances ; et non content de faire passer à Rome ses explications à M. l'abbé de Chanterac, son grand-vicaire, qu'il y avoit député pour poursuivre un jugement, il entreprit de répondre à tous les écrits qui paroissoient contre lui.

Ces réponses fatiguoient beaucoup les antagonistes de Fénelon ; ils se plaignoient qu'il retardoit par-là la décision qu'on attendoit. On engagea même M. le nonce à lui écrire pour le porter à attendre en silence le jugement du saint siége, comme si les éclaircissemens ou plutôt les réponses qu'il faisoit aux objections de ses parties en arrêtoient le cours. M. le nonce lui disoit que le nouveau livre de M. de Meaux, intitulé *Divers écrits*, suivant ce qu'on lui mandoit de Rome, ne disoit rien de nouveau sur la doctrine, et que par cette multiplicité de productions on éloignoit beaucoup une conclusion que le roi sollicitoit vivement, que M. de Cambrai souhaitoit sans doute lui-même.

Après avoir remercié M. le nonce de ses conseils, et lui avoir marqué le désir sincère de les suivre, M. de Fénelon répondit « qu'il ve-
» noit de recevoir le nouveau livre de M. de
» Meaux, qu'il commençoit à le lire, et que le

» peu qu'il en avoit lu lui paroissoit rempli de
» tout l'art imaginable pour prendre ses paroles
» à contre-sens et pour les détourner à des
» sens impies ; qu'il le lisoit dans la disposition
» de ne répondre rien à toutes les accusations
» qui ne paroîtroient pas tout-à-fait impo-
» santes, et auxquelles il croyoit avoir déjà
» répondu par avance ; qu'à l'égard de celles
» qui seroient capables d'éblouir le public, il
» n'y répondroit que d'une manière si courte
» et si douce, qu'on y verroit son amour sin-
» cère pour la paix et son impatience de finir;
» que ce nouveau livre étoit plein de redites
» pour le fond, mais de tours nouveaux et
» dangereux (c'est Fénelon qui parle ainsi);
» que se donnant à la veille de la décision du
» pape, sa vue étoit ou de frapper les exami-
» nateurs par des raisons qu'on n'auroit pas
» le loisir de réfuter, ou d'éloigner la fin de la
» dispute, mais qu'il espéroit de la sagesse et
» de l'équité du saint père qu'il éviteroit ces
» deux inconvéniens.

» Si peu que le nouvel ouvrage fasse impres-
» sion sur les esprits à Rome, ajoute-t-il, il se-
» roit juste d'attendre mes réponses. C'est tou-
» jours l'accusé qui doit parler le dernier, surtout
» quand il s'agit d'accusations horribles sur la foi,
» et que l'accusé est un archevêque dont la ré-
» putation est importante à son ministère. Si

» M. de Meaux veut toujours écrire le dernier,
» il trouble l'ordre de toute procédure, et il ne
» veut point finir.

» Si je suis obligé de lui répondre, je le ferai,
» monseigneur, si promptement, si courte-
» ment, que ma réponse ne retardera de guère
» le jugement de Rome. Il peut avoir des rai-
» sons de prolonger l'affaire, je n'en ai aucune
» qui ne me presse de la finir au plus tôt. Quant
» à ses écrits, je ne suis point embarrassé d'y
» répondre, et j'espère, avec l'aide de Dieu,
» éclaircir tout ce qu'il enveloppe. Mais quoique
» je n'aie rien à craindre de cette guerre, j'aime
» la paix, et je voudrois m'employer entièrement
» à mes fonctions, plutôt que de donner au pu-
» blic des scènes dont il ne peut être que mal
» édifié.

» Quand j'ai fait mon instruction pastorale,
» je n'ai attaqué personne ; j'ai parlé de mes
» parties avec un respect qui devoit les apaiser :
» depuis ce temps je n'ai écrit que pour me
» justifier sur leurs accusations atroces, sans y
» mêler aucune passion. Je ne demande que la
» paix et le silence, quoique j'aie de quoi me
» plaindre et de quoi réfuter. Je connois la vi-
» vacité de ceux qui mènent tout ceci ; nous
» ne finirons point s'il n'intervient quelque
» autorité : et quelque soin que l'on ait eu de
» prévenir le roi, je connois assez sa profonde

»sagesse et sa sincère piété pour être assuré
»qu'il approuvera tout ce que le saint père
»aura fait. »

. Cette réponse à M. le nonce fut suivie fort peu après des cinq premières lettres qu'il écrivit à M. de Meaux.

Malgré les répétitions, les argumens, les reproches quelquefois trop vifs qui se trouvent dans ces lettres, elles se lisent avec intérêt ; elles sont quelquefois touchantes : on plaint celui qui les écrit ; on souhaiteroit qu'il eût raison ; on regrette du moins qu'un si bel esprit, qu'une âme qui paroît toujours si droite, se soit égarée, se soit engouée, s'il est permis de s'exprimer ainsi, d'un désintéressement qu'il porte au delà de notre nature dégradée, et que Dieu ne demande pas de nous, puisque, comme nous ne craignons pas de l'observer souvent, dans tout ce qu'il nous donne pour nous éclairer et nous conduire, il mêle toujours aux tendres invitations à l'amour les menaces et les promesses. Fénelon sembloit oublier que les saints, que les parfaits, dans cette vallée de misère, de larmes et de ténèbres, sont toujours foibles, chancelans, ne connoissent Dieu même et sa souveraine bonté qu'imparfaitement, qu'obscurément, et doivent se servir de tout, pour s'affermir dans la voie mobile et fangeuse qu'ils ont à parcourir. Nous allons citer la fin de l'une de ces lettres, comme une nouvelle preuve de la persuasion intime où étoit M. de Cambrai qu'il ne défendoit que les droits de Dieu et de l'amour pur que nous lui devons.

« Quand voulez-vous donc que nous finis-
» sions ? Si je pouvois me donner le tort et
» vous laisser un plein triomphe pour finir le
» scandale et pour rendre la paix à l'église, je
» le ferois avec joie; mais en voulant m'y ré-
» duire avec tant de véhémence, vous avez fait
» précisément tout ce qu'il falloit pour m'en
» ôter les moyens. Vous avez attaqué la cha-
» rité en m'attaquant. L'amour, indépendant
» du motif de la béatitude, est, selon vous, le
» *point décisif qui renferme seul la décision du*
» *tout*. Qu'on se mette à ma place : puis-je
» abandonner la charité ainsi attaquée ? De
» plus, vous m'attribuez les impiétés les plus
» abominables cachées sous des *subterfuges* dé-
» guisés en *correctifs*. Malheur à moi si je me
» taisois! mes lèvres seroient souillées par ce
» lâche silence qui seroit un aveu tacite de
» l'impiété. Il n'y a plus de milieu ; je mérite
» ou une déposition si je suis coupable, ou une
» réparation publique si je ne le suis pas. Que
» le pape condamne mon livre, que ma per-
» sonne demeure à jamais flétrie et odieuse
» dans toute l'église ; j'espère que Dieu me
» fera la grâce de me taire, d'obéir, et de

»porter ma croix jusqu'à la mort. Mais tandis
»que le saint siége me permettra de montrer
»mon innocence, et qu'il me restera un souffle
»de vie, je ne cesserai de prendre le ciel et
»la terre à témoin de l'injustice de vos ac-
»cusations. Je serai toujours néanmoins avec
»respect, etc. »

« Il m'est impossible, dit-il en terminant une
»autre lettre, de vous suivre dans toutes les
»objections que vous semez sur votre chemin.
»Les difficultés naissent sous vos pas. Tout
»ce que vous touchez de plus pur dans mon
»texte, se convertit aussitôt en erreur et en
»blasphème. Mais il ne faut pas s'en étonner :
»vous exténuez et vous grossissez chaque ob-
»jet selon vos besoins, sans vous mettre en
»peine de concilier vos expressions. Voulez-
»vous me faciliter une rétractation? vous en
»aplanissez la voie; elle est si douce, qu'elle
»n'effraie plus. Ce n'est, dites-vous, qu'*un
»éblouissement de peu de durée.* Mais si l'on va
»chercher ce que vous dites ailleurs pour alar-
»mer toute l'église pendant que vous me flattez
»ainsi, on trouvera que ce court éblouissement
»est un *malheureux mystère* et un prodige *de
»séduction.*

» Tout de même, s'agit-il de me faire avouer
»que j'ai été entêté des livres et des visions de
»madame Guyon? vous rendez la chose si

» excusable, qu'on est tout étonné que je ne
» veuille pas la confesser pour vous apaiser.
» *Est-ce un si grand malheur*, dites-vous, *d'a-*
» *voir été trompé par une amie?* Mais quelle est
» cette amie? C'est, selon vous, une *Priscille*
» dont je suis le *Montan*. Ainsi vous donnez,
» comme il vous plaît, aux mêmes objets les
» formes les plus douces et les plus affreuses. »

Pendant que le livre de l'archevêque de Cambrai s'examinoit à Rome, et qu'on le forçoit à des éclaircissemens, à des explications, à des répliques interminables, on lui porta à Paris un coup inattendu, et il parut tout à coup une censure que faisoit la Sorbonne de douze propositions extraites de l'Explication des Maximes des Saints. Il s'en prit à M. de Meaux de cette démarche extraordinaire : il se plaignit que ces docteurs voulussent préjuger le livre d'un archevêque déféré par lui-même au saint siége, et depuis plus d'un an entre les mains des théologiens du pape. Il se plaignoit encore de la manière dont on avoit extrait et dont on présentoit ces propositions.

« Il n'y a point de livre (c'est M. de Fénelon
» qui parle), il n'y a point de livre approuvé et
» admiré de toute l'église, sans en excepter
» aucun, dont on ne pût prendre des propo-
» sitions détachées qui auroient alors un mau-
» vais sens. Ce désavantage, supposé qu'il se

» trouvât dans mon livre, lui seroit commun
» avec tous les livres qu'on révère comme la
» source de la plus pure spiritualité..... Au
» reste, je suis très-éloigné de prétendre que
» l'église ne puisse pas, quand elle le juge à
» propos, condamner certaines propositions
» principales, qui renferment plus sensible-
» ment que les autres, le venin de l'erreur
» répandu dans tout le reste du texte. Je sou-
» tiens seulement qu'on ne prend jamais en
» rigueur grammaticale certaines propositions
» détachées d'un livre, lorsqu'elles ne con-
» tiennent qu'un langage ordinaire aux saints,
» et qui est expliqué dans un sens très-con-
» traire à l'erreur par tout le texte du livre
» même..... »

A la suite de cette lettre on en trouve une seconde, encore adressée à M. de Meaux, sur la charité. Il revient souvent à cet objet, qui étoit celui qui lui tenoit le plus à cœur; et il multiplie avec une abondance, une facilité, une clarté, qui étonnent toujours, les raisons et les preuves de sa définition de la charité, ainsi que les objections contre celle qu'en avoit donnée M. de Meaux.

A peine Fénelon avoit-il fini ces petites lettres à M de Meaux, qu'il parut une instruction pastorale de M. l'archevêque de Paris, où, sans nommer M. de Cambrai, il étoit tellement désigné, qu'il ne lui étoit pas permis de s'y méconnoître ni de n'y pas répondre.

Cette instruction étoit très-bien écrite et eut un grand succès. Le prélat respectable qui en étoit l'auteur n'avoit rien oublié de ce qui pouvoit instruire son troupeau sur les principes de la saine doctrine, et en même temps le précautionner contre les illusions de la fausse mysticité, qui se trouvoit partout tellement revêtue des termes et des expressions du livre de M. de Cambrai, qu'il étoit aisé aux plus ignorans de voir qu'on confondoit sa doctrine avec celle que décréditoit et que condamnoit l'instruction pastorale. Il prit donc le parti d'y répondre par quatre lettres qui furent imprimées, et auxquelles l'archevêque de Paris crut devoir répondre.

Ces malheureux débats n'ayant encore rien produit, on fit tomber sur les personnes qui étoient attachées à ce prélat, et qu'on crut le plus de ses amis, une partie de l'espèce d'indignation que l'on avoit conçue contre lui. L'on renvoya d'auprès des jeunes princes les abbés de Beaumont et de Langeron, et MM. les chevaliers Dupuy et de l'Échelle.

Cet événement fit beaucoup de bruit et devint le sujet de bien des conjectures. Les uns crurent que ces messieurs avoient eu trop de part à la publication des écrits de M. de Cambrai ; que c'étoit par leur canal qu'ils se répandoient à la cour et à la ville ; qu'ils étoient des agens peut-être trop zélés qui l'instruisoient de tout ce qui se passoit, ou qui pouvoient mettre quelque obstacle aux impressions défavorables à M. de Fénelon qu'on s'efforçoit inutilement de donner à M. le duc de Bourgogne et à ses frères.

D'autres s'imaginèrent que les ennemis de M. de Cambrai (car qui n'en a point à la cour?) avoient voulu par ce coup d'autorité faire parade de leur crédit au saint office, qui alloit avec trop de circonspection à leur gré. Quoi qu'il en soit, ces quatre messieurs eurent ordre de se retirer ; et quelques instances que pût faire M. le duc de Beauvilliers auprès du roi, il n'en put rien obtenir. Louis XIV lui témoigna qu'il combattoit depuis long-temps en lui-même, pour lui éviter la peine qu'il prévoyoit qu'il en auroit ; qu'il s'étoit dit d'abord toutes les choses qu'il lui marquoit ; mais que, dans un point aussi essentiel que celui de l'éducation de ses petits-enfans, il ne pouvoit courir le hasard de laisser auprès d'eux des personnes si suspectes sur la doctrine.

M. le duc de Beauvilliers insista du moins pour qu'on leur laissât leurs pensions. Mais ce fut encore inutilement : ils furent tous rayés de l'état de la maison des princes ; et quoique

M. le duc de Bourgogne fût déjà marié, on lui nomma deux nouveaux gentilshommes de la manche pour ôter à ceux qu'on remplaçoit toute espérance de retour.

M. de Cambrai donna encore un ouvrage intitulé, *Préjugés décisifs*, qui ne resta pas sans réplique de la part de M. de Meaux. Fénelon y répondit avec force et avec une précision digne d'une meilleure cause. Son style dans la dispute devenoit plus animé, plus affirmatif, et ce n'étoit plus la même réserve, les mêmes ménagemens dans la contradiction. « Que » croira-t-on, dit-il en terminant ses *Préjugés* » *décisifs*, que croira-t-on d'un livre que M. de » Meaux n'a cru pouvoir attaquer solidement » qu'en attaquant la doctrine de toute l'ecole » sur la charité, qui, selon lui, *est le point* » *décisif, le point qui renferme la décision du* » *tout?*..... Que croira-t-on d'un livre qu'un si » subtil adversaire n'a pu attaquer qu'en tron-» quant et altérant le texte, et que j'ai défendu » par la seule exposition de mon véritable texte » dans l'arrangement naturel des paroles?...... » Que croira-t-on d'un livre que cet adversaire, » aidé de tant de conseils, n'a pu attaquer qu'en » se fondant sur des principes si faux qu'il n'ose » les soutenir ouvertement, et si nécessaires à » sa cause qu'il ne peut encore aujourd'hui se » résoudre à les abandonner, malgré toutes les

» instances que je fais pour l'obliger à se dé-
» clarer? Que croira-t-on d'un livre, quand on
» voit que ceux qu'on avoit si prévenus pen-
» dant que je demeurois dans le silence ont ou-
» vert les yeux et m'ont fait justice dès qu'on
» a écouté les deux parties dans leurs écrits?
» Que croira-t-on d'un livre dans la réfutation
» duquel trois prélats *unanimes* se divisent et
» se contredisent mutuellement avec évidence,
» soit pour définir la charité, soit pour expli-
» quer l'amour naturel, soit pour éclaircir la
» nature de l'oraison?....

» Je suis tout seul et sans aucun secours ;
» mais la vérité toute simple que je défends ne
» m'a point abandonné. Dieu aidant ma foi-
» blesse, j'ai soutenu mes sentimens d'une
» manière uniforme et constante. Que croira-
» t-on d'un livre dans la réfutation duquel mon
» adversaire, ayant senti son desavantage du
» côté des dogmes, a passé aux faits les plus
» odieux, sans pouvoir être retenu par la crainte
» d'un scandale?.... »

Fénelon parle ici de la relation du quiétisme. Il attaquoit sans cesse Bossuet sur ses procédés : et celui-ci ne crut pouvoir mieux répondre à cette attaque repétée qu'en donnant l'historique de cette grande affaire.

« Il faut rechercher jusqu'à la source, dit
» M. de Meaux, quelles peuvent être les cau-

» ses et de ces larmes trompeuses et des em-
» portemens qu'on m'attribue. Il faut qu'on
» voie jusque dans l'origine si c'est la charité ou
» la passion qui m'a guidé dans cette affaire :
» elle a duré quatre ans, et je suis le premier
» qu'on y ait fait entrer.... »

M. Bossuet entre ensuite dans le détail. Nous supprimerons tout ce que nous avons déjà dit ou insinué, et nous abrégerons le plus que nous pourrons l'extrait d'un ouvrage que nous ne pouvons cependant nous dispenser de faire connoître.

« Il y avoit déjà assez long-temps que j'en-
» tendois dire à des personnes distinguées par
» leur piété et par leur prudence, que M. l'abbé
» de Fénelon étoit favorable à la nouvelle orai-
» son, et on m'en donnoit des indices qui n'é-
» toient pas méprisables. Inquiet pour lui, pour
» l'église, et pour les princes de France dont il
» étoit précepteur, je le mettois souvent sur
» cette matière, et je tâchois de découvrir ses
» sentimens, dans l'espérance de le ramener à
» la vérité pour peu qu'il s'en écartât. Je ne
» pouvois me persuader qu'avec ses lumières
» et avec la docilité que je lui croyois, il don-
» nât dans ces illusions, ou du moins qu'il
» voulût y persévérer s'il étoit capable de se
» laisser éblouir. J'ai toujours eu une certaine
» persuasion de la force de la vérité quand on

» l'écoute, et je ne doutai pas que M. l'abbé de
» Fénelon n'y fût attentif. »

M. de Meaux raconte ensuite comment il fut
chargé de l'examen des écrits et de l'oraison de
madame Guyon. « Je connus bientôt, poursuit-
» il, que c'étoit M. l'abbé de Fénelon qui avoit
» donné ce conseil, et je regardai comme un
» bonheur de voir naître une occasion si natu-
» relle de m'expliquer avec lui. Dieu le vou-
» loit : je vis madame Guyon; on me donna
» tous ses livres, et non-seulement les impri-
» més, mais encore les manuscrits ; comme
» sa vie dans un gros volume, des commen-
» taires sur Moïse, sur Josué, sur les Juges,
» sur l'Évangile, sur les Épîtres de saint Paul,
» sur l'Apocalypse, et sur beaucoup d'autres
» livres de sa main....

» Je ne me suis voulu charger ni de confes-
» ser ni de diriger cette dame quoiqu'elle me
» l'eût proposé, mais seulement de lui déclarer
» mon sentiment sur son oraison et sur la doc-
» trine de ses livres, en acceptant la liberté
» qu'elle me donnoit de lui ordonner ou de lui
» défendre précisément sur cela ce que Dieu,
» dont je demandois perpétuellement les lu-
» mières, voudroit m'inspirer.:... Je trouvai
» dans sa vie que Dieu lui donnoit une abon-
» dance de grâces dont elle crevoit, au pied de
» la lettre ; il falloit la délacer... On venoit rece-

» voir la grâce dont elle étoit pleine, et c'étoit
» le seul moyen de la soulager..... Ces grâces
» n'étoient pas pour elle.... cette surabondance
» étoit pour les autres. Tout cela me parut d'a-
» bord superbe, nouveau, inouï, et dès lors
» du moins fort suspect.... Frappé d'une chose
» aussi étonnante, je lui écrivis de Meaux que
» je lui défendois, et Dieu par ma bouche,
» d'user de cette nouvelle communication de
» grâces, jusqu'à ce qu'elle eût été plus exami-
» née. Je voulois en tout et partout procéder
» modérément, et ne rien condamner à fond
» avant que d'avoir tout vu... »

M. de Meaux se justifie ensuite de l'usage qu'il fait ici des manuscrits de madame Guyon, qui étoient faits, comme il l'avoue, pour rester dans les ténèbres, et dont il ne les tire que pour le service de l'église, que pour prévenir les fidèles contre une séduction qui subsistoit encore, à ce qu'il prétendoit. Madame Guyon étoit de plus prophétesse et grande faiseuse de miracles, de son propre aveu. Elle supplie même M. de Meaux de suspendre là-dessus son jugement, jusqu'à ce qu'il l'ait vue et entendue plusieurs fois...... Pour les communications en silence, elle tâcha de les justifier par un écrit avec ce titre : *La main du Seigneur n'est pas raccourcie.* Le prélat rapporte une partie des raisons très-foibles qu'elle allègue, et passe ensuite au prétendu état apostolique dont elle se croyoit revêtue. *Elle voyoit clair dans les âmes; leur état intérieur sembloit*, dit-elle, *être en ma main. Quand on avoit goûté de sa direction, toute autre conduite étoit à charge....* Elle prédit ensuite le règne prochain du Saint-Esprit par toute la terre. Il devoit être précédé d'une terrible persécution contre l'oraison..... Dans la suite elle voit la victoire de ceux qu'elle appelle les martyrs du Saint-Esprit. O Dieu, dit-elle comme une personne inspirée, vous vous taisez ! Vous ne vous tairez pas toujours.

Elle insinue partout que ses écrits sont inspirés; elle en donne pour preuve éclatante la rapidité de sa main, et n'oublie rien pour faire entendre qu'elle est la plume de ce diligent écrivain dont parle David.

Quoique ses erreurs fussent infinies, celles que M. de Meaux releva alors le plus étoient celles qui regardoient l'exclusion de tout désir et de toute demande pour soi-même, en s'abandonnant aux volontés cachées, quelles qu'elles fussent, ou pour la damnation ou pour le salut..... Quoi! lui dit M. Bossuet, vous ne pouvez pas demander à Dieu la rémission de vos péchés? Non, repartit-elle..... Je puis bien, dit-elle, répéter ces paroles; mais d'en faire entrer le sentiment dans mon cœur, c'est contre mon oraison. Ce fut là que je lui déclarai qu'avec une telle doctrine je ne pouvois plus lui permettre les saints sacremens, et que la proposition étoit hérétique.

Je la vis encore peu de temps après en présence de M. l'abbé de Fénelon, dit M. de Meaux, dans son appartement à Versailles. Je me flattai qu'en lui montrant les erreurs et les excès même dont je viens de parler, il conviendroit qu'elle étoit trompée et que son état étoit un état d'illusion. Je remportai pour toute réponse que, puisqu'elle étoit soumise sur la doctrine, il ne falloit pas condamner la personne. Mais nous permettra-t-on d'observer qu'on devoit effectivement se contenter d'une soumission sincère, et que c'est tout ce que l'église se contente de demander à ceux qui se sont égarés? Sa soumission ne rendoit pas effectivement son oraison bonne; mais elle renfermoit la promesse de la réformer et de se laisser redresser. M. Bossuet semble dire qu'elle ne suffisoit pas. Je me retirai (c'est lui encore qui parle) étonné de voir un si bel esprit dans l'admiration d'une femme dont les lumières étoient si courtes, le mérite si léger, les illusions si palpables, et qui faisoit la prophétesse...... Je tournai mon attention à désabuser M. de Fénelon d'une personne dont la conduite étoit si étrange.

Mais elle-même se mit dans l'esprit de faire examiner les accusations qu'on intentoit contre ses mœurs, et les désordres qu'on lui imputoit. Elle en écrivit à madame de Maintenon, et c'est ce qui donna lieu aux conférences d'Issy. M. l'abbé de Fénelon a toujours passé pour être un des quatre examinateurs, et il dit lui-même que le roi et madame de Maintenon exigèrent qu'il fût associé aux trois autres. Cependant M. Bossuet n'en parle pas, non plus que de l'offre de faire les extraits des auteurs ascétiques. Il paroît par cette relation que Fénelon entreprit ses extraits sans qu'on les lui demandât, et uniquement pour justifier madame Guyon.

Nous regardions comme le plus grand de tous les malheurs, dit M. de Meaux, qu'elle eût pour défenseur M. l'abbé de Fénelon. Son esprit, son éloquence, sa vertu, la place qu'il occupoit et celles qui lui étoient destinées, nous engageoient aux derniers efforts pour le ramener. Nous ne pouvions désespérer du succès; car, encore qu'il nous écrivît des choses, il faut l'avouer, qui nous faisoient peur, et dont ces messieurs ont la mémoire aussi vive que moi, il y mêloit tant de témoignages de soumission, que nous ne pouvions nous persuader que Dieu le livrât à l'erreur. Nous ne nous avisâmes seulement pas, au moins je le reconnois, qu'il y eût rien à craindre d'un homme dont nous croyons le retour si sûr, l'esprit si docile et les intentions si droites. Dieu l'a permis peut-être pour m'humilier..... Quoi qu'il en soit.... autant que nous travaillions à ramener un ami, autant nous demeurions appliqués à ménager avec une sorte de religion sa réputation précieuse..... Nous nous sentions obligés, pour donner des bornes à ses pensées, de l'astreindre à quelque signature; mais en même temps nous nous proposâmes, pour éviter de lui donner l'air d'un homme qui se rétracte, de le faire signer avec nous comme associé à notre délibération. Nous ne songions en toute manière qu'à sauver un tel ami.....

Peu de temps après il fut nommé à l'archevêché de Cambrai. Nous applaudîmes à ce choix comme tout le monde, et il n'en demeura pas moins dans la voie de soumission où Dieu le mettoit.....

Il fit cependant beaucoup de difficultés quand les articles furent arrêtés; mais il céda à nos raisons, et les signa le 10 mars 1695.

M. l'archevêque de Cambrai demeura si bien dans l'esprit de soumission où Dieu l'avoit mis, que m'ayant prié de le sacrer (M. de Fénelon assure que M. Bossuet* s'y étoit offert avant qu'il l'en priât), deux jours avant cette divine cérémonie, à genoux, et baisant la main qui le devoit sacrer, il la prenoit à témoin qu'il n'auroit jamais d'autre doctrine que la mienne.... Il me pria, après la signature des articles d'Issy, de garder du moins quelques-uns de ses écrits pour être en témoignage contre lui s'il s'écartoit de nos sentimens. J'étois bien éloigné de cette défiance.....

Il dépeint ensuite combien fut prompt et universel le soulèvement contre l'Explication des Maximes des saints. Tous les ordres, assure M. Bossuet, furent indignés, non pas du procédé que peu savoient et que personne ne savoit à fond, mais de l'audace d'une décision si ambitieuse, du raffinement des expressions, de la nouveauté inouïe, de l'entière inutilité et de l'ambiguité de la doctrine. Cependant M. de Cambrai, dans un soulèvement si inuversel, ne se plaignoit que de nous; et pendant que nous étions obligés de nous excuser de l'avoir trop utilement servi, et qu'il falloit enfin demander pardon de notre silence, qui l'avoit sauvé..... j'avois seul soulevé tout le monde! Quoi! ma cabale! mes émissaires !.... Cependant je n'écrivois rien ; mon livre, qu'on achevoit d'imprimer quand celui de M. de Cambrai parut, demeura encore trois semaines sous la presse; et quand je le publiai, on y trouva bien à la vérité des principes contraires à ceux des Maximes des saints (il ne se pouvoit faire autrement, puisque nous prenions des routes si différentes, et que je ne cherchois qu'à établir les articles que M. de Cambrai vouloit éluder), mais pas un seul mot tourné contre ce prélat.

Je ne dirai de mon livre qu'un seul fait public et constant : il passa sans qu'il parût de contradiction. Je n'en tire aucun avantage ; c'est que j'enseignois la théologie de toute l'église.

Les affaires parurent ensuite se brouiller un peu : c'est la conduite ordinaire de Dieu contre les erreurs. Il arrive à leur naissance au premier abord une éclatante déclaration de la foi : c'est comme le premier coup de l'ancienne tradition, qui repousse la nouveauté qu'on veut introduire. L'on voit suivre après, comme un second temps, que j'appelle de tentation : les cabales, les factions se remuent; les passions, les intérêts partagent le monde; de grands corps, de grandes puissances s'émeuvent ; l'éloquence éblouit les simples ; la dialectique leur tend des lacets ; une métaphysique outree jette les esprits dans des pays inconnus : plusieurs ne savent plus ce qu'ils croient; et tenant tout dans l'indifférence, sans entendre, sans discerner, ils prennent parti par humeur. Voilà ces temps que j'appelle de tentation, si l'on veut d'obscurcissement. On doit attendre avec foi le dernier temps où la vérité triomphe et prend manifestement le dessus.

M. de Meaux rend compte ensuite de l'impression que firent sur lui les Maximes des saints. Ce fut d'abord, continue-t-il, une manifeste affectation d'excuser les mystiques nouvellement condamnés, en les retranchant jusqu'à trois fois de la liste des faux spirituels. Ce furent tant de propositions étranges, et des explications si insuffisantes, qu'elles ne sont pas encore achevées.

Qu'avions-nous besoin de son amour naturel auquel nous n'avions jamais songé? et quand nous l'eussions admis, que servoit-il au dénoûment des difficultés?

Il entre ensuite dans le détail de ces difficultés dont nous avons déjà tant parlé, des conférences qu'il demanda, et qu'on lui refusa constamment. Peut-on dire, après cela, répète M. Bossuet, que nous ayons voulu perdre M. de Cambrai? Dieu le sait. Mais sans appeler un si grand témoin, la chose parle : avant que son livre eût paru, nous avons assez caché ses erreurs, jusqu'à souffrir les reproches que nous en a faits le roi : après que ce livre a paru, il s'étoit assez perdu lui-même. Si nous avons voulu le perdre, il étoit de concert avec nous en soulevant tout le monde contre lui par ses ambitieuses décisions, et en remplissant ce livre d'erreurs si palpables.....

Nous avons tenté toutes les voies de douceur avant d'en venir à notre déclaration dont on se plaint tant, et dans laquelle, en relevant la doctrine qui nous paroissoit mauvaise, nous avons tâché d'épargner l'auteur.....

Il a donc fallu révéler le faux mystère de nos jours; et M. de Meaux finit cette relation par une récapitulation de tout ce qu'il vient de dire...... On n'a point chicané madame Guyon, dit-il en finissant : on a reçu ses soumissions bonnement.... et en présumant toujours pour la sincérité et l'obéissance, on a ménagé son nom, sa famille, sa personne, ses amis, autant qu'on a pu ; on n'a rien oublié pour la convertir, et il n'y a que l'erreur et les mauvais livres qui n'ont point été épargnés.

A l'égard de M. l'archevêque de Cambrai, nous ne sommes que trop justifiés par les faits incontestables de cette relation : je le suis en particulier plus que je ne voudrois. Le silence a été impénétrable jusqu'à ce que M. de Cambrai se déclarât lui-même par son livre : on l'attend jusqu'à la fin, quelque dureté qu'il témoigne à refuser toute conférence ; on ne se déclare qu'à l'extrémité. Où placera-t-on cette jalousie qu'on nous impute sans preuve ? et s'il faut se justifier sur une si basse passion, de quoi étoit-on jaloux dans le nouveau livre de cet archevêque (c'est toujours M. de Meaux qui parle)? lui envioit-on l'honneur de défendre et de peindre de belles couleurs madame Guyon et Molinos? portoit-on envie au style d'un livre ambigu, ou au crédit qu'il donnoit à son auteur, dont au contraire il ensevelissoit toute la gloire ? Si cependant les foibles se scandalisent ; si les libertins s'élèvent; si l'on dit, sans examiner quelle est la source du mal, que les querelles des évêques sont implacables : il est vrai, si on sait l'entendre, qu'elles le sont en effet sur le point de la doctrine révélée...... nous pouvons tout souffrir; mais nous ne pouvons souffrir qu'on biaise pour peu que ce soit sur les principes de la religion.

Nous souhaitons et nous espérons de voir bientôt M. l'archevêque de Cambrai reconnoître du moins l'inutilité de ses spéculations : il n'étoit pas digne de lui, du caractère qu'il porte, du personnage qu'il faisoit dans le monde, de sa réputation, de son esprit, de défendre les livres d'une femme de cette sorte...... Tous les jours nous entendons ses meilleurs amis le plaindre d'avoir étalé son érudition et exercé son éloquence sur des sujets si peu solides.....

Cette relation du quiétisme fit une impression prodigieuse contre M. de Fénelon et contre tous ceux qui etoient liés d'amitié avec ce prélat. M. de Meaux y couvroit madame Guyon de ridicule et d'indignation, et les faisoit retomber également sur M. de Cambrai en les confondant ensemble; et le ton affirmatif qu'il y avoit mis ne permettoit pas de douter de la vérité des faits qu'il alléguoit. Il en distribua des exemplaires à toute la cour, qui étoit alors à Marly; et ce fut un spectacle assez curieux, pendant plusieurs jours, de voir les courtisans et les dames, réunis par pelotons, lisant cet ouvrage, y faisant des commentaires, et les accompagnant des réflexions odieuses que suggéroit la matière. Louis XIV ordonna qu'on lût cet écrit à M. le duc de Bourgogne, et le succès de M. de Meaux fut complet.

Les personnes les plus favorables à M. de Cambrai ne savoient que dire sur des détails si bien circonstanciés; elles ne croyoient pas même qu'il fût possible de répondre rien de précis contre les faits qu'on racontoit. La tempête fut telle qu'il n'y eut personne qui osât élever la voix en sa faveur. Ses amis les plus considérables parurent violemment attaqués; l'on faisoit retomber indirectement sur eux une partie de tout ce qu'on imputoit à M. l'archevêque de Cambrai : comme ils avoient des emplois considérables sur lesquels on avoit des vues, il ne se trouva que trop de gens habiles à profiter de cette occasion de les décréditer.

Madame de Maintenon, tout-à-fait changée à l'égard de M. de Cambrai, faisoit en quelque façon les honneurs de cette relation, et appuyoit de son témoignage certains faits sur lesquels on auroit eu peine à en croire M. de Meaux.

Enfin, jusqu'au silence de M. de Cambrai, qui fut quelque temps sans y répondre, tout servit à l'accabler.

Ce n'est pas que ce prélat ne crût avoir de quoi répliquer; mais il étoit retenu par l'appréhension d'entraîner ce qui lui restoit d'amis les plus chers à son cœur dans sa disgrâce : il lui revenoit de plusieurs endroits qu'elle seroit infaillible s'il publioit certains détails sur lesquels leur témoignage étoit nécessaire : on lui faisoit craindre d'irriter un pouvoir capable de les perdre, mais qui avoit encore quelque ménagement pour eux. Cette considération, si propre à le toucher, l'arrêta quelque temps, et cependant il répondit à la lettre de M. l'archevêque de Paris par un écrit latin qu'il se contenta d'envoyer à Rome, et qu'il destinoit à se justifier de tous les faits sur lesquels M. l'archevêque de Paris l'attaquoit ; mais, par égard pour ce prélat, il ne le fit point publier en France.

Peu de temps après il rendit publique sa reponse à la relation; et sans y compromettre personne, il suit et s'efforce de réfuter M. de Meaux.

Ce dernier écrit releva le courage et l'espérance des amis de Fénelon. En effet, il y parle avec tant de candeur et une éloquence si douce, et en même temps si vive, que le public, prévenu par la relation, revint sur le compte de M. de Cambrai, cessa de confondre son affaire avec celle de madame Guyon, et ne lui fit plus partager le ridicule et l'odieux qu'on avoit répandu sur les écrits et sur la personne de cette dame. C'est aussi à quoi il s'attache plus particulièrement dans cette réponse. La péroraison nous paroît digne d'être citée.

« Pour moi je ne puis m'empêcher de prendre
» ici à témoin celui dont les yeux éclairent les
» plus profondes ténèbres, et devant qui nous
» paroîtrons bientôt. Il sait, lui qui lit dans
» mon cœur, que je ne tiens à aucune per-
» sonne ni à aucun livre, que je ne suis attaché
» qu'à lui et à son église, que je gemis sans
» cesse en sa présence pour lui demander qu'il
» ramène la paix et qu'il abrege les jours de
» scandale, qu'il rende les pasteurs aux trou-
» peaux, et qu'il donne autant de bénédictions
» à M. de Meaux qu'il m'a donné de croix.

» Dieu le sait, car c'est lui qui me l'a mis au
» cœur, il y a long-temps que j'aurois aban-
» donné mon livre et que j'aurois demandé à
» être jeté dans la mer pour finir la tempête. Je
» le demanderois encore à présent de tout mon
» cœur, quelque flétrissure que j'en pusse souf-

» frir, si je croyois que cet ouvrage pût jamais
» autoriser l'illusion et être un sujet de scan-
» dale pour le moindre d'entre les petits. Mais
» j'ai cru ne pouvoir abandonner cet ouvrage
» sans abandonner la doctrine de l'amour désin-
» téressé qu'on attaque en l'attaquant ouverte-
» ment comme le *point décisif*. De plus, j'ai
» cru que l'illusion ne pouvoit jamais s'auto-
» riser par un livre tant de fois expliqué, qui
» la combat de si bonne foi.

» Enfin, sans regarder humainement ma per-
» sonne, j'ai cru ne devoir pas la laisser flétrir
» par rapport à mon ministère. Plus les erreurs
» qu'on m'a imputées dans cet ouvrage sont
» impies, plus je me suis cru obligé en con-
» science à montrer par le texte même combien
» j'ai eu toujours horreur de ces impiétés. Aban-
» donner mon livre sur de si terribles accusa-
» tions eût été une espèce d'aveu de toutes les
» erreurs impies qu'on y veut trouver. Le pape
» jugera si je me suis trompé dans mes pen-
» sées; mais enfin je proteste à la face du ciel
» et de la terre que je n'ai écrit mon livre ni
» pour affoiblir la saine doctrine contre le quié-
» tisme, ni pour excuser l'illusion. »

M. de Meaux, dont la relation du quiétisme
avoit été si bien accueillie, fut étonné de voir
avec quelle promptitude la réponse de M. de
Cambrai fit changer le public et le tourna pres-

que contre lui. Fatigué de ce flux et reflux d'opinions, qu'il ne pouvoit fixer malgré la bonté de sa cause et la vigueur de son attaque, il balança s'il répondroit au dernier écrit de M. de Fénelon : il consulta, dit-il dans son avertissement aux remarques sur la réponse à la relation, et ne se détermina à écrire que parce qu'on lui représenta qu'il étoit nécessaire de dissiper les prestiges, de dévoiler les artificieuses adresses et de confondre les tours de l'esprit souple et délié de son adversaire. Il entre ensuite en matière, suit tous les articles que M. de Fénelon avoit entrepris de réfuter, et revient par conséquent sur les faits que nous avons rapportés, et qu'il établit et confirme par des preuves et des dénégations nouvelles. On est affligé, je l'avoue, de voir en contradiction l'un avec l'autre deux hommes d'un caractère si respectable et d'un génie si élevé.

La dispute devient ici amère, contentieuse, ironique quelquefois, et, si nous osions le dire, peu digne de ces grands prélats. On sent cependant, en les lisant, que c'est avec peine qu'ils haussent la voix et qu'ils donnent à leur style cette âcreté qu'ils croyoient apparemment nécessaire à la défense de la vérité. La conclusion de ces remarques est d'une grande précision. M. de Meaux y récapitule toute l'affaire, et resserre toutes ses preuves sans leur rien ôter

de leur force et de leur clarté ; mais il représente partout M. de Cambrai comme l'apologiste de madame Guyon, et en même temps comme un rhéteur dangereux, et comparable à ces sophistes de la Grèce dont parle Socrate. « Il entre-
» prend, dit-il, de prouver et de nier tout ce
» qu'il veut ; il peut faire des procès sur tout,
» et vous ôter tout à coup, avec une souplesse
» inconcevable, la vérité qu'il vous aura mise
» devant les yeux ; ce qui est d'autant plus à
» craindre dans les matières de religion, que
» par leur sublimité elles donnent plus lieu à
» l'équivoque, comme par leur importance elles
» attirent de plus grands maux à ceux qui s'y
» égarent. Ce n'est pas ainsi que nous avons
» été institués. La variation, l'artifice, *le oui et*
» *le non ne se trouvent pas dans les apôtres ;*
» *ils ne se trouvent pas dans saint Paul ; ils*
» *ne se trouvent pas dans Sylvain ; ils ne se*
» *trouvent pas dans Timothée :* car, dans Jé-
» sus-Christ, *fils de Dieu, qu'ils ont prêché,*
» *le oui et le non n'ont plus lieu.* Il n'y a plus
» rien d'équivoque ni de variable, mais le oui
» seul est en lui. La simplicité règne partout
» dans ses discours : ce qu'il a dit une fois ne
» change plus. »

Nous n'insisterons pas sur les remarques, elles sont entre les mains de tout le monde ; et si nous nous étendons un peu sur la réplique de M. de Fénelon, c'est qu'elle est rare, et que nous n'insérerons dans ses œuvres ni son livre des Maximes des saints, ni rien de ce qu'il a composé pour sa défense. Il a lui-même gardé le plus grand silence sur tous ces objets dès que son livre a été condamné : et que pourrons-nous faire de mieux que d'imiter son respect et sa soumission pour l'église et pour tous ses décrets ?

M. de Cambrai se récrie d'abord sur le caractère faux et odieux que lui donne M. de Meaux. « Jamais, dit-il à ce prélat, rien ne m'a tant
» coûté que ce que je vais faire. Vous ne me
» laissez plus aucun moyen pour vous excuser
» en me justifiant ; la vérité opprimée ne peut
» plus se délivrer qu'en dévoilant le fond de
» votre conduite : ce n'est plus ni pour atta-
» quer ma doctrine, ni pour soutenir la vôtre,
» que vous écrivez ; c'est pour me diffamer.....
» *J'ai affaire*, dites-vous, *à un homme enflé de*
» *cette fine éloquence qui a des couleurs pour tout,*
» *à qui même les mauvaises causes sont meilleures*
» *que les bonnes, parce qu'elles donnent lieu à des*
» *tours subtils que le monde admire.* Où est-ce
» qu'on a vu cette enflure ? Si elle a paru dans
» mes écrits, je veux m'humilier : si j'ai écrit
» d'un style hautain et emporté, j'en demande
» pardon à toute l'église ; mais si je n'ai répondu
» à des injures que par des raisons, et à des

» sophismes sur mes paroles prises à contre-sens
» que par la simple exposition du fait, le lec-
» teur pourra croire que ma *souplesse* n'est pas
» mieux prouvée que mon enflure de cœur....
» Vous finissez en disant : *J'écris ceci pour le*
» *peuple, ou, pour parler nettement, afin que le*
» *caractère de M. de Cambrai étant connu, son*
» *éloquence, si Dieu le permet, n'impose plus à*
» *personne.*

» C'est donc jusqu'au peuple que s'étend
» votre charité pour me montrer au doigt
» comme un imposteur qui lui tend des piéges.
» Pour vous, vous vous récriez que vous avez
» besoin de réputation dans votre diocèse :
» tout au contraire, selon vous, le diocèse et la
» province de Cambrai ont besoin de se défier
» de moi comme d'un impie et d'un hypocrite...
» Quelle indécence que d'entendre dans la mai-
» son de Dieu, jusque dans son sanctuaire, ses
» principaux ministres recourir sans cesse à des
» déclamations vagues qui ne prouvent rien !...
» Ce qui fait ma consolation, c'est que, pen-
» dant tant d'années où vous m'avez vu de si
» près tous les jours, vous n'avez jamais eu à
» mon égard rien d'approchant de l'idée que vous
» voulez aujourd'hui donner de moi aux autres.
» Je suis le *cher ami*, cet ami *de toute la vie*, que
» *vous portiez dans vos entrailles*, même après
» l'impression de mon livre : *vous honoriez* ma

» piété (je ne fais que rapporter vos paroles
» dans ce pressant besoin) : vous aviez cru de-
» voir *conserver en si bonnes mains le dépôt impor-*
» *tant de l'instruction des princes:* vous *applaudîtes*
» au choix de ma personne pour l'archevêché
» de Cambrai : vous m'écriviez encore après ce
» temps-là en ces termes : *Je vous suis uni dans*
» *le fond du cœur avec le respect et l'inclination que*
» *Dieu sait.*

» Honorez-vous, monseigneur, d'une amitié
» si intime les gens que vous connoissez pour
» faux, hypocrites et imposteurs? leur écrivez-
» vous de ce style? Si cela est, on ne sauroit
» se fier à vos belles paroles non plus qu'aux
» leurs.... Vous m'avez cru très-sincère jusqu'au
» jour où vous avez mis votre honneur à me
» déshonorer.... Loin de m'étonner de ce pro-
» cédé, je l'ai prévu.... Vous vous êtes tout
» promis de vos talens, de votre autorité.......
» Ma personne, selon vous, est encore plus
» dangereuse par ses artifices, que mon livre
» par ses erreurs. Le monde entier, d'abord
» frappé de la nouveauté des faits, et qu'on
» avoit prévenu à loisir contre moi, revient : à
» mesure qu'on lit mes réponses, les faits
» s'évanouissent... tout vous échappe... de tant
» d'esprits prévenus d'abord, il ne vous reste
» qu'une troupe toujours prête à vous applau-
» dir, et qu'un certain nombre d'hommes timi-

»des que vous entretenez, malgré eux, par les
»moyens efficaces que tout le monde voit....
»L'enchantement explique tout dans votre ré-
»ponse...... selon votre besoin, vous faites
»croître ma souplesse à mesure que vos preu-
»ves disparoissent.

» A vous entendre, on peut encore moins
»résister aux puissans ressorts que je remue
»dans toutes les nations, qu'aux prestiges de
»mon éloquence..... Je n'ai pas besoin de ré-
»pondre, la France entière répond pour moi...
»C'est ainsi qu'en me reprochant d'être subtil,
»vous poussez la subtilité jusqu'à l'excès ab-
»surde de vouloir prouver au monde que c'est
»moi dans la disgrâce qui suis le plus accrédité
»de nous deux. »

Il entre ensuite dans une nouvelle discussion
des faits ; et il nous semble que sur cet objet,
qui ne tient pas à la doctrine, il réfute victorieusement M. de Meaux. Nous n'avons garde
cependant de donner notre opinion pour
certaine, et nous exposerons une partie des
preuves les plus concluantes qu'allègue M. de
Fénelon. Après avoir repoussé, comme nous
l'avons vu, ces imputations de fausseté et de
finesse dont M. de Meaux charge son caractère,
il se demande à lui-même : Ai-je donné les livres de madame Guyon à mes amis? M. de

Meaux l'a assuré. Je l'ai supplié d'en nommer un seul ; ce qui n'est pas difficile, puisqu'il y a tant de gens à qui je les ai distribués. Que répond M. de Meaux ? qu'il ne s'agit pas d'une distribution manuelle ; qu'il veut dire seulement que je les ai laissé lire, que j'ai approuvé qu'on les lût, et que je m'arrête à des minuties. Quoi ! continue M. de Fénelon, vous avancez un fait odieux par lequel vous voulez me noircir, et vous ne craignez pas de dire *que je m'attache à des minuties* en demandant la preuve de cette accusation !.... Nommez-en un seul. Un autre que vous avoueroit son impuissance ; mais vous avez des ressources inépuisables. *Donner,* dans votre langage, ne veut pas dire *donner;* il signifie *laisser* et *n'arracher pas.* Au lieu de preuves vous donnez des jeux d'esprit et une dérision maligne ; vous assurez que c'étoient *mes livres favoris....livres chéris....* Vos amis, dites-vous, n'auroient pas lu ces livres, si vous les eussiez obligés à y renoncer. Vous étiez leur directeur.... Je n'étois le directeur d'aucun d'entre eux.... aucun d'eux ne m'a jamais demandé conseil sur la lecture de ces livres : je ne sais, ni qui sont ceux qui les ont lus, ni qui sont ceux qui ne les ont pas lus ; jamais je ne les ai conseillés à aucun d'entre eux. Ainsi un fait qui devoit avoir tant de corps, dès qu'on le saisit, s'évapore en raisonnement, et le raisonnement porte à faux sur d'autres faits qui disparoissent comme le premier.....

M. de Cambrai passe ensuite aux visions de madame Guyon, qu'il avoit approuvées à ce qu'assure M. de Meaux : il répète et prouve, par les paroles mêmes de M. Bossuet, qu'il ne les a pas lues, mais que M. de Meaux lui en a effectivement rapporté quelques-unes. Quand vous racontâtes ces prodiges (c'est M. de Fénelon qui parle), la grande estime que j'avois pour cette personne me persuada qu'elle n'étoit point assez impie pour les donner comme véritables à la lettre, et pour s'y arrêter volontairement. Votre conduite me rassure pleinement ; je disois en moi-même : Puisque M. de Meaux lui donne et lui permet la communion, il faut bien que ses visions folles et impies aient dans ses manuscrits quelque explication qui les tempère, ou que la personne ne s'y arrête jamais volontairement, comme elle me l'a assuré en général de toutes les impressions extraordinaires qu'elle éprouve ; il faut que ce songe n'ait été donné que pour un songe, et que tout le reste ait un dénoûment à peu près semblable : autrement M. de Meaux seroit plus inexcusable qu'elle ; on ne donne pas la communion aux personnes folles, ni aux impies.... Ma raison n'étoit-elle pas claire, sensible, décisive ?......
Mais qu'y opposez-vous ? que je n'ai voulu rien

approfondir, parce que je ne voulois pas être convaincu, ni forcé d'abandonner une amie qui me déshonore. Mais n'étoit-ce pas approfondir, que de croire qu'on ne doit pas donner le saint des saints aux chiens ? et par conséquent ne devois je pas me fier plutôt à vos actions qu'à vos paroles pour savoir ce que je devois penser de ce songe et de ces expressions si outrées... Mais vous, qui voulez m'embarrasser sur ces visions que je devois *approfondir*, comment les approfondîtes-vous avant de donner ou de permettre la communion à cette personne ? *Je la traitois*, dites-vous, *avec toute sorte de douceur, n'ayant pas encore bien déterminé en mon esprit si ces visions venoient de présomption, de malice, ou de quelque débilité de cerveau.* La douceur est bonne, même pour les insensés et pour les fanatiques : mais la communion ne peut être donnée en aucun de ces cas. Est-ce là cette *sainte douceur* dont vous parlez tant ? Voilà ce que vous aimez mieux laisser entendre que d'avouer que vous excusiez alors, comme moi, ces expressions outrées, en les prenant dans un sens figuré et éloigné du littéral, ou en supposant que la personne ne s'y arrêtoit pas. Pour moi, je n'en savois que ce que vous m'en aviez dit, et j'en jugeois par la conduite de celui qui avoit vu la chose de ses propres yeux. N'étoit-ce pas agir simplement ? Pour répondre à des choses si naturelles, vous ne cherchez qu'à donner le change. *M. de Cambrai*, dites-vous, *excuse autant qu'il peut son indigne amie, et voudroit nous la donner comme une sainte Catherine de Bologne.* Non, ce n'est pas elle que j'excuse, c'est moi que je justifie sur les choses que vous m'avez dites d'elle : tout votre art est de confondre ces deux choses si séparées, et de vouloir que je n'ose me justifier de peur d'excuser madame Guyon...... Je ne la comparois à cette sainte qu'en supposant qu'elle avoit pu être comme elle dans une illusion involontaire. La comparaison ne tombant que sur l'illusion, ne peut se tourner en louange ; en vouloir conclure que je la compare à la sainte pour la perfection, n'est-ce pas ressembler *aux rhéteurs de la Grèce, et faire des procès sur tout ?*

M. de Cambrai démontre, après cela, qu'il n'a pas plus soutenu les livres de madame Guyon qu'il n'a approuvé ses visions. J'ai toujours soutenu, avance-t-il, que ces livres étoient censurables : quand j'ai parlé de la condamnation qui en a été faite à Rome, j'ai déclaré que je m'y conformois sans restriction, et que je me conformerois de même à toute autre décision qu'il plairoit au pape de faire....... Rien n'est moins subtil ni moins captieux. Tout autre que vous s'arrêteroit là..... Mais quelque clarté qu'aient mes paroles, vous y trouverez

toujours, malgré moi, de profonds mysteres :
je veux toujours soutenir ces livres *favoris*,....
ces livres *chéris*.... Vous produisez un mémoire
qui étoit comme une lettre missive destinée à
n'être vue que de trois ou quatre personnes de
confiance : dans ce mémoire il ne s'agissoit que
de ce qui est *personnel*, et nullement des livres.
Je voulois seulement qu'on ne s'y servît point
du texte des livres, qui est inexcusable, pour
attaquer personnellement l'auteur, que j'excu-
sois intérieurement sans vouloir jamais prendre
sa défense au dehors.... Qu'y auroit-il d'étonnant qu'une femme ignorante sur la théologie,
sans penser à l'impiété, l'eût imprimée dans
ses écrits, faute de savoir la juste valeur des
termes? Ne lui avez-vous pas fait dire, dans
l'acte de soumission que vous reconnoissez pour
vrai, qu'elle n'a eu intention d'avancer rien de
contraire à l'esprit de l'église catholique?

Je n'ai donc excusé, comme vous, que ses
intentions, et nullement le texte de ses ouvrages;...... vous ajoutez cependant que je
devrois renoncer à la pernicieuse restriction
des intentions personnelles. Mais accordez-vous
avec vous-même avant de vouloir être écouté.
Je vous réponds toujours par vos propres paroles : *S'il s'agit de faire condamner des intentions personnelles, qui a jamais pu avoir un tel
dessein.*

M. de Fénelon avoit reproché à M. Bossuet d'avoir violé le secret des lettres missives. Celui-ci avoit cru repousser ce reproche en accusant son adversaire d'avoir aussi manqué au secret des siennes. Quelle différence ! réplique M. de Cambrai : vous publiez mes lettres pour me perdre; je ne me sers des vôtres, après vous, que pour sauver mon innocence opprimée. Les lettres que vous produisez contre moi sont ce qu'il doit y avoir de plus secret en ma vie après ma confession, et qui, selon vous, me fait le *Montan* d'une nouvelle *Priscille :* au contraire, vos lettres que je produis ne sont point contre vous, elles sont seulement pour moi ; elles font voir que je n'étois pas un impie et un fanatique.... Qui ne sera étonné qu'on abuse de l'esprit et de l'éloquence pour comparer une agression poussée jusqu'à une révélation si odieuse du secret d'un ami, avec une défense si légitime, si innocente et si nécessaire?

C'est avec la même force et la même netteté qu'il continue, dans le reste de l'ouvrage, à réfuter M. Bossuet : c'est souvent par lui-même, c'est par des rapprochemens heureux et simples, c'est en opposant ce qu'il dit à ce qu'il avoit précédemment avancé.

J'ai refusé, continue-t-il, d'approuver votre livre. Mais qui est-ce qui a publié ce refus? Qui est-ce qui en a porté des plaintes, et causé par-là un scandale trop réel dont je gémis?

Le public croira-t-il que je dusse, pour vous obéir, me reconnoître le fauteur de l'impiété que j'ai toujours détestée? Est-ce par-là que vous vouliez que j'édifiasse l'église?...... Parce que j'ai estimé madame Guyon, et que je n'ai pas cru devoir dire contre ma conscience que ses intentions étoient évidemment impies et infâmes, vous voulez me dépeindre comme un homme entêté d'elle, jusqu'à croire ma réputation *inséparable de la sienne*,.... jusqu'à rompre *toute union*, et le saint concert de l'épiscopat! Quiconque n'approuve pas votre livre est-il schismatique?...... Je vous laissois dire tout ce que vous vouliez contre cette personne; mais je ne croyois pas qu'il convînt, ni à ma conscience, ni à ma réputation, de le dire avec vous. Bien d'autres, et même de vos unanimes, ne le croyoient pas non plus. Je les ai consultés et sur le refus d'approbation, et sur le projet de parler, non pour excuser madame Guyon, dont je ne dis pas un mot, mais pour justifier ma foi, que vous attaquiez......

Il ne me reste, dit M. de Cambrai après avoir répondu aux autres remarques de M. Bossuet avec la même vivacité, il ne me reste qu'à conjurer le lecteur de relire patiemment votre relation avec ma réponse, et vos remarques avec cette lettre : j'espère qu'il ne reconnoîtra point en moi le *Montan* d'une nouvelle *Priscille* dont vous avez voulu effrayer l'église. Cette comparaison vous paroît juste et modérée ; vous la justifiez, en disant qu'il ne s'agissoit entre *Montan* et *Priscille* que *d'un commerce d'illusion*. Mais vos comparaisons tirées de l'histoire réussissent mal : comme la docilité de *Synesius* ne ressembloit point à la mienne, ma prétendue illusion ne ressemble point aussi à celle de *Montan*. Ce fanatique s'étoit attaché deux femmes qui le suivoient : il les livra à une fausse inspiration, qui étoit une véritable possession de l'esprit malin, et qu'il appeloit l'esprit de prophétie. Tel est cet homme, l'horreur de tous les siècles, avec lequel vous comparez votre confrère, *ce cher ami de toute la vie, que vous portez dans vos entrailles* : et vous trouvez mauvais qu'il se plaigne d'une telle comparaison ! Non, monseigneur, je ne m'en plaindrai plus : je n'en serai affligé que pour vous : et qui est-ce qui est à plaindre, sinon celui qui se fait tant de mal à soi-même en accusant son confrère sans preuve ? Dites que vous n'êtes pas mon accusateur en me comparant à *Montan*. Qui vous croira, et qu'ai-je besoin de répondre ? Pourriez-vous jamais rien faire de plus fort pour me justifier, que de tomber dans ces excès et dans ces contradictions palpables en m'accusant? Vous faites plus pour moi que je ne saurois faire moi-même. Mais quelle triste consolation, quand on voit le scandale qui trouble la maison de Dieu, et qui fait triompher tant d'hérétiques et de libertins !

Quelque fin qu'un saint pontife puisse donner à cette affaire, je l'attends avec impatience, ne voulant qu'obéir, ne craignant que de me tromper, et ne cherchant que la paix. J'espère qu'on verra dans mon silence, dans ma soumission sans réserve, dans mon horreur pour l'illusion, dans mon éloignement de tout livre, de toute personne suspecte, que le mal que vous avez voulu faire craindre est aussi chimérique que le scandale a été réel.

L'éloquence de M. de Cambrai, sa logique mâle et animée, son courage ferme et toujours modeste, son respect constant pour les talens superieurs de M. de Meaux, la douleur même qu'il montroit en se servant des avantages que lui donnoient le zèle trop ardent et le style quelquefois amer de ce prélat, toutes ces raisons reunies donnoient du poids à ses défenses. Ses malheurs mêmes, et l'importance de ses adversaires, augmentoient l'intérêt qu'on y prenoit, et les faisoient valoir dans le public.

On lui ôta en 1699 l'appartement qu'il avoit conservé jusqu'alors à Versailles, et il fut rayé de dessus l'etat de la maison de M. le duc de

Bourgogne. A la cour on osoit à peine prononcer son nom : mais à Paris, mais partout ailleurs, on le plaignoit, on l'admiroit : et la considération qu'il s'étoit acquise par son désintéressement et par ce rare assemblage de vertus douces et de talens distingués, sembloit croître à proportion que l'autorité s'efforçoit de l'humilier en le dépouillant, et en l'accablant du poids d'une disgrâce totale.

Ici finit ce triste et malheureux *combat de paroles*, comme l'appeloit M. de Cambrai, et nous touchons à la décision qui, en le condamnant, mit en quelque sorte le comble à sa gloire, parce qu'il ne mit point de bornes à sa soumission.

Sitôt que cette affaire eut été portée à Rome, M. de Meaux écrivit à M. l'abbé Bossuet, son neveu, qui voyageoit en Italie, et qui étoit au momemt de revenir en France, de s'arrêter dans la capitale du monde chrétien pour accélérer le jugement de cette cause, à laquelle il prenoit un intérêt si personnel. Il lui envoya toutes les instructions qu'il jugea nécessaires par un homme de confiance de son chapitre, nommé Phelippeaux, qui lui devoit servir de conseil, et qui, par son caractère ardent, lui parut très-propre à poursuivre cette affaire avec vivacité.

La congrégation des consultans du saint office ayant été formée de théologiens presque tous religieux, le pape nomma les cardinaux Noris et Ferrari pour être présens à tout ce qui se passeroit et lui en rendre compte. On convint des propositions qu'on devoit examiner; elles furent réduites à trente-sept, et distribuées aux consulteurs avec le livre d'où elles étoient extraites. Ils tinrent leurs assemblées pendant plus de huit mois, et travaillèrent avec une application extrême. Au bout de ce temps-là, de dix qu'ils étoient, cinq furent d'avis de censurer le livre de M. de Cambrai, et les cinq autres soutenoient que la doctrine en étoit saine et irrépréhensible.

Le pape paroissoit assez bien intentionné pour M. de Cambrai : il en parloit avec éloge et même avec tendresse toutes les fois que l'abbé de Chanterac se trouvoit à portée de lui rendre compte de la soumission de ce prélat; et, quelques jours avant la décision, le saint père, dans une des dernières congrégations, proposa aux cardinaux d'examiner entre eux s'il ne seroit pas plus à propos de la terminer par un décret dogmatique qui renfermeroit sous certains chefs la doctrine de l'église sur les matières de la vie spirituelle et intérieure, et qui, comme dans les canons des conciles, marqueroit clairement ce que l'on devoit croire et ce que l'on doit rejeter. Le cardinal Casanata rejeta hautement cette proposition : c'étoit, disoit-il, autoriser le livre de M. de Cambrai, dont plusieurs propositions paroissoient insoutenables ; c'étoit les replonger dans des longueurs qui pourroient brouiller Rome avec la France. Cette affaire, ajouta-t-il, dure depuis trop long-temps : nous avons à juger du livre, l'instruction est suffisamment faite, nous nous sommes assemblés dans ce dessein ; mon avis est qu'on prononce. C'est aussi à quoi le saint père se décida.

Le jugement tant attendu parut enfin au bout de dix-huit mois que l'affaire avoit été portée à Rome. Le pape donna un bref portant condamnation du livre et de vingt-trois propositions qui en étoient extraites, ainsi qu'on le peut voir dans le bref, qui est entre les mains de tout le monde.

M. de Cambrai se soumit sur-le-champ, et se mit en devoir d'exécuter ce qu'il avoit promis si solennellement. Il fit un mandement par lequel il condamna tant son livre que les vingt-trois propositions qui en avoient été extraites, précisément dans les mêmes termes que le bref, avec les mêmes qualifications, simplement, absolument, sans aucune restriction, et il en défendit la lecture à tous les fidèles de son diocèse,

Il ne voulut cependant pas le publier avant que d'en avoir demandé la permission au roi :

la forme dans laquelle ce jugement a été rendu se trouvant peu conforme aux usages de France, il devoit peut-être plus qu'aucun autre garder des mesures, et attendre que le gouvernement se fût expliqué et fût convenu des moyens les plus propres à le faire recevoir.

Il se tint, à cette occasion, des assemblées provinciales, et on régla la manière dont on accepteroit le bref du pape. Mais, auparavant, le roi permit à M. de Cambrai de s'expliquer; et par une lettre que M. de Barbezieux lui écrivit de sa part, il l'autorisa à donner le mandement qu'il avoit déjà préparé. Il monta en chaire et parla à son peuple dans ces termes, qui seront un monument éternel de son respect pour l'église, et de son amour pour la paix :

« Nous nous devons à vous sans réserve, mes
» très-chers frères, puisque nous ne sommes
» plus à nous, mais au troupeau qui nous est
» confié : c'est dans cet esprit que nous nous
» sentons obligés de vous ouvrir ici notre cœur
» et de continuer à vous faire part de ce qui
» nous touche sur le livre des Maximes des
» Saints. Enfin notre très-saint père le pape a
» condamné ce livre avec les vingt-trois propo-
» sitions qui en ont été extraites, par un bref
» daté du 12 mars. Nous adhérons à ce bref,
» mes très-chers frères, tant pour le texte du
» livre que pour les vingt-trois propositions,

»simplement, absolument et sans ombre de
»restriction.

»Nous nous consolerons, mes très-chers
»frères, de ce qui nous humilie, pourvu que
»le ministère de la parole que nous avons reçu
»du Seigneur pour votre sanctification n'en soit
»point affoibli, et que, nonobstant l'humilia-
»tion du pasteur, le troupeau croisse en grâce
»devant Dieu.

»C'est donc de tout notre cœur que nous
»vous exhortons à une soumission sincère et
»à une docilité sans réserve, de peur qu'on
»n'altère insensiblement la simplicité de l'o-
»beissance, dont nous voulons, moyennant
»la grâce de Dieu, vous donner l'exemple jus-
»qu'au dernier soupir de notre vie.

»A Dieu ne plaise qu'il ne soit jamais parlé
»de nous, si ce n'est pour se souvenir qu'un
»pasteur a cru devoir être plus docile que la
»dernière brebis de son troupeau, et qu'il n'a
»mis aucune borne à son obéissance! Donné
»à Cambrai, ce 9 avril 1699. »

Louis XIV ne tarda pas à envoyer à tous les
métropolitains des lettres de cachet pour tenir
des assemblées provinciales. Les premières, en
petit nombre, reçurent la constitution du pape,
et en ordonnèrent la publication sans faire aucune mention des écrits apologétiques de M. de
Cambrai. Après celle de Paris, qui en demanda

la suppression, les autres, pour la plupart, suivirent cet exemple; mais dans toutes on fit l'éloge de la piété et de l'humble soumission de l'auteur du livre condamné.

Dans celle de Cambrai cependant, et jusque dans son palais, il fut assez maltraité par ses suffragans. M l'évêque de Saint-Omer insinua deux choses qui tendoient à faire voir que le mandement de M. de Cambrai n'étoit pas suffisant dans la présente conjoncture : l'une, qu'il sembloit ne contenir qu'une soumission de respect, et non une soumission intérieure de cœur ainsi que de bouche, telle que l'église l'a toujours exigée dans de semblables circonstances; il rapporta à cette occasion ce qui s'étoit passé dans la condamnation de *Jansénius*, et ce qu'on avoit pratiqué pour recevoir les décrets du concile de Trente sur le dogme : l'autre, qu'il eût été à désirer que le mandement eût exprimé quelque sorte de repentir; qu'il y paroissoit, il est vrai, qu'on se consoloit de ce qui humilioit, mais que l'on n'y disoit point qu'on s'humilioit soi-même.

M. de Cambrai écouta paisiblement ce que M. de Saint-Omer venoit de dire, et répondit, du ton le plus modéré, que l'assemblée se tenoit par ordre du roi, non pour examiner ou pour juger son mandement, mais pour faire recevoir et accepter la constitution du pape, et convenir des moyens les plus propres à en rendre l'exécution ponctuelle et uniforme ; qu'il recevoit néanmoins sans conséquence et par pure déférence les avis d'un confrère qu'il respectoit.

Ensuite il expliqua d'une manière simple et précise les termes qu'il avoit employés dans son mandement, pour faire voir la sincérité de sa soumission, et combien elle étoit éloignée de toute équivoque : il ajouta qu'on ne pouvoit faire aucune comparaison entre la condamnation du livre de Jansénius et celle de l'Exposition des Maximes des Saints. Les propositions de Jansénius sont, dit-il, qualifiées chacune en particulier comme hérétiques, et la plus forte des qualifications données aux propositions de mon livre n'est que celle de respectivement erronée. Enfin, j'ai tâché de recevoir par des paroles humbles et soumises l'humiliation qui m'est venue du saint père ; et si sa sainteté trouve ma soumission défectueuse, je suis prêt à la faire comme elle voudra l'exiger.

On s'étoit peut-être attendu que la condamnation de son livre écraseroit et aviliroit son auteur ; et l'on vit, si ce n'est avec dépit, du moins avec étonnement, qu'il n'en parut que plus grand, que plus admirable.

Comme c'est pour le peindre que nous donnons cet extrait, c'est dans lui-même que nous prenons presque tous les traits propres à le faire connoître. Nous le citons donc, nous le copions souvent, bien persuadé qu'il est meilleur à lire que tout ce que nous pourrions en écrire.

Voici sa lettre à M. de Barbezieux, avec le mandement qu'il fit pour remplir les intentions du roi.

MONSIEUR,

JE viens de recevoir la lettre que vous m'avez fait l'honneur de m'écrire en date du 17 de ce mois. C'est avec le plus profond respect et le zèle le plus sincère que je veux me conformer aux intentions du roi : mais je dois vous dire avec sincérité que ce n'est nullement par oubli que je n'ai pas fait un second mandement sur la condamnation de mon livre ; il m'a paru qu'il ne pouvoit être question de faire deux fois la même chose. Mon mandement n'étoit point, comme il semble, monsieur, que vous l'avez cru, un simple acte de soumission au bref du pape : un mandement est un acte d'autorité épiscopale. En adhérant dans le mien au jugement de mon supérieur, je condamnois mon livre avec les mêmes qualifications ; j'en défendois la lecture sous les mêmes peines ; en un mot je faisois par avance ce que notre assemblée provinciale a réglé dans la suite que chaque évêque feroit par son mandement particulier. Ce qui étoit alors à commencer pour tous les autres évêques étoit donc déjà fini par avance pour moi. Un mandement qui contient tout ce que la délibération de l'assemblée provinciale et la déclaration du roi demandent, ne satisfait pas moins à ces deux actes en les prévenant qu'en les suivant; il est même beaucoup plus fort que tous les autres, en ce qu'il a prévenu la règle: aussi avois-je fait clairement entendre dans notre assemblée qu'il ne me restoit plus rien à faire après ce que j'avois fait. Voici, monsieur, mes propres paroles dans le procès verbal : *M. l'archevêque a dit que, pour lui, il n'avoit point à délibérer pour savoir s'il recevroit la constitution en forme de bref, puisqu'il l'a déjà reçue avec tout le respect et la soumission due au saint siége par un mandement qu'il a publié le* 9 *du mois dernier dans son diocèse.*

Au reste, la publication de mon mandement ne pouvoit être plus forte que je la fis pour ne m'épargner en rien. J'en fis faire deux éditions, l'une françoise et l'autre latine, dont je distribuai à mes dépens plus de sept cents exemplaires. J'en envoyai à tous les doyens de districts pour en faire part à tous les curés de ce diocèse. De plus, l'imprimeur en vendit un très-grand nombre. Quinze jours après on en fit encore deux autres éditions, l'une à Bruxelles et l'autre à Louvain, qui furent d'abord répandues dans tout le pays.

Dans la suite je fis imprimer le procès verbal de notre assemblée provinciale avant qu'on l'eût imprimé à Paris, et j'y insérai tout du long le bref du pape avec mon mandement. Ainsi cette publication du procès verbal fut une publication réitérée du mandement même. J'y avois inséré le bref pour me conformer plus exactement par cette circonstance à la délibération de notre assemblée.

Enfin j'ai ajouté la dernière formalité qu'on pouvoit attendre de moi; savoir l'enregistrement du bref au greffe de notre officialité. Si on veut le vérifier, on le trouvera précisément en sa place.

Ainsi, monsieur, j'ose dire que jamais chose de cette

nature n'a été consommée avec plus d'exactitude et de bonne foi. Il ne reste donc rien de réel à exécuter pour satisfaire ni à la délibération de notre assemblée, ni à la déclaration du roi. Mais je n'expose tout ceci que pour justifier la droiture de ma conduite : il suffit que sa majesté souhaite que je recommence pour m'engager à recommencer. Je paierai sans peine une seconde fois la dette que j'avois payée d'abord par avance de si bon cœur. J'envoie dès aujourd'hui à Cambrai les ordres nécessaires, afin qu'on publie dans toutes les églises, sans attendre mon retour, un mandement où le bref sera inséré en françois, et afin que vous en puissiez recevoir au plus tôt deux exemplaires.

Pour M. l'évêque d'Arras, tout ce qui le regarde m'est entièrement inconnu, et ne peut être mis sur mon compte.

Je suis, monsieur, votre très-humble et tres-affectionné serviteur, F. A. D. D. C.

A Lessines, le 30 septembre 1700.

MANDEMENT DE M. L'ARCHEVÊQUE DE CAMBRAI.

Quoiqu'il ne reste à aucun de vous, mes très-chers frères, rien à apprendre touchant la constitution de notre très-saint père le pape en forme de bref dont nous vous instruisîmes par notre mandement du 9 avril 1699, que nous fîmes ensuite insérer tout du long dans le procès verbal de notre assemblée provinciale répandu dans tous les Pays-Bas, nous voulons bien néanmoins, pour plus grande précaution, vous le rapporter ici......

Vous savez, mes très-chers frères, que nous avons déjà adhéré audit bref, simplement, absolument, sans ombre de restriction, condamnant avec les mêmes qualifications tout ce qui est condamné, et défendant la lecture du livre sous les mêmes peines. C'est pourquoi nous n'avons rien à ajouter audit mandement, et comme nous avons déjà fait enregistrer ledit mandement au greffe de notre officialité, il ne nous reste qu'à ordonner, conformément à la délibération de notre assemblée provinciale et à la déclaration du roi qui l'a suivie, que le présent mandement, avec le bref qui y est inséré, sera lu d'un bout à l'autre dans toutes les églises de notre diocèse, et que, conformément à la défense portée par notre premier mandement, les exemplaires du livre condamné, s'il en reste quelques-uns dans les mains des fidèles, nous seront rapportés sans retardement. Fait à Lessines, dans le cours de notre visite.

Pour mettre la dernière main à cette grande affaire, le clergé, assemblé à Saint-Germain-en-Laye en 1700, ordonna à M. de Meaux, comme celui qui en étoit le plus instruit, d'en faire une mention sommaire qui seroit insérée dans le procès verbal de l'assemblée; il le nomma président du bureau qui devoit y travailler, et on lui donna pour un de ses adjoints M. l'abbé Bossuet son neveu. On peut voir par le même procès verbal avec quelle exactitude on s'acquitta de cette commission. Il est à remarquer *que les évêques assemblés rendirent témoignage à la pureté des mœurs de madame Guyon, en déclarant que pour les abominations qu'on regardoit comme les suites de ses principes, il n'en fut jamais question; elle en a toujours témoigné de l'horreur.*

Ce témoignage sera un monument éternel de l'innocence de cette dame : car les prélats assemblés ne lui donnèrent qu'après qu'elle eut été cinq ans en prison, qu'on eut fait des perquisitions dans tous les lieux où elle avoit été depuis sa jeunesse, qu'on eut employé les menaces et les promesses pour faire parler contre elle ses deux femmes de chambre, témoins depuis long-temps de sa conduite, et qu'enfin on lui eut fait subir à elle-même plusieurs interrogatoires par des juges différens....

Elle demeura cependant trois ans en prison, malade et souffrante, après que le procès de M. de Cambrai fut fini; elle pria toujours qu'on lui nommât son crime : et on l'en fit sortir sans avoir pu rien prouver contre sa personne.

Elle fut exilée à Blois, où elle vécut très-retirée, et sans faire parler d'elle. M. de Cambrai continua de lui écrire pour la consoler, la soutenir, et lui marquer l'estime qu'il faisoit de sa vertu.

Quelque prompte, quelque sincère que fût la soumission de ce prélat, on soupçonna l'âme la plus droite et la plus ferme d'avoir agi par politique ou par foiblesse : il n'ignoroit pas ces propos; et quoiqu'ils trouvassent peu de crédit, il crut devoir les repousser pour l'honneur de son ministère et pour celui de l'église.

« Ma soumission, dit-il, n'est point un trait
» de politique ni un silence respectueux, mais
» un acte intérieur d'obéissance rendue à Dieu
» seul. Selon les principes catholiques, j'ai re-
» gardé le jugement de mes supérieurs comme
» un écho de la volonté suprême. Je ne me
» suis point arrêté aux passions, aux préjugés,
» aux disputes qui précédèrent ma condam-
» nation. J'entendis, comme Job, Dieu me
» parler du milieu de ce tourbillon, et me dire :
» *Qui est celui qui mêle des sentences avec des*
» *discours inconsidérés?* Et je lui répondis du
» fond de mon cœur : *Puisque j'ai parlé indis-*
» *crètement, je n'ai qu'à mettre ma main sur ma*
» *bouche, et me taire.* Depuis ce temps, je ne
» me suis point retranché dans les vains sub-
» terfuges de la question de fait et de droit ; j'ai
» accepté ma condamnation dans toute son
» étendue. Il est vrai que les expressions dont
» je m'étois servi, et d'autres bien plus fortes,
» avec moins de correctifs, se trouvent dans
» les auteurs canonisés ; mais elles n'étoient
» point propres pour un ouvrage dogmatique.
» Il y a une différence de style qui convient
» aux matières et aux personnes différentes :
» il y a un style du cœur, et un autre de l'esprit ;
» un langage de sentiment, et un autre de rai-

» sonnement. Ce qui est souvent une beauté
» dans l'un est une imperfection dans l'autre.
» L'église, avec une sagesse infinie, permet
» l'un à ses enfans simples, mais elle exige
» l'autre de ses docteurs. Elle peut donc, selon
» les différentes circonstances, sans condamner
» la doctrine des saints, rejeter leurs expres-
» sions fautives dont on abuse. »

Lorsque M. l'abbé de Chanterac, qui étoit encore resté quelque temps à Rome, alla prendre congé du pape, sa sainteté le chargea d'assurer de sa part M. de Cambrai d'une estime très-particulière. Il parla de sa soumission avec les plus grands éloges, et dit plusieurs fois ces paroles, *Nous l'avons dans le cœur*, joignant ses mains sur sa poitrine comme pour l'embrasser avec tendresse.

M. de Cambrai s'étoit égaré par un goût trop ardent de la perfection : revenu et corrigé de cet éblouissement, comme l'appeloit M. Bossuet, au premier son de la voix du chef de l'église, il entra dans la route de docilité simple et prompte qui caractérise ses vrais enfans.

Il avoit défendu sa cause sans aigreur et sans animosité, il reçut sa condamnation sans dépit et sans chagrin. Ce n'est pas qu'il ne pût colorer sa résistance de prétextes spécieux ; ce n'est pas même qu'il manquât de partisans zélés et savans. Tant d'erreurs plus révoltantes n'en trouvent-elles pas de toujours prêts à se déclarer en leur faveur? Et qui étoit plus propre à faire des enthousiastes que Fénelon, si recommandable par les charmes et la tournure de son caractère, par les ressources et les grâces de son esprit, par l'importance, et, si j'osois le dire, par la solitude de ses adversaires? car il n'y avoit presque plus personne qui ne s'intéressât à lui; mille voix s'elevoient pour le plaindre et pour l'admirer, toutes paroissoient disposées à prendre sa défense au premier signal qu'il en donneroit. On le craignoit à la cour, on s'y attendoit presque; et Louis XIV, qu'on avoit prévenu, à qui on ne cessoit de le représenter comme un esprit incapable de plier, fut étrangement et agréablement surpris de l'obéissance facile et franche de M. l'archevêque de Cambrai.

Le souvenir de tant de vertus qui avoient fait impression se réveilla. Le duc de Bourgogne redouta moins de montrer sa reconnoissance et son attachement pour son ancien maître. On parloit hardiment de ses excellentes qualités : on le louoit tout haut : on le regrettoit ; et peut-être qu'au moyen de quelques démarches, de quelques soumissions vis-à-vis des personnes qui avoient procuré sa disgrâce, il ne lui auroit pas été difficile de s'en relever.

Mais l'adversité, sans écraser ce cœur sensible, l'avoit entièrement dépouillé de tout désir peu conforme à ses devoirs. L'espérance toujours incertaine d'un plus grand bien à faire à la cour et hors de son diocèse ne le séduisit donc pas ; et loin de penser à se décharger du soin de son troupeau pour aller éclairer et conduire des personnes qui lui étoient très-chères, dont les exemples pouvoient influer sur toute la nation, mais auprès de qui la providence ne l'appeloit plus, il resta et voulut rester jusqu'à la mort dans le lieu où il étoit constant que Dieu le demandoit.

Les momens que lui laissoient les fonctions de son ministère étoient encore consacrés à l'instruction de son auguste élève. Il lui écrivoit souvent ; il lui rappeloit sans cesse les principes de justice et de bonté qu'il lui avoit inspirés. C'est pour les lui retracer avec force et avec agrément qu'il travailla dans son loisir à rassembler les morceaux épars de Télémaque qui avoient été la matière et l'objet de ses leçons.

Il avoit depuis long-temps dans la tête le plan de cet excellent ouvrage : il l'avoit même, comme nous venons de le dire, exécuté en partie ; mais il falloit l'étendre, le développer, en faire un cours suivi de préceptes, et employer les richesses de l'imagination à embellir, à faire goûter le langage sevère de la raison.

Maître de ses idées, et, ce qui est plus rare, plus difficile, maître de ses sentimens, les pensées, les mouvemens, tout étoit à ses ordres, et venoit se placer sans effort sous cette plume élégante et rapide. Cette étonnante production ne lui coûta donc, en quelque sorte, que la peine de l'écrire : c'est qu'il étoit plein de la lecture des anciens, plein de son sujet et de tout ce qu'il devoit savoir pour le bien traiter.

Est-ce un roman, est-ce un poëme épique? Les gens de l'art ne sont pas d'accord sur le nom qu'on doit lui donner ; mais tous conviennent qu'on y trouve les qualités vives et brillantes de l'épopée : un héros qui attache et qu'on ne perd jamais de vue ; beaucoup d'invention ; une marche ferme, soutenue, un style cadencé et harmonieux ; des épisodes sagement ménagés, naturellement amenés ; des descriptions choisies et pittoresques ; des aventures merveilleuses, mais jamais bizarres, jamais invraisemblables ; la vertu aux prises avec l'adversité, avec les passions les plus fougueuses, et finissant toujours par en triompher ; une morale douce et exacte, cet art admirable de parler aux rois de leurs devoirs sans les choquer, et aux peuples de leur soumission sans les dégrader ; dans les portraits si bien contrastés, dans tous les mouvemens, je ne sais quoi de fort et de moelleux qui élève l'âme et qui l'attendrit ; le caractère enfin d'originalité qui rappelle les chefs-d'œuvre des anciens, qui met toujours Fénelon de pair avec eux, et souvent au-dessus d'eux.

Un domestique à qui il faisoit transcrire cet ouvrage, qu'il ne destinoit qu'à M. le duc de Bourgogne, lui en déroba une copie qu'on fit imprimer « Si cela est, dit M. de Voltaire, » l'archevêque de Cambrai dut à cette infidélité » toute la réputation qu'il eut en Europe; mais » il lui dut aussi d'être perdu pour jamais à la » cour. On crut voir dans le Télémaque une criti- » que indirecte du gouvernement de Louis XIV. » *Sésostris* qui triomphoit avec trop de faste, » *Idoménée* qui établissoit le luxe dans Salente » et qui oublioit le nécessaire, parurent des » portraits du roi....... Le marquis de *Louvois*, » aux yeux des mécontens, étoit représenté » sous le nom de *Protésilas*, vain, dur, hau- » tain, ennemi des grands capitaines qui ser- » voient l'état et non le ministre.

« Les alliés qui, dans la guerre de 1688, » s'unirent contre Louis XIV, qui depuis ébran- » lèrent son trône dans la guerre de 1701, se » firent une joie de le reconnoître dans ce même » *Idoménée* dont la hauteur révolte tous ses » voisins. Ces allusions firent de profondes

» impressions, à la faveur de ce style harmo-
» nieux qui insinue d'une manière si tendre la
» modération et la concorde. Les étrangers, et
» les Français même, lassés de tant de guerres,
» virent avec une consolation maligne une
» satire dans un livre fait pour enseigner la
» vertu. »

L'impression du Télémaque, qu'on faisoit furtivement à Paris, fut arrêtée dès qu'on en eut connoissance à la cour : il n'en parut donc alors, en 1698, qu'un exemplaire in-12, en assez gros caractère et de 208 pages. Mais le libraire laissa tirer des copies du manuscrit; elles se vendoient sous le manteau : ce fut par cette voie que le sieur Adrien Moetjens, libraire des plus intelligens, s'en procura un exemplaire qu'il fit imprimer en Hollande avec une grande précipitation, et qui parut au mois de juin 1699. Toute imparfaite qu'étoit cette édition, elle eut le plus grand succès. Télémaque fut réimprimé plusieurs fois, et les presses ne pouvoient suffire à contenter la curiosité et l'empressement du public. Les éditions en furent innombrables. Ce n'est cependant qu'après la mort de Louis XIV, et après celle de l'auteur, qu'on en a eu de bien exactes. Cet ouvrage a été traduit dans toutes les langues de l'Europe, et lu par les hommes de tous les âges, de tous les états et de toutes les nations.

Il est vrai que quoiqu'on y admirât la pompe d'Homère jointe à l'élégance de Virgile, et les agrémens de la fable réunis à toute la force de la vérité, il s'éleva contre lui des critiques d'un goût sévère qui le traitèrent avec quelque rigueur; mais les critiques sont oubliés, et le livre a toujours été regardé, dit encore M. de Voltaire, comme un des beaux monumens d'un siècle florissant.

Voilà ce que l'on pense et ce que l'on dit encore de Télémaque au bout de plus d'un siècle : il est toujours lu, toujours recherché. Mais pourquoi n'est-il pas aussi généralement utile ? c'est peut-être qu'on le lit de trop bonne heure ; c'est qu'on ne le lit que pour s'amuser ; c'est que l'éclat du style éblouit la plupart des lecteurs, qu'ils s'y arrêtent trop, et que, fixés par les beautés de l'imagination, ils ne s'élèvent point ou ne veulent pas s'élever jusqu'aux beautés sublimes de raison et de vérité qu'il renferme.

Ces productions qui échappoient pour ainsi dire à la plume de M. de Cambrai, ne nuisoient à aucun de ses devoirs : toujours prêt à prêcher, à confesser, à visiter les malades, à écouter ses curés et ses prêtres, à recevoir les diocésains et les étrangers que sa réputation de bonté et de vertu attiroit chez lui, il ne portoit nulle part cet air inquiet, préoccupé, distrait, qu'on re-

marque quelquefois dans les personnes livrées
à l'étude et à la composition. Personne ne fut
d'un abord plus facile et plus engageant : le savoir, le goût le plus exquis, les talens et les
connoissances en tout genre, ses vertus même,
sembloient n'être plus en lui que pour les autres. Son esprit, mort à l'amour-propre, donnoit tout dans la conversation à la vanité d'autrui : l'homme de chaque profession, le savant
en quelque espèce de science que ce fût, se trouvoit à son aise avec lui : il mettoit d'abord chacun sur ce qu'il connoissoit le mieux ; mais il
disparoissoit ensuite, et se contentoit de donner
occasion aux autres de puiser dans leur fonds
ce qu'ils pouvoient fournir de plus propre à les
faire valoir : aussi le quittoit-on toujours avec
peine et toujours très-content de soi.

Le goût de cette simplicité avoit éteint dans
lui toute espèce de prétention, et cette fatigante
et ombrageuse réserve qui craint toujours de
s'avancer et de se compromettre. Malgré ses
travaux si constans et si variés, il recevoit tout
le monde, et répondoit à tous ceux qui lui écrivoient. L'académie française crut devoir le consulter comme un de ses membres les plus éclairés sur le dictionnaire auquel elle travailloit.
M. de Cambrai n'allégua, pour se dispenser de lui
répondre dans un grand détail, ni sa santé toujours mauvaise, ni les embarras de l'adminis-

tration de son diocèse ; et nous avons sa lettre, dans laquelle, à l'occasion de ce dictionnaire, il propose d'autres idées dignes d'occuper ce corps auquel il se faisoit honneur d'appartenir.

Ce n'est ni l'archevêque, ni le grand seigneur, qui se montrent dans cet ouvrage ; c'est un littérateur modeste, judicieux, profond : il étend les travaux de l'académie, désire qu'ils ne se bornent pas à un dictionnaire, qu'on s'y occupe aussi d'une bonne grammaire, d'une rhétorique, d'une poétique ; propose ses vues sur ces objets, et les traite tous avec assez d'étendue, et principalement avec beaucoup de délicatesse et de vérité. Son style y a toujours la couleur et le ton qui conviennent au genre : il le varie avec un art qui n'a rien d'affecté ; et, malgré ces changemens, c'est toujours le style simple, clair, sage, facile, élégant de Fénelon. Ce qu'il y a de particulier, et ce qu'on devroit s'efforcer d'imiter, c'est la précision, c'est la netteté de ses idées : dans les matières les plus obscures, les plus métaphysiques, il s'explique toujours d'une manière qui plaît et qu'on entend. Il dit tout ce qu'il faut dire ; il ne dit rien de trop, et il dit tout agréablement.

Quoi de plus sage et de mieux senti, que ces observations sur la grammaire !

« Ne donnez d'abord que les règles les plus
» générales ; les exceptions viendront peu à

» peu. Le grand point est de mettre une per-
» sonne le plus tôt qu'on peut dans l'applica-
» tion sensible des règles par un fréquent usage ;
» ensuite cette personne prend plaisir à remar-
» quer le détail des règles qu'elle a suivies d'a-
» bord sans y prendre garde.

» Cette grammaire, ajoute-t-il, ne pourroit
» fixer une langue vivante ; mais elle diminue-
» roit peut-être les changemens capricieux par
» lesquels la mode règne sur les termes comme
» sur les habits. Ces changemens peuvent em-
» brouiller et altérer une langue au lieu de la
» perfectionner.

» Oserois-je hasarder ici, par un excès de
» zèle, une proposition que je soumets à une
» compagnie si éclairée ? Notre langue manque
» d'un grand nombre de mots et de phrases. Il
» semble même qu'on l'a gênée et appauvrie
» depuis environ cent ans en voulant la puri-
» fier.... Le vieux langage se fait regretter.... il
» avoit je ne sais quoi de court, de naïf, de
» hardi, de vif et de passionné. On a retranché,
» si je ne me trompe, plus de mots qu'on n'en
» a introduit........ Je voudrois autoriser tout
» terme qui nous manque, et qui a un son doux,
» sans danger d'équivoque.

» Quand on examine de près la signification
» des termes, on en trouve un grand nombre
» qui ne peuvent désigner suffisamment un ob-

» jet à moins qu'on n'y ajoute un second mot ;
» de là vient le fréquent usage des circonlocu-
» tions. Il faudroit abréger en donnant un terme
» simple et propre pour exprimer chaque objet,
» chaque sentiment, chaque action. Je voudrois
» même plusieurs synonymes pour un seul ob-
» jet : c'est le moyen d'éviter toute équivoque,
» de varier les phrases, et de faciliter l'har-
» monie, en choisissant celui de plusieurs sy-
» nonymes qui sonneroit le mieux avec le reste
» du discours.

» Les Grecs avoient un grand nombre de
» mots composés......... Les Latins ont enrichi
» leur langue de termes étrangers qui man-
» quoient chez eux...... J'entends dire que les
» Anglais ne se refusent aucun des mots qui
» leur sont commodes : ils les prennent par-
» tout où ils les trouvent chez leurs voisins.
» De telles usurpations sont permises........
» Pourquoi aurions-nous une mauvaise honte
» sur la liberté d'emprunter, par laquelle nous
» pouvons achever de nous enrichir ? Prenons
» de tous côtes tout ce qu'il faut pour rendre
» notre langue plus claire, plus précise, plus
» courte........ Les mots latins paroîtroient les
» plus propres à être choisis : les sons en sont
» doux ; ils tiennent à d'autres mots qui ont
» déjà pris racine dans notre fonds ; l'oreille y
» est déjà accoutumée. Ils n'ont plus qu'un pas

» à faire pour entrer chez nous : il faudroit leur
» donner une agréable terminaison. Quand
» on abandonne l'introduction des termes au
» hasard, ou au vulgaire ignorant, ou à la mode
» des femmes, ou, pourrions-nous dire aujour-
» d'hui, *à nos beaux esprits à prétentions,* il en
» vient plusieurs qui n'ont ni la clarté ni la dou-
» ceur qu'il faudroit désirer.

» Un terme nous manque, nous en sentons
» le besoin : choisissez un son doux et éloigné
» de toute équivoque, qui s'accommode à notre
» langue, et qui soit commode pour abréger
» le discours. Chacun en sent la commodité :
» quatre ou cinq personnes le hasardent mo-
» destement en conversation familière, d'autres
» le répètent par le goût de la nouveauté, le
» voilà à la mode. C'est ainsi qu'un sentier qu'on
» ouvre dans un champ devient bientôt le che-
» min le plus battu quand l'ancien chemin se
» trouve raboteux et moins court.....

» Notre langue deviendroit bientôt abon-
» dante, si les personnes qui ont la plus grande
» réputation de politesse s'appliquoient à intro-
» duire les expressions simples ou figurées dont
» nous avons été privés jusqu'ici. »

Fénelon passe ensuite à la rhétorique. « Ce-
» lui, dit-il, qui entreprendroit cet ouvrage, y
» rassembleroit tous les beaux préceptes d'Aris-
» tote, de Cicéron, de Quintilien, de Longin,

» et des autres célèbres auteurs. Leurs textes,
» qu'il citeroit, seroient les ornemens du sien.
» En ne prenant que la fleur de la plus pure
» antiquité, il feroit un ouvrage court, exquis
» et délicieux.

» Je suis très-éloigné de vouloir préférer en
» général le génie des anciens orateurs à celui
» des modernes..... Comme les arbres ont au-
» jourd'hui la même forme et portent les mêmes
» fruits qu'ils portoient il y a deux mille ans,
» les hommes produisent les mêmes pensées ;
» mais les circonstances et la culture ne sont
» pas les mêmes. »

Nous n'entrons pas dans le détail des preuves qu'en apporte M. de Cambrai, et nous observerons seulement avec lui que la parole, qui chez les Grecs et les Romains étoit le grand ressort en paix et en guerre, n'a chez nous aucun pouvoir semblable : l'usage public de l'éloquence est maintenant presque borné aux prédicateurs et aux avocats.

« Nos avocats, reprend Fénelon, n'ont pas
» autant d'ardeur pour gagner le procès de la
» rente d'un particulier, que les rhéteurs de la
» Grèce pour s'emparer de l'autorité suprême
» dans une république..... Les avocats les plus
» estimables sont ceux qui exposent nettement
» les faits, qui remontent avec précision à un
» principe de droit, et qui répondent aux ob-

»jections suivant ce principe. Mais où sont
»ceux qui possèdent le grand art d'enlever la
»persuasion et de remuer les cœurs de tout un
»peuple?

»Oserois-je parler avec la même liberté sur
»les prédicateurs? Dieu sait combien je révère
»les ministres de la parole de Dieu : mais je ne
»blesse aucun d'eux personnellement en remar-
»quant en général qu'ils ne sont pas tous égale-
»ment humbles et détachés. De jeunes gens
»sans réputation se hâtent de prêcher : le pu-
»blic s'imagine voir qu'ils cherchent moins la
»gloire de Dieu que la leur, et qu'ils sont plus
»occupés de leur fortune que du salut des âmes.
»Ils parlent en orateurs brillans plutôt qu'en
»ministres de Jésus-Christ et en dispensateurs
»de ses mystères. Ce n'est point avec cette os-
»tentation de paroles que saint Pierre annonçoit
»Jésus crucifié dans les sermons qui convertis-
»soient tant de milliers d'hommes. »

M. de Cambrai rappelle ensuite les règles
d'une éloquence sérieuse et efficace que nous
donne saint Augustin. Il faut, dit ce père, une
façon familière pour instruire, douce et insinuante pour faire aimer la vérité, grande et
véhémente quand on a besoin d'entraîner les
hommes : *Submisse, temperate, granditer.*

« Le véritable orateur, c'est Fénelon qui
»parle, le véritable orateur n'orne son dis-

» cours que de vérités lumineuses, que de sen-
» timens nobles, que d'expressions fortes et
» proportionnées à ce qu'il tâche d'inspirer : il
» pense, il sent, et la parole suit. *Il ne dépend*
» *pas des paroles,* dit saint Augustin, *mais les*
» *paroles dépendent de lui.* Un homme qui a
» l'âme forte et grande, avec quelque facilité
» naturelle de parler, et un grand exercice, ne
» doit jamais craindre que les termes lui man-
» quent. Ses moindres discours auront des traits
» originaux que les déclamateurs fleuris ne pour-
» ront jamais imiter; il va droit à la vérité; il
» sait que la passion est comme l'âme de la pa-
» role..... Tout le discours est un, il se réduit
» à une seule proposition mise au plus grand
» jour par des tours variés. Cette unité de des-
» sein fait qu'on voit d'un seul coup d'œil l'ou-
» vrage entier, comme on voit de la place pu-
» blique d'une ville toutes les rues et toutes les
» portes quand les rues sont droites, égales et
» en symétrie. Le discours est la proposition
» développée : la proposition est le discours en
» abrégé. Quiconque ne sent pas la beauté et la
» force de cette unité et de cet ordre, n'a encore
» rien vu : il n'a vu que des ombres dans la ca-
» verne de Pluton. Tout auteur qui ne donne
» pas cet ordre à son discours ne possède pas
» assez sa matière; il n'a qu'un goût imparfait,
» qu'un demi-génie. L'ordre est ce qu'il y a de

» plus rare dans les opérations de l'esprit. Quand
» l'ordre, la justesse, la force et la véhémence
» se trouvent réunis, le discours est parfait.
» Mais il faut avoir tout vu, tout pénétré et
» tout embrassé, pour savoir la place précise
» de chaque mot. C'est ce qu'un déclamateur
» livré à son imagination, et sans science, ne
» peut discerner.....

» L'art se décrédite lui-même en se mon-
» trant; il se décrédite encore plus quand il ne
» se montre que pour recevoir des applaudisse-
» mens. Aussi Fénelon avoue-t-il qu'il est moins
» touché de la magnifique et industrieuse élo-
» quence de Cicéron, que de la rapide simpli-
» cité de Démosthène.

» L'orateur qui ne cherche que des tours in-
» génieux, que des phrases brillantes, manque
» ordinairement par le fond : il sait parler avec
» grâce sans savoir ce qu'il faut dire : il énerve
» les plus grandes vérités par des expressions
» gigantesques, par un tour vain et trop orné. »

Ce morceau est plein d'observations fines et justes ; de préceptes et d'exemples tirés des anciens et des pères : c'est une vraie rhétorique, qui, bien méditée, pourroit suppléer, et vaudroit peut-être mieux que les rhétoriques les plus étendues. M. de Cambrai avoit ce secret admirable de rassembler en peu de mots beaucoup de vérités, de les présenter toutes sans confusion, et de faire apercevoir presque d'un coup d'œil la longue chaîne de conséquences qu'on en pouvoit tirer. Personne peut-être n'a possédé dans un degré plus éminent l'art si utile d'enseigner sans prendre un ton sec et dogmatique, et de rendre ses méthodes non-seulement claires, mais insinuantes et persuasives.

Nous citerons encore ce qu'il dit en terminant cet article sur l'éloquence

« Il ne m'appartient pas de faire ici l'ouvrage
» qui est réservé à quelque savante main; il me
» suffit de proposer en gros ce qu'on peut at-
» tendre de l'auteur d'une excellente rhétorique:
» il peut embellir son ouvrage, en imitant Ci-
» céron, par le mélange des exemples avec les
» préceptes. *Les hommes qui ont un génie péné-*
» *trant et rapide,* dit saint Augustin, *profitent*
» *plus facilement dans l'éloquence en lisant les*
» *discours des hommes éloquens, qu'en étudiant*
» *même les préceptes de l'art.* On pourroit faire
» une agréable peinture des divers caractères
» des orateurs, de leurs mœurs, de leurs goûts
» et de leurs maximes : il faudroit même les
» comparer ensemble pour donner au lecteur
» de quoi juger du degré d'excellence de cha-
» cun d'entre eux. »

Dans le plan que M. de Cambrai donne ensuite d'une poétique, il fait l'histoire abrégée

de la poésie, du premier usage qu'on en a fait, de son utilité quand elle étoit consacrée à la religion et à la législation. « Jamais, dit-il, elle
» n'a été plus grande, plus noble, plus magni-
» fique, que dans ces premiers temps. Rien
» n'égale la beauté et le transport des canti-
» ques de Moïse. Le livre de Job est un poëme
» plein de figures les plus hardies et les plus
» majestueuses..... Quoi de plus tendre, de
» plus touchant, que le livre de Tobie ?.....
» Les psaumes seront l'admiration et la conso-
» lation de tous les siècles..... Toute l'écriture
» est pleine de poésie dans les endroits même
» où l'on ne trouve aucune trace de versification.
» D'ailleurs la poésie a donné au monde les
» premières lois..... c'est elle qui a élevé les
» courages pour la guerre, et qui les a modé-
» rés pour la paix..... La parole animée par les
» vives images, par les grandes figures, par le
» transport des passions et par le charme de
» l'harmonie, fut nommée le langage des dieux.
» Les peuples les plus barbares n'y furent pas
» insensibles. »

Après ce début sur la poésie en général, Fénelon parle de la poésie française, de la versification, de la rime ; des inversions qu'on peut se permettre ; de la grâce qu'elles donnent à nos vers ; de la trop grande sévérité de notre langue contre ces inversions si nécessaires cependant pour soutenir, pour exciter l'attention, et bannir l'ennuyeuse et monotone uniformité.

« On a, dit-il, appauvri, desséché et gêné
» notre langue; elle n'ose jamais procéder que
» suivant la méthode la plus scrupuleuse.....
» C'est ce qui exclut toute suspension de l'es-
» prit, toute attention, toute surprise, toute
» variété, et souvent toute magnifique ca-
» dence.
» Je conviens, d'un autre côté, qu'on ne doit
» jamais hasarder aucune locution ambiguë;
» j'irois même d'ordinaire, avec Quintilien,
» jusqu'à éviter toute phrase que le lecteur en-
» tend, mais qu'il pourroit ne pas entendre
» s'il ne suppléoit pas ce qui manque : il faut
» une diction simple, précise et dégagée, où
» tout se développe de soi-même. Quand un
» auteur parle en public, il n'y a aucune peine
» qu'il ne doive prendre pour en épargner à
» son lecteur : il faut que tout le travail soit
» pour lui seul, et tout le plaisir avec tout le
» fruit pour celui dont il veut être lu. Un au-
» teur ne doit laisser rien à chercher dans sa
» pensée, il n'y a que les faiseurs d'énigmes
» qui soient en droit de présenter un sens en-
» veloppé. » Et ne pourroit-on pas se plaindre
que ces faiseurs d'énigmes deviennent aujourd'hui bien à la mode?

M. de Fénelon proscrit le style obscur, métaphysique, alambiqué, et se déclare même contre l'excès d'esprit.

« Je veux (c'est lui qui parle), je veux un
» sublime si familier, si doux et si simple, que
» chacun soit d'abord tenté de croire qu'il
» l'auroit trouvé sans peine, quoique peu
» d'hommes soient capables de le trouver : je
» préfère l'aimable au surprenant et au mer-
» veilleux........ La rareté est un défaut et une
» pauvreté de la nature : les rayons du soleil
» n'en sont pas un moins grand trésor quoi-
» qu'ils éclairent l'univers....... On croit être
» dans les lieux qu'Homère dépeint, et y en-
» tendre les hommes : cette simplicité de mœurs
» semble ramener l'âge d'or. Le bon homme
» Eumée me touche bien plus qu'un héros de
» Clélie ou de Cléopâtre. Les vains préjugés
» de notre temps avilissent de telles beautés ;
» mais nos défauts ne diminuent point le vrai
» prix d'une vie si raisonnable et si naturelle.

» Les anciens ne se sont pas contentés de
» peindre simplement d'après nature, ils ont
» joint la passion à la vérité. Homère ne peint
» point un jeune homme qui va périr dans les
» combats sans lui donner des grâces tou-
» chantes......... C'est une espèce de trahison :
» le poëte ne vous attendrit avec tant de grâce
» et de douceur que pour vous mener au mo-
» ment fatal où vous voyez tout à coup celui

» que vous aimez qui nage dans son sang, et
» dont les yeux sont fermés par l'éternelle nuit.
» Virgile anime, passionne tout : dans ses vers
» tout pense, tout a du sentiment, tout vous
» en donne ; les arbres même vous touchent....
» Horace fait en trois vers un tableau où tout
» rit et inspire du sentiment.

» Le beau enfin qui n'est que beau, c'est-à-
» dire brillant, n'est beau qu'à demi ;........ il
» faut qu'il s'empare du cœur sans violence
» pour le tourner vers le but légitime du
» poëme. »

M. de Cambrai passe après cela à la tragédie et à la comédie, et il déclare d'abord qu'il ne souhaite pas qu'on perfectionne les spectacles où l'on ne représente les passions corrompues que pour les allumer. Platon et les sages législateurs du paganisme, comme il l'observe, rejetoient loin de toute république bien policée les fables et les instrumens de musique qui pouvoient amollir une nation par le goût de la volupté. Quelle devroit donc être la sévérité des nations chrétiennes contre les spectacles contagieux !

« Mais il me semble, ajoute-t-il, qu'on pour-
› roit donner aux tragédies une merveilleuse
» force suivant les idées philosophiques de
» l'antiquité, sans y mêler cet amour volage et
» déréglé qui fait tant de ravages.......

» Corneille n'a fait qu'affoiblir l'action, que
» la rendre double, et que distraire le specta-
» teur, dans son OEdipe, par l'épisode d'un
» froid amour de Thésée pour Dircé. Racine
» est tombé dans le même inconvénient en
» composant sa Phèdre : il a fait un double
» spectacle en joignant à Phèdre furieuse Hip-
» polyte soupirant contre son vrai caractère. Il
» falloit laisser Phèdre toute seule dans sa fu-
» reur; l'action auroit été unique, courte, vive,
» rapide. Mais nos deux poëtes tragiques, qui
» méritent d'ailleurs les plus grands éloges,
» ont été entraînés par le torrent; ils ont cédé
» au goût des pièces romanesques qui avoit
» prévalu...... Encore falloit-il que les soupirs
» fussent ornés de pointes, et que le désespoir
» fût exprimé par des espèces d'épigrammes....
» Les personnes considérables qui parlent avec
» passion dans une tragédie doivent parler avec
» noblesse et vivacité; mais on parle naturelle-
» ment et sans ces tons si façonnés, quand la
» passion parle.

» Un homme saisi, éperdu, sans haleine,
» peut-il s'amuser à faire la description la plus
» pompeuse et la plus fleurie de la figure d'un
» dragon?

» Sophocle est bien loin de cette élégance si
» déplacée et si contraire à la vraisemblance; il
» ne fait dire à OEdipe que des mots entrecou-

» pés : tout est douleur ;...... c'est plutôt un
» gémissement, ou un cri, qu'un discours.
» Hélas ! hélas, dit-il, tout est éclairci. O lu-
» mière ! je te vois maintenant pour la dernière
» fois......

» C'est ainsi que parle la nature quand elle
» succombe à la douleur ; jamais rien ne fut
» plus éloigné des phrases brillantes du bel es-
» prit. Hercule et Philoctète parlent avec la
» même douleur vive et simple dans Sophocle. »
De tels spectacles pourroient, selon M. de
Fénelon, être très-curieux, très-vifs, très-ra-
pides, très-intéressans : ils ne seroient pas
applaudis, mais ils saisiroient, ils feroient répandre des larmes, ils ne laisseroient pas res-
pirer, ils inspireroient l'amour des vertus et
l'horreur des crimes, ils entreroient dans le
dessein des meilleures lois.

« J'avoue, dit-il, que les anciens donnoient
» quelque hauteur de langage au cothurne ;....
» mais il ne faut point qu'il altère l'imitation
» de la vraie nature...... Un grand homme ne
» dit rien de bas, mais il ne dit rien de façonné
» et de fastueux. »

Après ces réflexions si sages sur la tragédie,
sur l'unité dans le plan, sur la vraisemblance
dans les incidens, sur le ton et la couleur qu'on
y doit donner à son style, M. de Cambrai parle
de la comédie. Il la définit d'abord et la carac-

térise, nous la montre ensuite dans les anciens avec ses défauts et ses perfections, parle de ce genre de poésie tel qu'il est chez nous, s'arrête à Molière comme au plus parfait de nos poëtes comiques. « Il a, dit-il, enfoncé plus avant que » Térence dans certains caractères ;....... mais » en pensant bien, il parle souvent mal ; il se » sert des phrases les plus forcées et les moins » naturelles. Térence dit en quatre mots, avec » la plus élégante simplicité, ce que celui-ci ne » dit qu'avec une multitude de métaphores qui » approchent du galimatias...... D'ailleurs il a » outré souvent les caractères : il a voulu par » cette liberté plaire au parterre, frapper les » spectateurs les moins délicats, rendre le ridi- » cule plus sensible...... Un autre défaut de » Molière, que je n'ai garde de lui pardonner, » est qu'il a donné un tour gracieux au vice » avec une austérité ridicule et odieuse à la » vertu. »

Aucun genre de littérature n'échappe à M. de Fénelon dans une lettre qu'il écrivoit à une compagnie qui renfermoit des littérateurs de tous les genres, et il donne encore ici le projet d'un traité sur l'histoire : c'est la vérité et le bon sens qui s'expriment avec clarté et avec grâce.

« L'histoire est très-importante : c'est elle » qui nous montre les grands exemples, qui » fait servir les vices mêmes des méchans à

» l'instruction des bons, qui dépouille les ori-
» gines, et qui explique par quel chemin les
» peuples ont passé d'une forme de gouverne-
» ment à une autre.

» Le bon historien n'est d'aucun temps ni
» d'aucun pays;....... il évite également les
» panégyriques et les satires;........ il n'omet
» aucun fait qui puisse servir à peindre les
» hommes principaux et à decouvrir les causes
» des événemens, mais il retranche toute dis-
» sertation où l'erudition d'un savant veut être
» étalée..... Un historien sobre et discret laisse
» tomber les menus faits qui ne mènent un
» lecteur à aucun but important.

» La principale perfection d'une histoire
» consiste dans l'ordre et l'arrangement. Pour
» parvenir à ce bel ordre, l'historien doit em-
» brasser et posséder toute son histoire ; il doit
» la voir tout entière comme d'une seule vue ;
» il faut qu'il la tourne et qu'il la retourne de
» tous les côtés jusqu'à ce qu'il ait trouvé son
» vrai point de vue : il faut en montrer l'unité,
» et tirer, pour ainsi dire, d'une seule source
» tous les principaux événemens qui en dé-
» pendent. Par-là il instruit utilement son lec-
» teur; il lui donne le plaisir de prévoir, il
» l'intéresse; il lui met devant les yeux un
» système des affaires de chaque temps, il
» débrouille ce qui en doit résulter; il le fait

»raisonner sans lui faire aucun raisonnement ;
» il lui épargne des redites, il ne le laisse jamais
» languir; il lui fait même une narration facile
» à retenir par la liaison des faits. Ainsi un lecteur
» habile a le plaisir d'aller sans cesse en avant
» sans distraction, de voir toujours un événe-
» ment sortir d'un autre, et de chercher la fin
» qui lui échappe pour lui donner plus d'im-
» patience d'y arriver. Dès que sa lecture est
» finie, il regarde derrière lui, comme un voya-
» geur curieux qui, étant arrivé sur une mon-
» tagne, se tourne et prend plaisir à considé-
» rer de ce point de vue tout le chemin qu'il a
» suivi, et tous les beaux endroits qu'il a par-
» courus. »

Rien de plus naturel et de plus frappant que toutes les observations qui suivent sur l'attention avec laquelle un historien doit saisir tout ce qui caractérise les hommes qui jouent un grand rôle dans l'histoire, sur la sobriété des épithètes, des ornemens, des réflexions même, sur la connoissance du gouvernement, des mœurs, des usages. Il peint aussi les historiens les plus célèbres de l'antiquité, et les ouvrages qu'ils nous ont laissés; il parle de quelques-uns de nos historiens modernes : et c'est ainsi qu'en joignant l'exemple au précepte, et qu'en nous montrant et les bonnes qualités qui les distinguent, et les défauts qu'on peut leur reprocher, il ne nous apprend pas moins ce que nous devons imiter dans eux, que ce que nous devons éviter avec grand soin.

De nouveaux orages vinrent encore troubler la situation paisible dont jouissoit M. de Cambrai. Les disputes sur la grâce devinrent plus vives et plus animées. Son clergé y prit beaucoup de part ; et plusieurs de ceux qui se qualifioient du nom imposant d'apôtres de la charité et de disciples de saint Augustin, s'étant réfugiés dans la Flandre, y firent des prosélytes dans l'université de Douai et dans celle de Louvain. Leurs ouvrages s'y répandoient et s'y lisoient avec cette ardeur qu'on a pour la nouveauté ; et comme ils ne manquoient ni d'érudition ni de vehémence, ni quelquefois d'agrément, ils leur procuroient de nombreux et zélés sectateurs. Un évêque pouvoit-il rester neutre au milieu de ces contestations ? Fénelon ne le crut pas : il aimoit la paix, il savoit qu'on ne la trouve que dans la soumission à l'église ; il y exhorta son troupeau et lui demanda de se conduire comme il s'étoit conduit lui-même dans les démélés qu'il avoit eus au sujet de son livre. Il ne se borna pas néanmoins à de simples exhortations ; il y joignit de solides instructions, parce qu'il étoit convaincu qu'on ne persuade jamais bien que ceux qu'on a pris soin d'éclairer.

Les écrits qu'il composa sur ces matières lui attirèrent plus de reproches et de calomnies que de réponses raisonnables : on l'accusa de politique, d'ambition, de chercher enfin à se faire rappeler à la cour, et cependant rien n'étoit plus éloigné de sa pensée. Qu'on en juge par l'extrait que nous allons donner d'une lettre qu'il écrivoit à M. l'abbé de Beaumont, son neveu, et dans laquelle il montre avec sa candeur ordinaire le fond de ses sentimens.

« Cinq cents mandemens qui demanderont
» la croyance intérieure, sans rien développer,
» sans rien prouver, sans rien réfuter, ne fe-
» ront que montrer un torrent d'évêques cour-
» tisans........ L'autorité des brefs, des arrêts,
» des lettres de cachet, ne suppléeront jamais
» *à une bonne instruction*......... La négliger ce
» n'est pas établir l'autorité, c'est l'avilir et la
» rendre odieuse ; c'est donner du lustre à ceux
» qu'on a l'air de persécuter.......

» Je travaille à un projet de mandement, et
» je fais grande attention à toutes les vues que
» vous me donnez : mais je ne puis épuiser
» toutes les objections tirées des monumens
» de l'antiquité, ce seroit un gros livre, il faut
» seulement donner des principes généraux et
» en faire l'application à quelque point prin-
» cipal.........

» Ne faites aucun pas que pour le vrai be-

» soin : bornez-vous à parler de temps en
» temps..... Qu'il paroisse bien clairement....
» que je cherche, pour le seul intérêt de la vé-
» rité, à m'assurer d'une conformité de prin-
» cipes dans les mandemens, mais que d'ail-
» leurs je ne recherche ni négociation, ni liaison
» personnelle, ni aucune des choses qui tendent
» à quelque renouement. »

Ce n'étoit donc ni pour se faire valoir à la cour, ni pour se venger des personnes considérables qui s'étoient hautement déclarées contre lui, que M. de Cambrai se détermina à écrire ; il auroit voulu garder le silence.

Rempli de cet esprit de docilité, de cet esprit de foi humble et intérieure que nous recommande l'évangile, et dont lui-même venoit de donner l'exemple, M. de Cambrai y rappeloit sans cesse les dissidens ; et l'exposition qu'il faisoit de sa doctrine étoit toujours accompagnée des plus tendres exhortations à la suivre : il n'avoit point ce zèle amer, hautain et judaïque qu'on croit quelquefois pouvoir se permettre, et qu'on ne se permet jamais cependant sans manquer à la charité dont Jésus-Christ nous fait un devoir si rigoureux, et dont il est un si parfait modèle.

En attaquant les préjugés des hommes, M. de Fénelon a toujours ménagé leurs personnes et respecté leurs vertus. C'est le mal qu'il faut prévenir autant qu'on peut, disoit-il : n'écrasons pas ceux que nous ne pouvons pas convaincre, attendons-les, écartons-les seulement en attendant ; ne les favorisons pas ; ne les mettons pas à portée de répandre le poison d'une mauvaise doctrine ; sauvons l'enseignement en un mot, et tâchons par de bonnes raisons, et sans moyens rigoureux, de les réduire au silence. Tout cela ne les fera peut-être pas changer de sentimens, mais ils en seront découragés, décrédités ; et la mode ne sera plus, pour les jeunes gens décidés par la faveur ou l'extraordinaire nouveauté, de se déclarer pour les principes contraires à la tranquillité de l'église et de l'état.

Il ne vouloit donc jamais qu'on entreprît de ramener autrement que par la persuasion, qu'en employant de sages précautions. L'hypocrisie est en matière de religion ce qu'il y a en effet de plus détestable et ce qui devoit répugner le plus à un cœur droit et simple comme celui de Fénelon.

M. de Fénelon, dit M. Chaufepied dans son Dictionnaire historique et critique, page 159, tome quatrième, étoit doux, modeste, charitable, et prêt à rendre service à tout le monde. M. Brunier, ministre de tous les protestans dispersés sur les frontières de France, dans la Flandre et dans les Pays-Bas, étant venu à

Mons en 1700 pour le voir, l'archevêque le reçut, non comme un hérétique, mais comme un frère, le fit dîner à sa table et l'accabla d'honnêtetés. Il le pria une fois pour toutes de venir le voir sans cérémonie, comme un homme à qui il pouvoit se fier et qui étoit disposé à prendre avec lui toutes les mesures permises et convenables.

Il y avoit en Hainaut quantité de paysans descendus d'anciens protestans, qui se donnoient encore pour tels : aussitôt qu'ils voyoient un ministre, ils faisoient la cène avec lui; mais dès qu'ils étoient découverts, ils dissimuloient leurs sentimens et alloient même à la messe. Frère, dit l'archevêque au ministre réformé, vous voyez ce qui arrive, il est plus que temps que ces bonnes gens aient une religion fixe. Allez les trouver, prenez leurs noms et ceux de leur famille, et remettez-les-moi : je vous donne ma parole qu'avant six mois je leur ferai avoir des passe-ports. C'est tout ce que je puis faire pour leur soulagement.... M. Brunier fut très-touché de ce procédé si franc et si honnête, et déclara partout qu'il avoit toutes sortes de raisons d'être content de l'archevêque.

Cette condescendance de Fénelon n'étoit cependant pas, comme on a cherché à le persuader, une tolérance pour les erreurs, qui ne seroit autre chose qu'une condamnable indifférence. Il les combattoit, il les a toujours combattues avec zèle, et personne n'a de meilleure foi travaillé à détromper les aveugles qui ne croient pas l'être parce qu'ils découvrent encore quelques lueurs trompeuses qui les éblouissent sans les éclairer. Il plaignoit donc ceux qui s'égaroient; il s'efforçoit de les remettre dans la bonne voie, non en les rebutant, en les repoussant, mais en les y attirant, en leur persuadant que c'étoit celle que nous avoit montrée notre divin maître, et que c'étoit la seule où l'on pût et lui plaire véritablement et trouver une paix douce et solide.

Revenons à ces tristes querelles où l'amour de la vérité obligea M. de Fénelon à jouer un rôle. Il ne parla, comme nous l'avons observé, que pour instruire et précautionner ses ouailles: cependant on l'accusa de suivre en cela son ressentiment contre un prélat qui, après l'avoir aimé, s'étoit déclaré pour M. Bossuet. Ses amis, qui ne lui cachoient rien de ce que l'on disoit contre lui, ne manquèrent pas de l'en informer.

« La plupart des gens, répond-il à l'un d'entre
» eux, peuvent s'imaginer que j'ai une joie
» secrète et maligne de ce qui se passe: mais
» je me croirois un démon, si je goûtois une
» joie si empoisonnée, et si je n'avois pas une

» véritable douleur de ce qui nuit tant à l'église.
» Je vous dirai même, par une simplicité de
» confiance, ce que d'autres que vous ne croi-
» roient pas facilement ; c'est que je suis véri-
» tablement affligé pour la personne de M. le
» cardinal de Noailles. Je me représente ses
» peines ; je les ressens pour lui ; je ne me sou-
» viens du passé que pour me rappeler toutes
» les bontés dont il m'a honoré pendant tant
» d'années : tout le reste est effacé, Dieu merci,
» de mon cœur ; rien n'y est altéré : je ne re-
» garde que la seule main de Dieu qui a voulu
» m'humilier par miséricorde. Dieu lui-même
» est témoin des sentimens de respect et de
» zèle qu'il met en moi pour ce cardinal.

» La piété que j'ai vue dans M. le cardinal
» de Noailles me fait espérer qu'il se vaincra
» lui-même, pour rendre le calme à l'église et
» pour faire taire tous les ennemis de la reli-
» gion. Son exemple rameneroit d'abord les
» esprits les plus indociles et les plus ardens :
» ce seroit pour lui une gloire singulière dans
» tous les siècles. Je prie tous les jours pour
» lui, à l'autel, avec le même zèle que j'avois
» il y a vingt ans. »

Cette façon de penser de M. de Cambrai, son caractere pacifique et persuasif, firent songer à lui comme à la personne la plus capable de tirer M. le cardinal de Noailles de l'embarras où il s'étoit jeté en continuant de protéger un livre qu'il avoit cru pouvoir approuver. On sonda les dispositions de M. de Fénelon ; on le sollicita vivement, et l'on travailla sérieusement à le rapprocher du cardinal. Les parens et les amis de ce prélat auguroient avec raison le bien que feroit à la cour le retour d'un homme qui n'y porteroit que des intentions droites pour tout pacifier, et qui trouveroit dans son génie des ressources pour en venir heureusement à bout.

C'étoit là une occasion de faire un personnage bien flatteur pour l'amour-propre. Voici comme il répondit aux premières ouvertures qu'on lui fit:

« J'avoue qu'un homme qui auroit le goût
»des affaires accepteroit plus facilement les
»propositions que vous me pressez d'accepter;
»mais je n'ai pas assez bonne opinion de moi
»pour oser espérer de rétablir la paix dans
»l'église, comme vous voulez que je l'entre-
»prenne. Je ne veux point faire le grand per-
»sonnage que vous me proposez : c'est M. le
»cardinal de Noailles qui doit rétablir la paix
»dans l'église. Je ne sais aucun secret, mais
»j'ose assurer qu'il la rétablira quand il voudra
»y réussir; elle est encore dans ses mains. Je
»lui en souhaite la gloire et le mérite devant
»Dieu et devant les hommes : je mourrois

»content, si je l'avois vu de loin achever ce
»grand ouvrage. »

Tous ses vœux étoient en effet pour que la tranquillité se rétablît, et que la religion ne fût pas décréditée, déshonorée en quelque sorte, par de fatales et dangereuses disputes. Il n'écrivit que pour parvenir à cette fin si louable et si digne d'un pasteur zélé : il ne prêcha la soumission qu'après avoir prouvé qu'elle étoit nécessaire, et qu'on avoit droit de l'exiger.

Mais autant qu'il étoit exact et sévère sur les principes, autant étoit-il facile et indulgent sur tout ce qui n'y étoit pas directement opposé.

Dans le nombre prodigieux d'écrits qu'il a composés sur ces matières et contre ceux qui refusoient de se soumettre aux décrets portés par l'église de Rome, et acceptés par presque tous les pasteurs dispersés, il conserve toujours la charité, il traite toujours avec les égards qu'elles méritent les personnes qu'il attaque. Son zèle n'étoit que pour la vérité et la catholicité : les personnes mêmes qu'il voyoit s'en écarter, il les aimoit, il les recherchoit ; mais il ne vouloit pas qu'on employât de moyens violens pour les ramener.

Cependant M. de Cambrai ne se refusa à aucun des travaux qu'on lui demanda sur les matières contestées : mémoires, observations, lettres, instructions tant en latin qu'en français, il se prêtoit à tout; et tout portoit le caractère du zèle, de la modération, de la piété et de l'érudition. Il dévoiloit avec courage et sagacité les subterfuges, les faux-fuyans, les sophismes de ses antagonistes; mais en les plaignant de l'abus qu'ils faisoient de leur science et de leurs talens, il leur rendoit justice, et montroit certainement plus d'intérêt pour leurs personnes que d'indignation contre les écarts et les injures qu'ils se permettoient quelquefois contre lui.

M. de Cambrai étoit souvent consulté dans ces temps de nuage, dans ces conflits de sentimens divers. Aucun de ceux qui s'adressoient à lui n'en étoit rebuté : il éclaircissoit les doutes, fixoit les incertitudes, répondoit à toutes les objections, et ne négligeoit rien de ce qui pouvoit porter la lumière et le calme dans les consciences. Il parloit, il écrivoit, avec un ton d'intérêt et de modestie qui dissipoit les préventions, et donnoit un nouveau poids à toutes ses raisons.

Ce fut à l'époque de ces grandes agitations, et de ces travaux immenses, que M. de Ramsai vint trouver Fénelon à Cambrai.

André-Michel de Ramsai, chevalier baronnet en Écosse, étoit né avec beaucoup de dispositions pour les sciences ; il les cultiva avec soin, et se livra, dès sa plus tendre jeunesse, à l'étude des mathématiques et de la théologie. A mesure qu'il y faisoit des progrès, il se sentit pressé de remuer les fondemens des dogmes protestans, et d'en examiner la solidité. Élevé dans les plus grandes préventions contre la religion romaine, il ne put cependant se rassurer ni trouver bien plausibles les motifs de la séparation de l'église anglicane : mais son esprit, libre et fier comme son pays, se refusoit à cette foi humble et simple que demande la catholicité. Flottant et inquiet, parce qu'il ne trouvoit nulle part ni arrêt ni soutien, il consulta les philosophes et les docteurs les plus renommés des trois royaumes, se promena d'erreurs en erreurs, et du socianisme, du tolérantisme le plus outré, tomba dans un pyrrhonisme universel.

Tel étoit l'état de son âme lorsqu'il passa en Hollande. Après plusieurs conférences avec le célèbre Poiret, ministre français réfugié, ne se trouvant ni plus éclairé ni plus tranquille, ne voyant dans les différens systèmes qu'il avoit successivement adoptés rien de propre à fixer ses agitations, il se détermina à venir voir et consulter M. de Cambrai. Il lui peignit, presque en l'abordant, sa pénible situation : C'est la lumière et la paix, monseigneur, que j'espère trouver auprès de vous ; ne me refusez pas vos soins, donnez à guérir mes laborieuses incertitudes quelques momens d'un temps que vous consacrez tout entier à l'utilité et au bien de votre prochain.

Je cherche la vérité : j'ai cru quelquefois la rencontrer ; mais ce n'étoit que son ombre, et elle m'a échappé chaque fois que j'ai voulu la saisir. Je ne suis point athée ; je n'ai jamais pu croire que le néant fût la source de tout ce qui existe, que le fini soit éternel, et l'infini l'assemblage de tous les êtres bornés : à cela près, je ne crois rien, parce que je doute de tout. Ce doute cependant n'est pas un repos comme je voudrois quelquefois me le persuader ; c'est, je le sens, le désespoir de trouver la vérité, que je cherche mal sans doute. Daignez, monseigneur, me diriger dans la voie qui y conduit, daignez me la montrer et m'y faire entrer ; je me livre à vous.

Cet abandon, cette confiance touchèrent M. de Cambrai. Il reçut, il logea son nouveau prosélyte, eut avec lui des conférences paisibles et réglées, le laissa exposer tranquillement ses sentimens sur la religion, sur le culte qu'on doit à Dieu, sur l'autorité et l'authenticité des écritures, sur les miracles, sur tout ce qu'il croyoit pouvoir opposer à la révélation.

Fénelon l'écouta, répondit à tout avec bonté,

avec solidité, et ramena enfin M. de Ramsai à l'église catholique. Ce ne fut pas sans peine qu'il triompha de ses extrêmes préventions : on peut le voir dans la vie même de ce prélat par M. de Ramsai. Son cœur n'étoit pas corrompu par les passions, mais son esprit, jaloux de conserver ce qu'il appeloit sa liberté, et ce qui n'étoit qu'une orgueilleuse indépendance, ne vouloit céder à aucune autorité, et croyoit ne devoir se rendre qu'à une évidence métaphysique.

L'établissement du christianisme est un fait, lui observa M. de Fénelon. Il n'est pas susceptible de ce genre d'évidence que la raison même vous dit qu'on ne doit pas exiger; il ne peut se prouver que par la clarté, l'universalité, la perpétuité, l'uniformité des témoignages. Y a-t-il rien de mieux prouvé dans les histoires que vous croyez avec le plus de fermeté, que le fait dont nous parlons? La raison vous permet-elle de douter de cet objet et de toutes ses circonstances? Il y a donc une religion chrétienne. Les motifs de la croire ne sont-ils pas satisfaisans? Que pouvez-vous objecter contre elle qui vous contente vous-même? et dans quelle communion cette religion s'est-elle mieux soutenue que dans l'église romaine? N'est-ce pas le même symbole que celui des apôtres, les mêmes sacremens qu'ils ont reconnus, le même culte, la même morale, le même régime? On sait quand s'en sont séparées les sectes qui ont ravagé le monde : on connoît les motifs qui ont déterminé à ces schismes désolans; l'orgueil, la jalousie, l'entêtement, et quelquefois des passions encore plus honteuses. Hé quoi, vous croyez à l'autorité de pareils chefs, et vous refuseriez de vous soumettre à celle du vicaire de Jésus-Christ! L'esprit particulier, la licence de tout interpréter, de juger arbitrairement de tout, même de ce qu'on ne comprend pas, ne mènent-ils pas aux plus funestes excès? n'est-ce pas la source de tous ces systèmes d'incrédulité qui empoisonnent la terre, qui franchissent toutes les barrières, qui sapent tous les fondemens de la sociabilité?

S'il y a un Dieu (et qui en peut sérieusement douter?) la religion chrétienne et catholique est vraie; et s'il n'y a point de Dieu, il n'y a plus ni règle de mœurs, ni obligation par conséquent de vivre même en homme.

On dénature, on travestit, on calomnie la religion pour l'attaquer, et c'est cependant d'après de pareils libelles qu'on en juge et qu'on la rejette. Qu'on l'examine sans passion, qu'on la suive dès son origine et dans ses progrès, qu'on s'attache à l'étudier dans des sources pures, à la goûter, à la pratiquer, et non à censurer, à ridiculiser ses ministres et ceux de ses sectateurs qui l'entendent mal, et on la trouvera toujours sainte, toujours raisonnable et consolante.

Je pesai, dit M. de Ramsai, toute la force de ces raisonnemens; je vis clairement qu'on ne peut admettre une loi révélée sans se soumettre à son interprète vivant. Mon cœur droit et vrai étoit d'intelligence avec M. de Cambrai : il m'exposoit ses raisons avec tant de douceur, de patience et de netteté! il mettoit à m'instruire tant de zèle et de longanimité! Mais mon orgueil résistoit encore, et répandoit d'affreux nuages sur des vérités si propres à entraîner la persuasion.

Je fus violemment tenté de le quitter, j'osai même soupçonner sa droiture. Ce soupçon, je l'avoue, etoit pénible et déchirant; je m'en trouvois humilié, importuné, et je ne pouvois m'en défaire; je résolus après bien des combats, de lui en faire la confidence. Il la reçut en m'embrassant, comme une marque d'amitié, et une annonce presque certaine de la victoire que la grâce alloit remporter. Il me restoit cependant bien des embarras. La honte que je trouvois à céder et à obéir donnoit de l'importance à toutes les difficultés que me rappeloit ma mémoire, et que me présentoit en les grossissant une raison ambitieuse. Je tombai dans une mélancolie profonde; M. de

Fénelon tâchoit de me distraire, de me consoler, et ne me pressoit jamais. Examinez bien, me disoit-il, examinez à loisir, et priez beaucoup. Ce n'est pas pour moi qu'il faut vous rendre, c'est pour Dieu, c'est pour vous-même.

Je vois bien, lui dis-je alors, qu'il n'y a aucun milieu entre le déisme et la catholicité : mais, plutôt que de croire ce que les catholiques croient ordinairement, j'aime mieux me jeter dans l'autre extrême.

Vous rougiriez donc, répliqua-t-il tranquillement, vous rougiriez de croire comme eux, quand même ils ne croiroient que la vérité ! Alors il me fit une exposition rapide et claire de la religion juive, de la foi chrétienne, de tout ce qu'elle exige de soumission, et de tout ce qu'elle nous fournit de lumières et de secours.

« Que le monde seroit heureux, s'écria-t-il,
» si tous se conformoient à cette loi sainte ! Qu'il
» est facile de l'entendre, et qu'il est doux de la
» suivre ! Sa sublimité et son intelligibilité, s'il
» est permis de s'exprimer ainsi, prouvent évi-
» demment qu'elle a Dieu pour auteur, qu'il l'a
» donnée pour tous les hommes, et que tous sont
» dans l'obligation de l'embrasser.

» Tout éclatante qu'elle est, j'avoue qu'elle
» a ses ombres et ses ténèbres mystérieuses,

» Mais la vraie religion ne doit-elle pas élever
» et abattre l'homme, lui montrer tout ensemble
» sa grandeur et sa foiblesse?..... En pratiquant
» sa morale, on renonce aux plaisirs pour l'a-
» mour de la beauté suprême : en croyant ses
» mystères, on immole ses idées par respect
» pour la vérité éternelle..... C'est par-là que
» l'homme tout entier disparoît et s'évanouit
» devant l'être des êtres. Il ne s'agit pas d'exa-
» miner s'il est nécessaire que Dieu nous ré-
» vèle ainsi ses mystères pour humilier notre
» esprit : il s'agit de savoir s'il en a révélé ou
» non. S'il a parlé à sa créature, l'obéissance
» et l'amour sont inséparables. Le christianisme
» est un fait. Puisque vous ne doutez pas,
» puisque vous ne pouvez pas raisonnablement
» douter de ce fait, il ne s'agit plus de choisir
» ce qu'on croira et ce qu'on ne croira pas.
» Toutes les difficultés que vous avez rassem-
» blées s'évanouissent dès qu'on a l'esprit guéri
» de la présomption.....

» Dieu n'a-t-il pas des connoissances infinies
» que nous n'avons point? Quand il en dé-
» couvre quelques-unes par une voie surnatu-
» relle, il ne s'agit plus d'examiner le *comment*
» de ces mystères, mais la certitude de leur ré-
» vélation. Ils nous paroissent incompatibles,
» sans l'être en effet ; et cette incompatibilité
» apparente vient de la petitesse de notre es-

» prit, qui n'a pas de connoissances assez éten-
» dues pour voir la liaison de nos idées natu-
» relles avec les vérités surnaturelles....

» Aimer purement, croire humblement,
» voilà toute la religion catholique. Nous n'a-
» vons proprement que deux articles de foi :
» l'amour d'un Dieu invisible, et l'obéissance
» à l'église son oracle vivant. Toutes les au-
» tres vérités particulières s'absorbent dans ces
» deux vérités simples et universelles qui sont
» à la portée de tous les esprits. Y a-t-il rien de
» plus digne de la perfection divine ni de plus
» nécessaire pour la foiblesse humaine?.....

» Au lieu de nous servir du rayon de lumière
» qui nous reste et qui suffit pour sortir de nos
» ténèbres, nous nous perdons dans un laby-
» rinthe de disputes, d'erreurs, de systèmes
» chimériques, de sectes particulières..... Jus-
» qu'ici vous avez voulu posséder la vérité, il
» faut à présent que la vérité vous possède,
» vous captive, vous dépouille de toutes les
» fausses richesses de l'esprit. Pour être parfait
» chrétien, il faut être désapproprié de tout,
» même de nos idées. Il n'y a que la catholi-
» cité qui enseigne bien cette pauvreté évan-
» gélique. Imposez donc silence à votre ima-
» gination, faites taire votre raison, dites sans
» cesse à Dieu : Instruisez-moi par le cœur et
» non par l'esprit; faites-moi croire comme

» les saints ont cru : faites-moi aimer comme
» les saints ont aimé. Par-là vous serez à l'abri
» de tout fanatisme et de toute incredulité. »

C'est ainsi que M. de Cambrai fit sentir à son prosélyte M. de Ramsai qu'on ne peut être sagement déiste sans devenir chrétien, ni philosophiquement chrétien sans devenir catholique. C'est ainsi, et après des conférences qui durèrent six mois, qu'il lui fit embrasser bien sincèrement la communion romaine.

Un prélat qui approfondissoit la vérité et l'alloit chercher jusque dans les racines les plus cachées, étoit-ce un esprit superficiel, un foible logicien, comme l'ont débité ses ennemis? car Fénelon a eu des ennemis parmi ceux surtout qui parloient le plus d'amour et de charité. Mais il les excusoit, il les plaignoit, il les consoloit même, et les secouroit quand les circonstances lui en fournissoient l'occasion. Non, jamais l'âme douce et chrétienne de Fénelon ne fut la proie de la haine ou de la vengeance. Il connoissoit les hommes : il voyoit leurs erreurs et leurs préventions avec une compassion pleine d'indulgence. Mais c'est surtout dans la guerre de 1701 qu'il donna les preuves les plus multipliées de sa générosité et de son zèle. Qu'il parut grand et admirable aux Français, et même à nos ennemis, dans cette guerre si juste et si malheureuse, qui fut le terme, en quelque sorte, des prospérités de Louis XIV, et qui lui fit expier d'une manière si amère l'orgueil de tant de succès éclatans !

Le diocèse de Cambrai en devint presque le théâtre, et fut long-temps exposé à ses tristes ravages. Les alliés portèrent leurs forces du côté de la Flandre, et elles furent dirigées par leurs plus habiles généraux. Nous leur opposâmes des troupes nombreuses et pleines de valeur, commandées par les Vendôme, les Boufflers, les Berwick, les Villars, etc., et sous les ordres, pendant quelques campagnes, de M. le duc de Bourgogne. Tout intéressoit Fénelon dans ces temps d'orages et de calamités ; sa patrie qu'il aimoit, son peuple qui souffroit ; M. le duc de Bourgogne qui faisoit ses premières armes ; le roi d'Espagne qu'on vouloit détrôner ; la religion, l'humanité enfin souvent insultées, souvent déshonorées par des profanations et des cruautés.

L'âme de Fénelon étoit sensible, mais forte et courageuse. Au lieu donc de se laisser abattre par tant d'adversités, il travailla avec une nouvelle ardeur à y remédier par les profusions de sa charité, et par les conseils sages et fermes qu'il ne cessoit de donner à son auguste élève. Cette partie de sa vie démontre, à ce qu'il nous semble, que la piété, que les pensées et les sentimens vraiment religieux, loin d'affoiblir le caractère, loin de rétrecir les idées, comme on le prétend quelquefois, leur donnent une consistance, une energie, une grandeur, un désintéressement, qu'on ne trouve à ce haut degré et dans une certaine étendue que dans les hommes solidement et chrétiennement vertueux.

Tout le monde sait que la succession d'Espagne fut l'occasion de cette guerre. Louis XIV, qui la prévoyoit, et qui craignoit ce terrible fléau pour son peuple, balança à accepter pour le duc d'Anjou la couronne qu'on lui offroit. Après plusieurs conseils et de mûres délibérations, il crut cependant qu'il étoit de l'intérêt de l'Europe qu'il ne la refusât pas. La puissance de Charles-Quint avoit été si funeste à la France, qu'il appréhenda qu'un prince qui réuniroit sous sa domination tant de riches états n'aspirât au même pouvoir, et ne voulût donner la loi à tous ses voisins.

D'ailleurs, qu'auroit-on gagné à proposer un traité de partage? La maison d'Autriche ne l'auroit point accepté; les Espagnols, qui ne vouloient point de démembrement, l'auroient rejeté avec hauteur; et tous auroient conclu que c'etoit par crainte, par impuissance, plutôt que par modération, qu'on sacrifioit un grand royaume à l'avantage de maintenir l'Europe en paix, et d'épargner le sang des hommes.

La raison, disent quelques historiens, étoit pour M. le duc de Bourgogne, qui appuyoit sur le traité de partage, et la gloire pour le grand dauphin, qui étoit d'avis qu'on plaçât sur le trône d'Espagne le second de ses enfans, comme si la vraie gloire et la raison pouvoient être en contradiction. Quoi qu'il en soit, M. le duc de Bourgogne revint par respect au sentiment qu'il avoit combattu ; il voulut même aller conduire son frère jusqu'aux frontières d'Espagne. Quelque temps après son retour, il se hasarda à écrire à M. de Cambrai. Jusqu'à ce moment, il n'avoit osé lui renouveler lui-même les assurances de son tendre souvenir. Son cœur en souffroit, et il se persuada que ce n'étoit pas manquer au roi que d'écouter des sentimens de reconnoissance et le besoin de recourir aux lumières de son cher Mentor.

Cette première lettre est du 22 décembre 1701.

« Enfin, mon cher archevêque, je trouve une
» occasion favorable de rompre le silence où
» j'ai demeuré depuis quatre ans. J'ai souffert
» bien des maux depuis ; mais un des plus
» grands a été celui de ne pouvoir point vous
» témoigner ce que je sentois pour vous pen-
» dant ce temps, et que mon amitié augmen-
» toit par vos malheurs, au lieu d'en être re-

» froidie. Je pense avec un vrai plaisir au temps
» où je pourrai vous revoir; mais je crains que
» ce temps ne soit encore bien loin. Il faut s'en
» remettre à la volonté de Dieu, de la misé-
» ricorde duquel je reçois toujours de nouvelles
» grâces. Je lui ai été plusieurs fois bien infidèle
» depuis que je ne vous ai vu ; mais il m'a toujours
» fait la grâce de me rappeler à lui, et je n'ai
» point été, Dieu merci, sourd à sa voix. De-
» puis quelque temps, il me paroît que je me
» soutiens mieux dans le chemin de la vertu.
» Demandez-lui la grâce de me confirmer dans
» mes bonnes résolutions, et de ne pas per-
» mettre que je redevienne son ennemi, mais
» de m'enseigner lui-même à suivre en tout sa
» sainte volonté.

» Je continue toujours à étudier tout seul,
» quoique je ne le fasse plus en forme depuis
» deux ans; et j'y ai plus de goût que jamais.
» Mais rien ne me fait plus de plaisir que la
» métaphysique et la morale, et je ne saurois
» me lasser d'y travailler : j'en ai fait quelques
» petits ouvrages que je voudrois bien être en
» etat de vous envoyer, afin que vous les cor-
» rigeassiez, comme vous faisiez autrefois mes
» themes. Tout ce que je vous dis ici n'est pas
» bien de suite, mais il n'importe guere. Je ne
» vous dirai point ici combien je suis révolté
» moi-même de tout ce qu'on a fait à votre

»égard; mais il faut se soumettre à la volonté
»de Dieu, et croire que tout cela est arrivé
»pour notre bien. Ne montrez cette lettre à
»personne du monde, excepté à l'abbé de Lan-
»geron, s'il est actuellement à Cambrai, car
»je suis sûr de son secret; et faites-lui mes
»complimens, l'assurant que l'absence ne di-
»minue point mon amitié pour lui. Ne me
»faites point non plus de réponse, à moins
»que ce ne soit par quelque voie très-sûre, et
»en mettant votre lettre dans le paquet de M. de
»Beauvilliers, comme je mets la mienne; car il
»est le seul que j'aie mis dans ma confidence,
»sachant combien il lui seroit nuisible qu'on le
»sût. Adieu, mon cher archevêque; je vous
»embrasse de tout mon cœur, et ne trouverai
»peut-être de bien long-temps l'occasion de
»vous écrire. Je vous demande vos prières et
»votre bénédiction. *Signé* LOUIS. »

M. de Fénelon ne tarda pas à répondre à une lettre qui lui donnoit des assurances d'une amitié constante dont il ne doutoit point, mais dont il fut extrêmement touché, comme on en peut juger par la lettre si vive et si tendre qu'il écrivit à M. le duc de Bourgogne le 17 janvier 1702.

MONSEIGNEUR,

Jamais rien ne m'a tant consolé que la lettre que j'ai reçue. J'en rends grâce à celui qui peut seul faire dans les cœurs tout ce qui lui plaît pour sa gloire. Il faut qu'il vous aime beaucoup, puisqu'il vous donne son amour au milieu de tout ce qui est capable de l'éteindre dans votre cœur. Aimez-le donc au-dessus de tout, et ne craignez que de ne l'aimer pas. Il sera lui seul votre lumière, votre force, votre vie, votre tout. Oh! qu'un cœur est riche et puissant au milieu des croix, lorsqu'il porte ce trésor au dedans de soi! C'est là que vous devez vous accoutumer à le chercher avec une simplicité d'enfant, avec une familiarité tendre, avec une confiance qui charme un si bon père. Ne vous découragez point de vos foiblesses : il y a une manière de les supporter sans les flatter, et de les corriger sans impatience. Dieu vous la fera trouver cette manière paisible et efficace, si vous la cherchez avec une entière défiance de vous-même, et marchant toujours en sa présence comme Abraham.

Au nom de Dieu, que l'oraison nourrisse votre cœur comme les repas nourrissent votre corps! Que l'oraison en certains temps réglés soit une source de présence de Dieu dans la journée, et que la présence de Dieu, devenant fréquente dans la journée, soit un renouvellement d'oraison! Cette vue courte et amoureuse de Dieu ranime tout l'homme, calme ses passions, porte avec soi la lumière et le conseil dans les occasions importantes, subjugue peu à peu tout l'homme, et fait qu'on possède son âme en patience, ou plutôt qu'on la laisse posséder à Dieu : *Renovamini spiritu mentis vestræ.*

Ne faites point de longues oraisons : mais faites-en un peu, au nom de Dieu, tous les matins, en quelque temps dérobé; ce moment de provision vous nourrira toute la journée. Faites cette oraison plus du cœur que de l'esprit, moins par raisonnement que par simple affection ; peu de considérations arrangées, beaucoup d'actes de foi et d'amour. Il faut lire aussi, mais des choses qui vous puissent recueillir, fortifier et familiariser avec Dieu. Vous avez une personne qui peut vous indiquer les lectures qui vous conviennent.

Ne craignez point de fréquenter les sacremens, selon votre besoin et votre attrait : il ne faut pas que de prétendus égards vous privent du pain descendu du ciel qui veut se donner à vous. Ne donnez jamais aucune démonstration inutile ; mais aussi ne rougissez jamais de celui qui fera seul toute votre gloire.

Ce qui me donne de merveilleuses espérances, c'est que je vois par votre lettre que vous sentez vos foiblesses, et que vous les reconnoissez humblement. Oh! qu'on est fort en Dieu, quand on se trouve bien foible en soi-même! *Cum infirmor, tunc potens sum.* Craignez mille fois plus que la mort de tomber; mais si vous tombiez malheureusement, hâtez-vous de retourner au père des miséricordes et au Dieu de toute consolation, qui vous tendra les bras, et ouvrez votre cœur blessé à ceux qui pourront le guérir.

Soyez surtout humble et petit : *Et vilior fiam plus quam factus sum*, disoit David, *et humilis ero in oculis meis.* Appliquez-vous à vos devoirs, ménagez votre santé, et modérez vos goûts pour ne point épuiser vos forces. Je ne vous parle que de Dieu et de vous : il n'est point question de moi. Dieu merci, j'ai le cœur en paix : ma plus rude croix est de ne vous point voir; mais je vous porte sans cesse devant Dieu dans une présence plus intime que celle des sens. Je donnerois mille vies comme une goutte d'eau pour vous voir tel que Dieu vous veut. *Amen! amen!*

Ces deux cœurs, comme on en peut juger par ces lettres, étoient faits pour s'entendre et pour s'aimer. Unis par tout ce que la nature a de plus doux et de plus aimable, ainsi que par ce que la religion consacre et canonise, ils vivoient l'un pour l'autre, et en quelque sorte l'un dans l'autre.

M. le duc de Bourgogne, qui avoit essayé de prévenir la guerre, sentit mieux que personne la nécessité de la soutenir avec vigueur lorsqu'il vit qu'elle étoit inévitable. Tout annonçoit que la Flandre en seroit le principal théâtre. et il demanda le commandement de l'armée qu'on y destinoit. Le roi y consentit, le nomma généralissime, et lui donna M. le maréchal de Boufflers pour conseil. Le prince partit de Versailles vers la fin d'avril 1702, écrivit dans la route à M. de Cambrai, et regarda comme une fortune pour lui le plaisir de l'embrasser et de l'entretenir quelques momens.

A Péronne, ce 25 avril, à sept heures.

Je ne puis me sentir si près de vous sans vous en témoigner ma joie, et en même temps celle que me cause la permission que le roi m'a donnée de vous voir en passant. Il y a mis néanmoins la condition de ne vous point parler en particulier : mais je suivrai cet ordre, et néanmoins pourrai vous entretenir tant que je voudrai, puisque j'aurai avec moi Saumery, qui sera le tiers de notre première entrevue après cinq ans de séparation. C'est assez vous en dire que de le nommer; et vous le connoissez mieux que moi pour un homme très-sûr, et, qui plus est, fort votre ami. Trouvez-vous donc, je vous prie, à la maison où je changerai de chevaux sur les huit heures, huit heures et demie. Si par hasard trop de discrétion vous avoit fait aller au Cateau, je vous donne le rendez-vous pour le retour, en vous assurant que rien n'a jamais pu diminuer ni ne diminuera jamais la sincère amitié que j'ai pour vous. *Signé* LOUIS.

Cette première campagne fut assez heureuse. M. le duc de Bourgogne y montra du talent pour la guerre, de l'application, de l'activité, et eut même quelques succès. Il poursuivit l'armée ennemie pendant deux lieues, et la culbuta dans le chemin couvert de Nimègue presque sans coup férir.

Le célèbre Marlborough prit alors le commandement de l'armée des alliés; et après avoir tâté M. le duc de Bourgogne sans pouvoir l'entamer, il s'attacha à faire des siéges. Louis XIV, dès qu'il en fut instruit, se détermina à rappeler son petit-fils à la cour. Ce prince partit pour Versailles après avoir renforcé les garnisons des places les plus exposées de la Gueldre, du pays de Liége et de Cologne, et écrivit de

Malines à M. de Cambrai pour lui annoncer qu'il ne le verroit pas à son retour. Cette lettre est du 6 septembre 1702.

« Je ne saurois repasser à portée de vous sans
» vous témoigner le déplaisir que j'ai de ne
» point user de ma permission, et de ne point
» vous revoir ainsi que je l'avois espéré. Cette
» lettre vous sera rendue par un moyen sûr.
» Ne chargez point de réponse par écrit celui
» qui vous la rendra; et si vous m'en faites,
» que ce soit par M. de Beauvilliers sans y
» mettre de dessus. Je vous prie d'être persuadé
» de la continuation de mon amitié pour vous,
» qui assurément ne peut être plus vive, et qui
» a toujours été telle, comme je ne crois pas
» que vous en doutiez, et de vous ressouvenir
» incessamment de moi dans vos prières.

» Peut-être sera t-il encore mieux que je ne
» vous voie pas la veille ou le jour même que
» j'arriverois à Versailles. Cela n'est pas la même
» chose, quand on doit être quelque temps
» dehors, et les idées sont bien plus effacées.
» Adieu, mon cher archevêque : il n'est pas
» besoin de vous recommander le secret sur
» cette lettre, ni de vous assurer de la tendre
» amitié que je conserverai en Dieu pour un
» homme à qui j'ai tant d'obligations qu'à
» vous. *Signé* Louis. »

Cette lettre ne fut pas remise à temps à M. de Fénelon, et l'entrevue se fit à la poste de Cambrai, où il se rendit pour y attendre M. le duc de Bourgogne. « J'ai vu, écrit-il à M. de Beau-
» villiers, notre cher prince un moment : il
» m'a paru engraissé, d'une meilleure couleur,
» et fort gai. Il m'a témoigné en peu de paroles
» la plus grande bonté ; il a beaucoup pris sur
» lui en me voyant. Il me semble que je ne
» suis touché de tout ce qu'il fait pour moi que
» par rapport à lui et au bon cœur qu'il marque
» par-là. Il m'avoit écrit de Malines, par M. De-
» nonville, une lettre que celui-ci m'a rendue
» depuis le passage du prince. Je garderai là-
» dessus le plus profond secret..... Je ne saurois
» recevoir tant de marques de sa bonté sans lui
» en témoigner ma reconnoissance en lui re-
» traçant la conduite qu'il doit tenir, et lui
» rappelant ce qu'il me semble qu'il doit à Dieu.
» Voici un temps de crise où vous devez redou-
» bler votre fidélité pour n'agir que par grâce
» auprès de lui, et pour le secourir sans timi-
» dité ni empressement naturel. »

Fénelon avoit cultivé les talens de son auguste élève, lui avoit inspiré le goût du travail et de l'application. Cependant le plus grand service qu'il lui eût rendu, c'étoit de l'avoir accoutumé à entendre et à aimer la vérité. Il la lui présentoit franchement et sans tournure, mais d'une manière insinuante et avec un ton d'intérêt qui lui ôtoit tout ce qu'elle pouvoit avoir d'amer et de rebutant.

Tout ce qu'il mande à M. de Beauvilliers, tous les avis qu'il lui donne pour les faire passer à M. le duc de Bourgogne, sont pleins de sagesse et méritent d'être rapportés. On verra, à ce qu'il nous semble, qu'il ne cherche que le bonheur, la gloire et la sanctification de son auguste élève : il y pense à tout ce qui le touche, à tout ce qui peut le faire aimer et respecter, à tout ce qui peut le rendre utile à la félicité du peuple qu'il devoit gouverner un jour.

« Je crois, mon bon duc, qu'il est capital
» que vous souteniez M. le duc de Bourgogne,
» afin qu'à son retour il ne retombe pas dans
» son premier état. Il y a plusieurs choses à
» lui insinuer, mais doucement et en se pro-
» portionnant à ce que vous connoissez de son
» besoin.

» 1° Soutenez, entretenez ses sentimens
» pour madame la duchesse de Bourgogne,
» et gardez-vous bien de lui inspirer du refroi-
» dissement ; mais représentez-lui ce que Dieu
» demande dans les amitiés les plus légitimes,
» ce qui est nécessaire pour sa santé, son repos,
» sa réputation, enfin ce qui est utile à la prin-
» cesse même qui est encore si jeune.

» 2° Il faudroit trouver un milieu afin qu'il

» ne fût ni trop ni trop peu chez madame de
» Maintenon. Il ne doit jamais lui montrer
» aucun éloignement; il doit même lui mon-
» trer, quoi qu'elle puisse faire, une attention
» et des égards par respect pour la confiance
» que le roi a en elle. Ainsi il est à propos qu'il
» aille chez elle de temps en temps d'une ma-
» nière honnête et pleine de considération,
» sans paroître changer; mais il ne convient
» pas qu'il y demeure oisif et rêveur dans un
» coin, comme un enfant ou comme un pauvre
» homme bizarre qu'elle ne daigne pas entre-
» tenir. Il ne doit pas choisir ce théâtre-là pour
» montrer ses rêveries, ses chagrins, ses hu-
» meurs. S'il veut avoir de telles heures, il faut
» qu'il les aille cacher dans son cabinet.... En
» un mot, il faut qu'il s'accoutume à quelque
» dignité, et qu'il y accoutume les autres....
» Le moment de son retour est favorable pour
» prendre un bon pli : il ne reviendra de long-
» temps, s'il perd une si belle occasion. Plus il
» montrera de force, d'égalité et de raison,
» plus madame de Maintenon changera pour
» le bien traiter.... et tous les autres compte-
» ront avec lui : sinon tout ce qu'il vient de
» faire à l'armée se perdra dans l'antichambre
» de madame de Maintenon, et on l'avilira de
» plus en plus.

» 3° Il s'est familiarisé à l'armée avec beau-

» coup de gens. Toutes les glaces sont rompues
» avec eux : il n'a qu'à être avec ces mêmes
» personnes à Versailles à peu près comme à
» l'armée. Peut-il croire ou dire qu'il lui soit
» impossible de continuer de prendre sur lui
» ce qu'il a déjà pris si long-temps et avec tant
» de succès ?

» Mais il faut deux choses : l'une, qu'il pro-
» portionne ses ouvertures et ses manières
» obligeantes pour le reste des courtisans à
» celles qu'il vient de prendre avec les officiers
» de l'armée; la seconde chose, que vous lui
» ouvriez de temps en temps les yeux sur les
» divers caractères des gens qui l'environnent,
» et sur ce qui s'est passé autrefois ou qui se
» passe actuellement dans le monde, afin qu'il
» ne tombe point en mauvaise compagnie, et
» que, faisant grâce à tout le monde en gros,
» il sache faire justice au mérite de chaque par-
» ticulier. Je suppose qu'il se reservera tou-
» jours des heures pour prier, pour lire, pour
» s'instruire solidement de plus en plus sur les
» affaires....

» 4° Je crois que M. le duc de Bourgogne
» devroit sans empressement accoutumer le
» roi à lui, et se tenir à portée d'attirer sa
» confiance, soit pour entrer dans le conseil,
» soit pour soulager un prince âgé. Sa modé-
» ration, son respect, son esprit réservé et

» secret, pourroient faciliter ce progrès dans
» des temps où le roi ne sauroit où reposer
» sa tête.

» 5° En ce cas, vous ne devriez faire aucun
» pas marqué qui pût donner aucun soupçon
» d'empressement; mais il faudroit vous tenir
» le plus près que vous pourriez, avec un air
» simple, ouvert et affectionné, pour le mettre
» en état de vous donner sa confiance. Dieu
» vous menera par la main si vous ne reculez
» pas : vous aurez devant vous dans le désert
» la colonne de nuée le jour et celle de feu la
» nuit pour vous conduire. »

« J'entends dire, ajoute-t-il dans une autre
» lettre, que M. le duc de Bourgogne augmente
» ses pratiques de piété. C'est pour moi un
» grand sujet de joie que de voir la grâce do-
» miner dans son cœur. Que ne peut-on pas
» esperer, puisque le désir de plaire à Dieu
» surmonte en lui les passions de la jeunesse
» et l'enchantement du siècle corrompu ! Je
» rends grâce à Dieu de ce qu'il lui a donné ce
» courage pour ne rougir point de l'évangile.
» Il est capital qu'un prince de son rang fasse
» publiquement des œuvres qui excitent les
» hommes à glorifier le père céleste.

» Mais on prétend que M. le duc de Bour-
» gogne va au delà des œuvres nécessaires
» pour éviter tout scandale et pour vivre avec

» régularité en chrétien : on est alarmé de sa
» sévérité contre certains plaisirs ; on s'imagine
» même qu'il veut critiquer les autres et les
» former selon ses vues scrupuleuses. On ra-
» conte qu'il a voulu obliger madame la du-
» chesse de Bourgogne à faire le carême comme
» lui, et à se priver de même pendant ce temps
» de tous les spectacles ; on ajoute qu'il com-
» mence à retrancher son jeu, et qu'il est pres-
» que toujours renfermé tout seul ; enfin on
» prétend qu'il a refusé à Monseigneur de le
» suivre à l'opéra pendant le carême.

» En écoutant de tels discours, j'ai compté sur
» l'exagération du monde qui ne peut souffrir
» la règle, qui la craint encore plus dans les
» grands que dans les particuliers, parce qu'elle
» y tire plus à conséquence : on y appelle sou-
» vent excessif en piété ce qui est à peine suf-
» fisant. Mais je craindrois d'un autre côté que
» ce prince ne se tournât un peu trop aux
» pratiques extérieures qui ne sont pas d'une
» absolue nécessité. Voici mes pensées que je
» vous propose, sans les donner pour bonnes.

» 1° Je crois que M. le duc de Bourgogne
» ne devroit pas gêner madame le duchesse de
» Bourgogne : qu'il se contente de laisser dé-
» cider son médecin sur la manière dont elle
» doit faire le carême. Il est bon de renvoyer
» ainsi toutes choses aux gens qui ont carac-

» tère et autorité pour décider : on décharge sa
» conscience, on satisfait à la bienséance, on
» évite l'inconvénient de passer pour rigide
» réformateur de son prochain. Si ce prince
» veut inspirer de la piété à cette princesse, il
» doit la lui rendre douce et aimable, écarter
» tout ce qui est épineux, lui faire sentir en
» sa personne le prix et la douceur de la vertu
» simple et sans apprêt, lui montrer de la
» gaieté et de la complaisance dans toutes les
» choses qui ne relâchent rien dans le fond,
» enfin se proportionner à elle, et l'attendre. Il
» faut seulement prendre garde de tomber en
» tendant la main à autrui.

» 2° Il ne doit donner au public de spectacle
» sur la piété que dans les occasions de devoir
» où la règle souffriroit s'il ne la suivoit pas
» aux yeux du monde. Par exemple, il doit
» être modeste et recueilli à la messe, faire li-
» brement ses dévotions toutes les fois qu'il lui
» convient de les faire pour son avancement spi-
» rituel, s'abstenir de toute moquerie, de toute
» conversation libre, imposer silence là-dessus
» aux inférieurs par son sérieux et par sa retenue :
» tout cela lui donnera beaucoup d'autorité.
» Mais quand il fait ses dévotions hors des
» grands jours, il peut choisir les heures et les
» lieux qui dérobent le plus cette action aux
» yeux des courtisans. Du reste il ne doit ja-

» mais sans nécessité donner aucune démons-
» tration de ses sentimens ; on les sait assez.
» La seule régularité pour les devoirs généraux,
» et sa retenue à l'égard du mal, décideront
» suffisamment pour l'édification nécessaire.

» 3° Il doit, si je ne me trompe, s'accommoder
» à l'inclination de Monseigneur pour les choses
» qu'il peut faire sans pécher. Si les spectacles
» étoient tels en eux-mêmes que personne ne
» pût jamais y assister sans offenser Dieu, il
» ne faudroit jamais y aller, non plus au car-
» naval que pendant la semaine sainte. Il est
» vrai qu'il est très-convenable que ce prince se
» propose de n'y aller pas au moins pendant
» les temps consacrés à la pénitence et à la
» prière. Mais la complaisance bien placée est
» une aimable vertu ; et si elle sort quelquefois
» de la lettre de la règle, c'est pour en mieux
» suivre l'esprit. N'aller point aux spectacles de
» son propre mouvement pendant le carême,
» et y aller en ce même temps pour plaire à
» Monseigneur quand il le propose, c'est le
» parti qui me sembleroit le plus à propos.

» 4° Il est utile et nécessaire que ce prince se
» réserve des heures de solitude pour prier,
» pour lire, pour se rendre de plus en plus ca-
» pable des plus grandes affaires ; mais il faut
» des heures données au public, où il paie
» d'airs gracieux, de manières obligeantes, de

» distinctions bien placées, et de conversations
» agréables sur des matières sans conséquence,
» les gens qui lui font leur cour. Il y a des heures
» nécessairement perdues, comme celles du
» lever, du coucher, des repas. Dès qu'il a au-
» tour de lui trois hommes de la chambre et de
» la garde-robe, il est plus libre et il peut
» donner quelque accès aux gens de mérite.

» 5° Quand il sera à l'armée, il aura raison
» de ne vouloir souffrir aucun excès de vin à
» sa table ; mais il lui convient fort de continuer
» cette longue société de table et cette liberté
» de conversation pendant le repas qui a charmé
» les officiers dans la dernière campagne. Il est
» bon de continuer cette affabilité aux autres
» heures de commerce. Le prétexte naturel de
» se renfermer pour écrire à la cour lui donnera
» toujours des heures de retraite pour les choses
» les plus solides.

» 6° Quand il y aura à l'armée quelque dés-
» ordre de mœurs, il peut donner des ordres
» généraux bien appuyés pour les reprimer sé-
» vèrement. Mais il ne faut point qu'il des-
» cende dans les détails : on l'accuseroit de
» tomber par scrupule dans la minutie et dans
» la rigidité : il faut même qu'il tourne ses or-
» dres du côté de la discipline militaire, qui a
» besoin de cette fermeté.

» 7° Il faut qu'il n'effarouche point M. le

» maréchal de Villeroi, qui est un homme de
» représentation, de plaisir et de société. Il peut
» lui témoigner de l'estime, de l'amitié, et même
» de la confiance et du goût.... Par-là il l'appri-
» voisera avec sa piété gaie et sociable, et il
» l'engagera à apprivoiser aussi le public, où
» ce maréchal sera cru.

» Enfin je vous conjure de n'oublier rien
» pour faire en sorte que ce prince ménage sa
» santé; qu'il s'épargne à l'armée toutes les fa-
» tigues inutiles, qu'il dorme, qu'il mange bien,
» qu'il marche en présence de Dieu avec la paix
» et la joie du Saint-Esprit. Toutes choses lui
» seront données selon le besoin, s'il ne les at-
» tend que d'en haut : *Levavi oculos meos in*
» *montes, unde veniet auxilium mihi. Auxilium*
» *meum a Domino.* Voici encore d'autres paroles
» faites pour lui : *Oculi mei semper ad Domi-*
» *num, et ipse evellet de laqueo pedes meos.* »

Nous avons cru devoir rapporter ces avis,
et parce qu'ils sont dignes du tendre intérêt que
M. de Cambrai prenoit à M. le duc de Bourgogne, et parce qu'ils réfutent pleinement les
historiens qui ont reproché à ce prince sa docilité pour les conseils timides de son ancien
précepteur. Nous aurons encore plus d'une occasion de montrer que la douceur de Fénelon
ne dégénéroit point en foiblesse; et nous le mon-
trerons, comme à notre ordinaire, en citant et

copiant les écrits intimes et secrets où son âme s'ouvroit à l'amitié et se montroit avec simplicité et avec confiance.

L'année 1703 vit encore augmenter les ennemis nombreux de la France : le Portugal entra dans leurs ligues. Mais ce qui dut étonner bien davantage, c'est qu'Amédée, duc de Savoie, beau-père de M. le duc de Bourgogne et du roi d'Espagne, traita avec l'empereur et s'engagea à l'aider de toutes ses forces à détrôner sa fille et son gendre. On s'attendoit que le duc de Bourgogne commanderoit encore en Flandre pendant cette campagne, mais Louis XIV jugea à propos de le nommer généralissime d'une armée qu'il avoit en Allemagne; disposition, dit l'auteur de sa Vie, t. 1, p. 150, qui surprit d'autant plus que cette armée étoit très-foible, composée en grande partie de nouvelles levées, et hors d'état, au jugement de M. de Catinat qui en quittoit le commandement, de rien entreprendre d'important. Mais la présence du duc de Bourgogne devoit suppléer au reste, et cette campagne ne lui fut pas moins glorieuse que la précédente.

Il n'est pas de notre sujet de suivre ce prince dans cette campagne : nous citerons seulement un trait qui fait honneur aux principes que lui avoit inspirés M. de Cambrai. Ce prince assujettissoit l'officier et le soldat à la plus exacte discipline, et le plus bel ordre régnoit dans son camp. Un espion qui s'y étoit introduit fut découvert et arrêté sur-le-champ. M. le duc de Bourgogne voulut qu'on lui fît grâce ; et sur ce que quelqu'un lui disoit, pour le détourner de cet acte de clémence, que cet espion étoit huguenot : *C'est pour cela*, dit-il, *qu'il a besoin de temps pour s'instruire et se convertir.*

Cette campagne finit pour M. le duc de Bourgogne par la prise de Brisach. En rendant compte au roi de cet événement il s'oublia lui-même, ne dit mot ni de l'intrépidité ni de la capacité avec lesquelles il conduisit cette entreprise difficile, ne parla que des braves officiers qui l'avoient secondé, et des régimens qui s'étoient distingués.

M. de Fénelon, dans cet éloignement, ne le perdoit pas de vue, et continuoit à le prévenir, à l'affermir contre tous les dangers, même contre ceux de ses succès, dont, en se réjouissant bien sincèrement, il vouloit qu'il rapportât la gloire à Dieu. Trop observé pour oser lui écrire directement, c'étoit alors par M. le duc de Beauvilliers qu'il lui faisoit passer ses avis et conseils.

Depuis 1703 jusqu'en 1708, M. le duc de Bourgogne ne commanda plus les armées ; et après une course en Provence pour le secours de Toulon, il revint à Versailles, d'où il ne tarda pas de partir pour la Flandre.

La France, qui, jusqu'en 1704, n'avoit eu que des succès, éprouve les plus grands revers; la scène change pour elle tout à coup, et le reste de cette malheureuse guerre fut un tissu de pertes et de disgrâces. Fénelon, témoin de nos plus désastreuses adversités, les sentit plus amèrement que personne : voisin, et, en quelque sorte, au milieu de deux armées immenses où se trouvoient les plus grandes forces de presque toute l'Europe et les plus illustres chefs, il se vit encore une fois en spectacle, et donna l'exemple du zèle pour sa patrie et de sa charité pour tous les hommes.

La cour de Versailles retentissoit tous les hivers de ce que les généraux et les courtisans racontoient de lui à leur retour. Ils s'accordoient tous à publier l'ordre de sa maison, et la magnificence qui la tenoit ouverte à tout ce qui y abordoit; les profusions pour le secours des malades et des blessés dont il remplissoit tous les logemens; l'asile que des villages entiers trouvoient souvent dans son palais, où ils venoient en confiance se réfugier de la campagne désolée; les soins pour les plus malheureux de ce pauvre peuple, dont il n'etoit pas moins occupé que des personnes de distinction dont sa maison étoit pleine. Obligé de pourvoir à tout, d'entrer dans les plus petits détails, son âme attentive et compatisante conservoit néanmoins assez de liberté pour prier, pour méditer, pour répondre à tous ceux qui lui écrivoient, à tous ceux qui le consultoient, pour composer même plusieurs ouvrages : car c'est au milieu de tous ces embarras qu'il a donné tant d'instructions, de lettres et de mémoires sur les affaires qui divisoient alors l'église et qui excitoient le zèle et la vigilance de ses pasteurs.

L'électeur de Cologne, frère de M. le duc de Bavière, voulut être consacré par M. l'archevêque de Cambrai, qui consentit à faire cette cérémonie et qui l'y prépara par de salutaires avis. Nous avons la lettre qu'il écrivit à ce prince, et le discours qu'il prononça à son sacre.

Rien de plus beau et de plus épiscopal que ce qu'il lui mande au sujet de ce sacre, que l'électeur vouloit différer, disoit-il, pour s'y mieux préparer. Fénelon, en convenant des dispositions saintes qu'il falloit apporter à cette cérémonie, ne lui dissimule pas que le pape a raison de la presser avec une sorte de vivacité. Il lui peint le triste délaissement et le danger d'un peuple sans pasteur. C'est, lui mande-t-il, la cause principale et peut-être l'unique cause de ses écarts, et de cette pauvreté spirituelle dans laquelle il languit. Est-il étonnant qu'il s'égare, puisqu'il n'a point de guide? qu'il se laisse agiter et tourner au vent des doctrines nouvelles et perverses, puisqu'on ne lui parle pas, qu'on ne travaille point à l'éclairer?

Cette lettre fort longue est pleine d'instruction, nous ne la copions pas en son entier, parce qu'elle se trouvera imprimée dans ses œuvres, ainsi que le discours, qu fut admiré lorsque M. de Cambrai le prononça, et qui fait encore la plus vive impression sur ceux qui le lisent et qui sont capables de le goûter.

Qu'il y a de force et de dignité dans ce discours! on y dit librement toute vérité, mais avec cette noblesse et cette onction qui étoient si particulières à Fénelon. Nous voulons tous être heureux; et c'est toujours comme d'une source de bonheur et de gloire, comme d'un moyen sûr d'y parvenir, qu'il nous y parle de la vertu et des devoirs qu'elle nous impose : c'est dans l'Écriture, c'est dans les pères de l'église, qu'il puise toutes les grandes idées, tous les sentimens tendres qu'il nous y montre.

M. de Cambrai étoit lui-même plein de cette foi vive dont il développe si bien l'excellence et les devoirs. La vérité sous sa plume, sans rien perdre de sa force, acquéroit cependant ce charme qui invite et qui attire. Il est toujours exact et ferme; mais il n'est jamais dur et rebutant. Quelques conseils qu'il donne, quelque sévères que soient ses principes, on les aime, on les goûte, on sent qu'il faut les suivre. Cette attention qu'il avoit à concilier la dignité de sa place avec la modestie de son caractère sacré, il l'exigeoit de ses amis, il les y rappeloit promptement lorsqu'ils paroissoient tentés de s'en écarter et qu'il les croyoit capables de l'écouter. Nous en avons une preuve dans une lettre qu'il écrivit à M. de Colbert, archevêque de Rouen, et dont nous avons l'original entre les mains.

« J'apprends, monseigneur, que M. Mansard
» vous a donné de grands dessins de bâtimens
» pour Rouen et pour Gaillon. Souffrez que
» je vous dise étourdiment ce que je crains là-
» dessus. La sagesse voudroit que je fusse plus
» sobre à parler; mais vous m'avez défendu
» d'être sage, et je ne puis retenir ce que j'ai
» sur le cœur. Vous n'avez vu que trop d'exem-
» ples domestiques des engagemens insensibles
» dans ces sortes d'entreprises. La tentation se
» glisse d'abord doucement : elle fait la mo-
» deste de peur d'effrayer, mais ensuite elle
» devient tyrannique. On se fixe d'abord à une
» somme médiocre, on trouveroit même fort
» mauvais que quelqu'un crût qu'on veut aller
» plus loin. Mais un dessin en attire un autre;

» on s'aperçoit qu'un endroit de l'ouvrage est
» déshonoré par un autre, si on n'y ajoute un
» autre embellissement. Chaque chose qu'on
» fait paroît médiocre et nécessaire, le tout
» devient superflu et excessif. Cependant les
» architectes ne cherchent qu'à engager; les
» flatteurs applaudissent et n'osent contredire;
» on se passionne au bâtiment comme au jeu;
» une maison devient comme une maîtresse.
» En vérité les pasteurs chargés du salut de
» tant d'âmes ne doivent pas avoir le temps
» d'embellir des maisons. Qui corrigera la fu-
» reur de bâtir si prodigieuse en notre siècle,
» si les bons évêques même autorisent ce scan-
» dale? Ces deux maisons qui ont paru belles
» à tant de cardinaux et de princes même du
» sang, ne vous peuvent-elles pas suffire? n'a-
» vez-vous pas d'emploi de votre argent plus
» pressé à faire?

» Souvenez-vous, monseigneur, que vos re-
» venus ecclésiastiques sont le patrimoine des
» pauvres, que ces pauvres sont vos enfans, et
» qu'ils meurent de tous côtés de faim. Je vous
» dirai, comme dom Barthélemi des Martyrs
» disoit à Pie IV qui lui montroit ses bâtimens:
» *Dic ut lapides isti panes fiant*. Dites à ces
» pierres de se changer en pain.

» Espérez-vous que Dieu bénisse vos travaux,
» si vous commencez par un faste de bâtimens

» qui surpasse celui des princes et des ministres
» d'état qui ont logé où vous êtes? Espérez-
» vous trouver la paix de votre cœur dans ces
» pierres entassées? Que deviendra la pauvreté
» de Jésus-Christ, si ceux qui doivent le repré-
» senter cherchent la magnificence?

» Voilà ce qui avilit le ministère, loin de le
» soutenir; voilà ce qui ôte l'autorité aux pas-
» teurs. L'évangile est dans leur bouche, et la
» gloire mondaine est dans leurs ouvrages. Jé-
» sus-Christ n'avoit pas où reposer sa tête; nous
» sommes ses disciples et ses ministres, et les
» plus grands palais ne sont pas assez beaux
» pour nous!

» J'oubliois de vous dire qu'il ne faut point
» se flatter sur son patrimoine. Pour le patri-
» moine comme pour le reste, le superflu ap-
» partient aux pauvres. C'est de quoi jamais
» casuiste, sans exception, n'a osé douter. Il
» ne reste qu'à examiner de bonne foi ce qu'on
» doit appeler superflu. Est-ce un nom qui ne
» signifie jamais rien de réel dans la pratique?
» sera-ce une comédie que de parler du super-
» flu? Qu'est-ce qui sera superflu, sinon les
» embellissemens dont aucun de vos prédéces-
» seurs même vains et profanes n'a cru avoir
» besoin? Jugez-vous vous-même, monsei-
» gneur, comme vous croyez que Dieu vous
» jugera. Ne vous exposez point à ce sujet de

» trouble et de remords pour le dernier mo-
» ment, qui viendra peut-être plus tôt que nous
» ne croyons. Dieu vous aime, vous voulez
» l'aimer et vous donner sans réserve à son
» église; elle a besoin de grands exemples pour
» relever le ministère foulé aux pieds; soyez
» sa consolation et sa gloire; montrez un cœur
» d'evêque qui ne tient plus au monde, et qui
» fait régner Jésus-Christ. Pardon, monsei-
» gneur, de mes libertés : je les condamne si
» elles vous déplaisent. Vous connoissez le
» zèle et le respect avec lequel je vous suis
» dévoué. »

C'est avec cette franchise honnête et polie que M. de Fénelon parloit, écrivoit à ses amis. Il croyoit leur devoir toute vérité : il la leur disoit, mais si à propos, mais avec un ton d'intérêt pour leur bonheur, mais avec un oubli de lui-même, mais avec tant d'attention et de délicatesse pour eux, qu'il étoit presque impossible de lui résister.

Les rapports que M. de Cambrai entretenoit avec ses amis, et qui exprimoient si bien les sentimens de son cœur et le caractère de sa piété, étoient fréquens, presque continuels, et ne l'empêchoient ni de remplir tous les devoirs de l'épiscopat, ni de travailler sans cesse pour la défense de la religion, ni de s'occuper de ce qui intéressoit sa patrie alors très-malheureuse, ni de veiller au soulagement de son peuple désolé par la guerre et par la famine.

Les mouvemens imprévus des armées, les désordres, et je dirai presque les ravages qui en sont inséparables, portoient la consternation dans les campagnes et obligeoient les habitans à les abandonner pour chercher leur sûreté dans les villes. La Flandre, ce pays si riant, si fertile, si bien cultivé, n'offroit que des ruines; ses plaines étoient désertes, abandonnées, ou couvertes de troupes qui achevoient de les dévaster.

Les besoins de l'état, que tant de calamités augmentoient encore, forcèrent Louis XIV à demander des secours extraordinaires. Le clergé du Cambresis fut imposé; et M. de Cambrai se conduisit dans cette occasion avec tant de zèle et de désintéressement, que le confesseur du roi crut devoir en rendre compte à sa majesté. Madame de Maintenon en instruisit aussi M. le cardinal de Noailles par une lettre qui mérite d'être mise sous les yeux du lecteur, et qui se trouve dans le recueil imprimé de ses lettres, tom. III, pag. 249.

Du 15 octobre 1708.

« Le Père de la Chaise dit hier au roi que
» M. l'archevêque de Cambrai ayant taxé son
» clergé, et devant être taxé lui-même à mille
» écus par proportion à son revenu, il avoit
» déclaré qu'il donneroit quinze mille francs
» pour soulager les curés de son diocèse. Le
» Père de la Chaise accompagna ce récit de toutes
» les louanges que la chose mérite. Je crois
» devoir vous tenir instruit de tout : si je vais
» trop loin, monseigneur, il ne tiendra qu'à
» vous de me modérer. Souvenez-vous que ce
» que je vous écris n'est uniquement que pour
» vous. »

Les campagnes de 1704 et les suivantes n'avoient point été heureuses. La bataille de Ramillies, perdue en 1706 et suivie de la perte de plusieurs places importantes, jeta partout l'alarme et le trouble. Il ne se passa cependant rien de considérable en 1707 ; mais pour relever la confiance et rétablir les affaires, Louis XIV, en 1708, se détermina à envoyer en Flandre M. le duc de Bourgogne, M. le duc de Berri, avec MM. de Vendôme, de Matignon et de Boufflers. Ils avoient en tête le prince Eugène et Marlborough.

M. le duc de Bourgogne, dans sa route pour la Flandre, donna avis à M. de Fénelon du jour de son passage par Cambrai.

« Je suis ravi, lui manda-t-il, mon cher
» archevêque, que la campagne que je vais faire
» en Flandre me donné lieu de vous embrasser,
» et de vous renouveler moi-même les assu-
» rances de la tendre amitié que je conserverai
» pour vous toute ma vie. S'il m'avoit été pos-
» sible, je me serois fait un plaisir d'aller cou-
» cher chez vous; mais vous savez les raisons
» qui m'obligent à garder des mesures, et je
» crois que vous ne vous en formaliserez point.
» Je serai demain à Cambrai sur les neuf
» heures, j'y mangerai un morceau à la poste,
» et je monterai ensuite à cheval pour me
» rendre à Valenciennes. J'espère vous y voir
» et vous y entretenir sur diverses choses. Si
» je ne vous donne pas souvent de mes nou-
» velles, vous croyez bien que ce n'est pas
» manque d'amitié et de reconnoissance : elle
» est assurément telle qu'elle doit être. » *Signé*
Louis.

La présence de nos princes et la valeur de nos généraux ranimèrent nos troupes qui étoient nombreuses. On eut d'abord quelques succès. Gand fut surpris, Bruges se rendit, et, malgré l'échec d'Oudenarde, on se flattoit qu'on pourroit soutenir l'honneur et la gloire de nos armes. La division se mit malheureusement parmi nos chefs : tous désiroient le bien et travailloient à le procurer, mais ils n'etoient point d'accord sur les moyens.

M. le duc de Bourgogne, ami de l'ordre, de la discipline, vouloit tout prévoir, risquer peu, ménager le sang du soldat, marcher avec précaution, avec sûreté autant qu'il le pourroit, ne rien compromettre en un mot dans des circonstances où l'on avoit tant à redouter pour tout le royaume épuisé et en quelque sorte découragé. M. de Vendôme, dont le coup d'œil étoit admirable, les ressources infinies, et la bravoure impétueuse, dédaignoit la vigilance, les précautions, comptoit trop sur son courage et sur celui qu'il savoit inspirer au soldat, et mettoit presque de la honte, non-seulement à craindre, mais encore à prévenir le danger.

Il fit des fautes, dit M. le président Hénault; mais il faut convenir, ajoute-t-il, que les contradictions qu'il éprouva ne contribuèrent pas à les réparer. Ses partisans, car il en avoit beaucoup dans la jeunesse, et le soldat, firent valoir ses raisons, se plaignirent hautement des entraves qu'on lui donnoit, et osèrent s'en prendre à M. le duc de Bourgogne, dont la prudence fut travestie en pusillanimité, et sur la sagesse et la piété duquel on ne manqua pas de jeter du ridicule. M. de Cambrai, instruit de tout ce qui se passoit si près de lui, en gémissoit devant Dieu, et crut devoir apprendre au prince les propos qu'on tenoit, et l'avertir de ce qu'il devoit faire pour réparer ses torts s'il en avoit, ou pour se justifier et rétablir une réputation si nécessaire au bonheur de l'état. Il lui en écrivit donc avec ce ton qui permet de tout dire, parce qu'il ne dit rien avec humeur ni avec âpreté.

Les ennemis firent cette année le siège de Lille, et le prince Eugène vint à bout d'une entreprise que le succès pouvoit à peine justifier. La belle défense que fit M. de Boufflers lui valut la dignité de pair de France. Gand fut rendu aux alliés : ils forcèrent l'electeur de Bavière de décamper de devant Bruxelles, qu'on auroit attaqué avec succès si on s'en étoit avisé un peu plus tôt. C'est dans le temps de ces revers que M. de Cambrai écrivit à M. le duc de Bourgogne la lettre suivante, au mois de novembre 1708 :

« JE crois suivre vos intentions en conti-
»nuant de vous rendre compte de ce que
»j'apprends par les officiers qui passent ici et
»par les lettres qui viennent de Paris.

» 1° Le déchaînement du public est encore
» très-grand. Certains politiques voudroient
» vous decrediter auprès du roi et de monsei-
» gneur, n'espérant pas avoir de la faveur au-
» près de vous. Les libertins craignent votre
» dévotion, qu'ils croient les menacer d'une
» reforme très-sévère. Les amis de M. de Ven-
» dôme veulent le justifier à vos dépens. Les
» jansénistes même, qui vous croient prévenu
» contre eux et qui ont beaucoup d'intrigues
» partout, sont ravis de vous rabaisser. Voilà,
» selon les apparences, les différentes sortes
» de gens qui ont excité le public.

» 2° On dit que vous écrivez trop, que vous
» êtes trop souvent renfermé, que vous n'êtes
» à votre aise qu'avec un certain nombre de
» gens devant lesquels vous êtes accoutumé à
» badiner. On ajoute qu'etant à Mons-en-
» Puelle, entre une sanglante bataille qui pou-
» voit ruiner la France et la honte de voir
» prendre Lille, vous ne paroissiez occupé
» qu'à noyer des mouches dans de l'huile. On
» ne manque pas de dire que ces jeux, par-
» donnables à dix ans, sont très-indécens à
» vingt-sept ans dans un grand prince qui com-
» mande une armée très-puissante, et qui se
» trouve dans une occasion qui peut décider du
» sort de l'état. On conclut que vous ne sentez
» point ce que vous devez sentir ; qu'il faut

» qu'on vous ait élevé dans une dévotion foible
» et puérile ; qu'on ne vous a jamais inspiré
» une vertu noble, courageuse, digne de votre
» rang, et conforme aux intentions du roi. On
» trouve que vous devriez être presque incon-
» solable des malheurs d'une si honteuse cam-
» pagne, pendant que vous ne paroissez occupé
» que d'un badinage d'enfant. Enfin on prétend
» que vous êtes irrésolu, tâtonnant, timide,
» en garde contre les conseils vigoureux, et
» toujours lent pour faire exécuter ceux qui
» sont inévitables ; que cette opinion publique
» décourage les troupes, et même les officiers
» les plus zélés. Voilà jusqu'où va la malignité
» de ces cabales.

» 3° Il me paroît, monseigneur, qu'il y a une
» manière de mépriser ces discours, et une
» manière d'y avoir un grand égard. Il faut, en
» un certain sens, les mépriser pour ne tom-
» ber jamais dans la tristesse et dans le dégoût
» du travail. Vos ressources sont infinies, si
» vous voulez en faire usage : vous n'avez qu'à
» écrire un peu moins, et qu'à parler un peu
» plus aux officiers qui méritent cet honneur ;
» qu'à être moins avec les gens qu'on dit qui
» vous obsèdent, et un peu plus à ceux qui
» veulent être connus de vous ; qu'à retrancher
» quelques jeux, et qu'à vous délasser par
» quelques divertissemens plus approuvés du

» public. Vous avez beaucoup plus qu'un autre
» de quoi entretenir ceux qui vous environnent :
» en vous livrant à eux un peu plus, vous les
» charmerez. Une parole, un geste, un sourire,
» un coup d'œil d'un prince tel que vous gagne
» les cœurs de la multitude : quelque louange
» donnée à propos au mérite distingué atten-
» drira pour vous tous les honnêtes gens. Si
» vous avez le pouvoir d'avancer ceux qui en
» sont dignes, faites-leur sentir votre protec-
» tion ; si vous ne pouvez pas les avancer, du
» moins qu'il paroisse que vous êtes affligé de
» ne le pouvoir pas et que vous recommandez
» de bon cœur leurs intérêts. Rien n'intéressera
» tant pour vous ceux qui peuvent décider de
» votre réputation, que de trouver en vous
» cette bonté de cœur, cette attention au ser-
» vice et aux talens, ce goût et ce discerne-
» ment du vrai mérite, et cet empressement
» pour le faire récompenser. J'ose vous dire,
» monseigneur, qu'il ne tient qu'à vous de
» changer promptement les préjugés publics
» et de vous attirer les louanges du monde en-
» tier. De ce côté-là il vous est facile de faire
» taire les critiques ; mais, d'un autre côté,
» il faut avoir un grand egard à l'improbation
» du public. J'avoue que rien n'est plus vain
» que de courir après les vaines louanges des
» hommes, qui sont légers, téméraires, in-

» justes et aveugles dans leurs jugemens. Heu-
» reux qui peut être ignoré d'eux dans la
» solitude! Mais la grandeur, bien loin de vous
» mettre au-dessus des jugemens des hommes,
» vous y assujettit infiniment plus qu'une con-
» dition médiocre. Ceux qui doivent comman-
» der aux autres ne sauroient le faire utilement,
» dès qu'ils ont perdu l'estime et la confiance
» des peuples. Rien ne seroit plus dur et plus
» insupportable pour les peuples, rien ne seroit
» plus dangereux et plus déshonorant pour un
» prince, qu'un gouvernement de pure auto-
» rité, sans l'adoucissement de l'estime, de la
» confiance, et de l'affection réciproque. Il est
» donc capital, même selon Dieu, que les
» grands princes s'appliquent sans relâche à se
» faire aimer et estimer, non par une recherche
» de vaine complaisance, mais par fidélité à
» Dieu, dont ils doivent représenter la bonté
» sur la terre. Si cette attention leur coûte, il
» faut qu'ils la regardent comme leur premier
» devoir, et qu'ils préfèrent cette pénitence à
» toutes les autres qu'ils pourroient pratiquer
» pour l'amour de Dieu. Si vous vous donnez
» à lui sans réserve, il vous facilitera bientôt
» certaines petites sujétions qui vous paroissent
» épineuses faute d'y être accoutumé.

» 4° Je ne puis m'empêcher, monseigneur,

» de vous répéter qu'il me semble que vous
» devez tenir bon jusqu'à l'extrémité dans l'ar-
» mée, comme M. de Boufflers dans la citadelle
» de Lille. Si on ne peut rien faire d'utile et
» d'honorable jusqu'à la fin de la campagne,
» au moins vous aurez payé de patience, de
» fermeté et de courage, pour attendre les oc-
» casions jusqu'au bout ; au moins vous aurez
» le loisir de faire sentir votre bonne volonté
» aux troupes et de regagner les cœurs. Si au
» contraire on fait quelque coup de vigueur
» avant que de se retirer, pourquoi faut-il que
» vous n'y soyez pas, et que d'autres s'en ré-
» servent l'honneur ? pourquoi faut-il faire
» penser au monde qu'on n'ose rien entre-
» prendre de hardi et de fort quand vous com-
» mandez, que vous n'y êtes qu'un embarras,
» et qu'on attend que vous soyez parti pour
» tenter quelque chose de bon? Après tout,
» s'il y a quelque ressource à espérer, c'est dans
» le temps où les ennemis seront réduits à se
» retirer ou à prendre des postes dans le pays
» pour y passer l'hiver. Voilà le dénoûment
» de toute la campagne, voilà l'occasion déci-
» sive, pourquoi la manqueriez-vous? Il faut
» toujours obéir au roi avec un zèle aveugle ;
» mais il faut attendre et tâcher d'éviter un
» ordre absolu de partir trop tôt. Vous auriez
» tout le déshonneur de la campagne, et

»M. de Vendôme se réserveroit l'espérance du
»succès.

»5° Vous voyez, monseigneur, qu'on vous
»accuse d'une dévotion mal tournée, scrupu-
»leuse, timide, foible, appliquée à des mi-
»nuties. Vous devez faire honneur à la piété
»et la rendre respectable dans votre personne :
»il faut la justifier aux critiques et aux liber-
»tins ; il faut la pratiquer d'une manière simple,
»douce, noble, forte, et convenable à votre
»rang; il faut aller tout droit aux devoirs essen-
»tiels de votre état par le principe de l'amour
»de Dieu, et ne rendre jamais la vertu incom-
»mode par des hesitations scrupuleuses sur
»les petites choses. L'amour de Dieu vous
»élargira le cœur, et vous fera decider sur-le-
»champ dans les occasions pressantes. Un
»prince ne peut point, à la cour ou à l'armée,
»régler les hommes comme des religieux : il
»faut en prendre ce qu'on peut et se propor-
»tionner à leur portee. Jésus-Christ disoit aux
»apôtres : *J'aurois beaucoup de choses à vous*
»*dire ; mais vous ne pouvez pas maintenant les*
»*porter.* Saint Paul dit : *Je me suis fait tout*
»*à tous pour les gagner tous.* Je prie Dieu
»tous les jours que l'esprit de liberté sans
»relâchement vous élargisse le cœur pour vous
»accommoder aux besoins de la multitude.

» 6° On vous croit foible nonobstant l'éten-
» due de votre esprit. C'est par-là qu'on vous
» attaque ; c'est par ce côté-là qu'il est capital
» de vous défendre. Il faut montrer que vous
» pensez d'une manière sérieuse, suivie, cons-
» tante et ferme ; il faut convaincre le monde
» que vous sentez tout ce que vous devez sen-
» tir, et que rien ne vous échappe. Si vous
» paroissez mou et facile à entraîner, on vous
» entamera et l'on vous menera loin aux dépens
» de votre réputation. Mais si vous parlez au
» roi d'un ton ferme et respectueux ; si vous
» lui montrez clairement en détail les véritables
» causes des mauvais événemens avec les
» remèdes qu'on peut y apporter ; si vous lui
» faites voir que vous n'avez manqué à rien
» d'essentiel ; si vous lui représentez la situation
» très-embarrassante où vous vous êtes trouvé,
» les piéges qui vous environnoient, le peu de
» secours qui étoit autour de vous, avec les
» mécomptes que vous avez été contraint d'es-
» suyer par la négligence et la confiance témé-
» raire de M. de Vendôme ; enfin si vous ap-
» puyez vos bonnes raisons par les témoignages
» uniformes des principaux officiers qui doivent
» naturellement dire la vérité en votre faveur
» si peu que vous ayez soin de gagner leurs
» cœurs ; le roi ne pourra s'empêcher d'avoir
» égard à votre bonne cause pour l'intérêt de

»l'état, et de sentir que vous n'êtes pas foible
» comme on vous en accuse. Ce qui est certain
» est que si, après avoir été peut-être trop peu
» décisif à l'armée, vous paroissiez foible et
» timide à la cour, vous tomberiez dans un état
» d'où il seroit très-difficile de vous relever.
» Vous n'avez point d'autre ressource que celle
» des bonnes raisons appuyées avec une fer-
» meté qui ne peut être que louée quand elle
» sera assaisonnée d'une soumission, d'un zèle
» et d'un respect à toute épreuve pour le roi.
» Le moment de votre retour à la cour sera une
» crise. Je redoublerai mes foibles prières en
» ce temps-là.

» 7° Si vous vous accoutumez à rentrer
» souvent au dedans de vous pour y renou-
» veler la possession que Dieu doit avoir de
» votre cœur; si vous dites avec humilité,
» *Audiam quid loquatur in me Dominus ;* si
» vous n'agissez ni par humeur, ni par goût
» naturel, ni par vaine gloire, mais simplement
» par mort à vous-même et par fidélité à l'es-
» prit de grâce, Dieu vous soutiendra. *Angelis*
» *suis Deus mandavit de te ut custodiant te in*
» *omnibus viis tuis.......... Dabitur enim vobis*
» *in illa hora quid loquamini.* Vous devien-
» drez grand devant les hommes à proportion
» de ce que vous serez petit devant Dieu et
» souple dans sa main. Vous aurez des croix ;

» mais elles entreront dans les desseins de Dieu
» pour vous rendre l'instrument de sa provi-
» dence, et vous direz : *Superabundo gaudio*
» *in omni tribulatione nostra.* Je ne saurois
» être devant Dieu, que je ne m'y trouve avec
» vous pour lui demander que vous soyez,
» comme David, selon son cœur.

» Voilà, dit encore M. de Cambrai à M. le
» duc de Bourgogne, les principales choses qui
» me reviennent par de bons canaux..... Peut-
» être que personne n'osera vous dire tout
» ceci ; pour moi je l'ose ; et je ne crains que de
» manquer à Dieu et à vous. Personne n'est
» plus éloigné que moi de croire tous ces dis-
» cours : la peine que je souffre à les entendre
» est grande. Il s'agit de détromper le monde
» prévenu....... Écoutez les personnes les plus
» expérimentées, et ensuite prenez votre parti.
» Il est moins dangereux d'en prendre un mau-
» vais que de n'en prendre aucun ou que d'en
» prendre un trop tard. Pardonnez, monsei-
» gneur, la liberté d'un ancien serviteur qui
» prie sans cesse pour vous, et qui n'a d'autre
» consolation en ce monde que celle d'espérer
» que, malgré ses traverses, Dieu fera par vous
» des biens infinis.......

» Le public, lui ajoute-t-il, vous aime encore
» assez pour désirer un coup qui vous relève.
» Mais si ce coup manque, vous tomberez bien

» bas. La chose est dans vos mains. Pardon,
» monseigneur : j'écris en fou, mais ma folie
» vient d'un excès de zèle. Dans le besoin le
» plus pressant, je ne puis que prier ; et c'est
» ce que je fais sans cesse. »

Ces conseils furent très-bien reçus de M. le
duc de Bourgogne. « Je suis charmé, écrivoit-il
» à M. de Cambrai, des avis que vous me
» donnez,..... et je vous conjure de les renou-
» veler toutes les fois qu'il vous plaira. Il me
» paroît, Dieu merci, que j'ai une partie des
» sentimens que vous m'inspirez, et que vous
» faisant connoître ceux qui me manquent,
» Dieu me donnera la force de tout accomplir
» et d'user des remèdes que vous me prescrirez.
» Il me paroît que, pour ne me guère voir,
» vous ne me connoissez pas mal encore. »

Il lui mande dans une autre lettre : « Je tâ-
» cherai de faire usage des avis que vous me
» donnez, et priez Dieu qu'il m'en fasse la grâce
» pour n'aller trop loin ni à droite ni à gauche...
» Je m'attends à bien des discours que l'on tient
» et que l'on tiendra encore. Je passe condam-
» nation sur ceux que je mérite, et méprise les
» autres, pardonnant véritablement à ceux qui
» me veulent ou me font du mal, et priant
» pour eux tous les jours de ma vie. Voilà mes
» sentimens, mon cher archevêque, et malgré
» mes chutes et mes défauts, une détermina-

» tion absolue d'être à Dieu........ Il n'a point
» été question, lui dit-il encore, de parler sur
» mon retour; mais vous pouvez être persuadé
» que je suis et que j'ai toujours été dans les
» mêmes sentimens que vous sur ce chapitre,
» et qu'à moins d'un ordre supérieur et réitéré,
» je compte, quoi qu'il arrive, de finir la cam-
» pagne et d'être à la tête de l'armée tant qu'elle
» sera assemblée...... Il est vrai que j'ai essuyé
» une épreuve depuis quinze jours; et je me
» trouve bien loin de l'avoir reçue comme je le
» devois, me laissant et emporter aux prospé-
» rités et abattre dans les adversités, et me lais-
» sant aussi aller à un serrement de cœur et
» aux noirceurs causées par les contradictions
» et les peines de l'incertitude et de la crainte
» de faire quelque chose de mal à propos dans
» une affaire d'une conséquence aussi extrême
» pour l'état........ »

M. le duc de Bourgogne entre dans beaucoup
de détails sur sa conduite à l'armée, convient
qu'il y a beaucoup de choses à lui reprocher, et
se justifie cependant avec candeur, et pour
rendre hommage à la vérité, de la plupart des
fautes que le public lui imputoit. Cette correspondance vraiment touchante, et si honorable
pour l'élève et le précepteur, méritoit, à ce
qu'il nous semble, que nous en donnassions

une idée, et nous la terminerons par un extrait de la lettre que le prince écrivit à l'archevêque presque au moment de finir la campagne de 1708.

« Si je n'ai pas répondu plus tôt à plusieurs
» de vos lettres, mon cher archevêque, ce n'est
» pas que j'aie plus mal reçu ce qu'elles con-
» tiennent, ni que mon amitié pour vous en
» soit moins vive. Je suis ravi de tout ce que
» vous m'avez mandé que l'on dit de moi. Vous
» pouvez interroger le vidame, qui vous rendra
» cette lettre, sur la vérité des faits publics,
» qu'il me seroit bien long de reprendre ici....
» Je profiterai, avec l'aide de Dieu, de vos
» avis. J'ai bien peur que le tour que je vais
» faire en Artois, me faisant finir ma cam-
» pagne à Arras, ne m'empêche de vous voir
» à mon retour comme je l'avois espéré ; car,
» de la manière dont vous êtes à la cour, il me
» paroît qu'il n'y a que le passage dans votre
» ville archiépiscopale qui me puisse procurer
» ce plaisir. Je suis fâché aussi que l'éloigne-
» ment où je vais me trouver de vous m'em-
» pêche de recevoir d'aussi salutaires avis que
» les vôtres. Continuez-les cependant, je vous
» en supplie, quand vous en verrez la néces-
» sité, et que vous trouverez des voies absolu-
» ment sûres. Assistez-moi aussi de vos prières,

» et comptez que je vous aimerai toujours de
» même, quoique je ne vous en donne pas
» toujours des marques. »

M. le duc de Bourgogne, de retour à Versailles, se conduisit selon les conseils que lui avait donnés M. de Cambraï : il insista fortement pour qu'on lui permît de retourner à l'armée. Il devoit, pendant la campagne de 1709, commander celle que nous avions sur le Rhin ; mais, au moment du départ, le contrôleur général représenta dans le conseil qu'il n'avoit point d'argent à lui donner, et qu'il prévoyoit que son armée manqueroit souvent du nécessaire dans le courant de cette campagne. « Puisque l'argent nous manque, répli-
» qua M. le duc de Bourgogne, j'irai sans suite,
» je vivrai en simple officier ; je mangerai, s'il
» le faut, le pain du soldat, et personne ne se
» plaindra de manquer du commode, quand
» on verra que j'ai à peine le nécessaire. »

Mais le roi, malgré les instances de son petit-fils, ne voulut jamais l'exposer aux rigueurs de la disette et de la famine.

On eut en effet dans cette année à combattre contre la faim, la rigueur de l'hiver, et l'extrême cherté des blés. L'armée de Flandre se trouvoit sans magasins, et le soldat par conséquent sans subsistance : M. de Cambrai donna l'exemple à tout le pays de fournir volontairement des blés pour soutenir et faire vivre le soldat; et il le fit avec cette générosité et ce désintéressement qui lui étoient si naturels. Il s'en exprime ainsi en écrivant à M. le contrôleur général :

« Je ne me résoudrai jamais, monsieur, à
» vous proposer aucun prix. Je vous ai aban-
» donné mes blés ; ordonnez ce qu'il vous plaira,
» et tout sera bon........ Je ne cherche point de
» sûretés pour le paiement. Dès le commence-
» ment je ne vous en ai demandé aucunes ; et
» je veux finir, comme j'ai commencé, en
» m'abandonnant sans réserve à votre discré-
» tion. Il n'y a dans mon procédé ni attention
» à mon intérêt, ni aucune vue de politique. Je
» vous supplie très-humblement de décider tant
» pour le prix que pour l'assignation. C'est
» votre parole seule sur laquelle je compte..... »

M. de Cambrai ne se borna pas à livrer ses blés, en priant qu'on lui en laissât pour sa consommation et pour fournir à tout ce qui abordoit chez lui et passoit par Cambrai : il fit de plus, comme seigneur du Cateau-Cambrésis, une ordonnance qui, vu les besoins pressans des peuples et du soldat, lui parut nécessaire. Il enjoignit donc à tous les fermiers, censiers, etc., de faire battre leurs grains, de les porter, à un terme fixé, aux marchés voisins, et de n'en réserver que ce qui étoit indispensable pour leur nourriture. Malgré toutes ces précautions, malgré les efforts incroyables qu'il fit pour pourvoir au besoin de son peuple, cette année 1709 fut si désastreuse, et la Flandre étoit couverte de tant de troupes et d'habitans, qu'il fut impossible à M. de Fénelon de subvenir à leurs besoins les plus urgens. Il eut alors recours à la bonté du roi, et nous allons transcrire la lettre vraiment épiscopale et paternelle qu'il écrivit à ce sujet à M. l'intendant de l'armée.

Monsieur,

Je ne puis m'empêcher de faire ce que notre ville et notre pays désolé me pressent d'exécuter. Il s'agit de vous supplier instamment d'avoir la bonté de nous procurer les secours que vous nous avez promis de la part du roi. Ce pays et cette ville n'ont pour cette année d'autre ressource que celle de l'avoine, le blé ayant absolument manqué. Vous jugez bien, monsieur, que les armées qui sont presque à nos portes, et qui ne peuvent subsister que par les derrières, enlèvent une grande partie de l'avoine qui est encore sur la campagne. Il en périt beaucoup plus par le dégât et par le ravage que par les fourrages réglés. Il en faudra beaucoup pour les chevaux pendant tout l'hiver, si on laisse de la cavalerie sur cette frontière. Il ne s'agit plus de froment, qui est monté jusqu'à un prix énorme où les familles même les plus honnêtes ne peuvent plus en acheter : sa rareté est extrême. L'orge nous manque entièrement. Le peu d'avoine qui nous restera peut-être ne sauroit suffire aux hommes et aux chevaux. Il faudra que les peuples périssent ; et l'on doit craindre une contagion qui passera bientôt d'ici jusqu'à Paris, dont nous ne sommes éloignés que de trente-cinq lieues par le droit chemin. De plus, vous comprenez, monsieur, mieux que personne, que si les peuples ne peuvent ni semer ni vivre, vos troupes ne pourront pas subsister sur cette frontière sans habitans qui leur fournissent les choses nécessaires. Vous voyez bien aussi que, l'année prochaine, la guerre deviendroit impossible à soutenir dans un pays détruit. Le pays où nous sommes se trouve, monsieur, tout auprès de cette dernière extrémité : nous ne pouvons plus nourrir nos pauvres, et les riches même tombent en pauvreté. Vous m'avez fait l'honneur de m'écrire que le roi auroit la bonté de faire venir en ce pays beaucoup de grains de mars, c'est-à-dire d'orge et d'avoine : c'est l'unique moyen de sauver une frontière si voisine de Paris et si importante à la France. Je croirois manquer à Dieu et au roi, si je ne vous représentois pas fidèlement notre état. Nous attendons tout de la compassion de sa majesté pour des peuples qui ne lui montrent pas moins de fidelité et d'affection que les sujets de l'ancien royaume. Enfin nous sommes persuadés que vous serez favorable à un pays que vous avez gouverné avec tant de sagesse et de désintéressement, et qui a tant de confiance en votre bonté. Je suis, etc.

Tant de calamités parvinrent en quelque sorte à leur comble par la perte de la bataille de Malplaquet. Ç'a été, dit M. le président Hénaut, la plus longue et la plus meurtrière de cette guerre. Les ennemis obtinrent ce qu'ils vouloient, qui fut de prendre Mons. Malgré cela, cette journée fut glorieuse à la France par le courage et la volonté que les troupes firent voir : les soldats, qui manquoient de pain depuis trois jours, jeterent gaiement celui qu'on leur venoit de donner, pour courir se battre. M. le maréchal de Villars fut blessé. M. le maréchal de Boufflers, par cette générosité vraiment romaine qui a fait son caractère, avoit demandé et obtenu d'aller servir sous les ordres du maréchal de Villars, dont il étoit cependant l'ancien : il fit la retraite en si bon ordre, qu'il ne laissa ni canon ni prisonniers. M. de Cambrai fut alors l'admiration de l'armée, par sa charité pour les blessés et les malades ; il en remplit non-seulement son palais, mais encore son séminaire, qui se trouva libre par l'absence des jeunes ecclésiastiques. Sa charité alla même jusqu'à louer des maisons lorsque les appartemens manquoient chez lui, et il faisoit fournir aux malades tout ce qui étoit nécessaire pour les guérir et pour les nourrir. Enfin il étoit l'asile de tous les malheureux : tous trouvoient une retraite chez lui ou auprès de lui. Ni l'horreur de leur misère, ni leurs maladies infectes n'arrêtoient son zèle : il se promenoit au milieu d'eux comme un bon père ; les soupirs qu'il laissoit échapper marquoient combien son cœur étoit ému de compassion ; sa présence et ses paroles sembloient adoucir leurs maux.

Tant de soins et d'embarras ne l'empêchoient pas d'accueillir avec une politesse noble et aisée tous les officiers qui le venoient voir : il les logeoit, tenoit pour eux une table aussi magnifique que les circonstances le permettoient, les entretenoit, leur donnoit des conseils salutaires, et leur laissoit à tous une grande impression d'estime pour sa vertu et pour sa piété.

Tout autre auroit cru une telle dépense excessive dans un temps où le voisinage des armées et la stérilité des campagnes diminuoient fort ses revenus. Mais M. de Cambrai ne mesuroit ses libéralités que sur les besoins des malheureux : modeste dans tout ce qui concernoit sa personne, mangeant toujours seul, et ne vivant que de légumes, à ce qu'il disoit, par régime, et, à ce que nous croyons, par mortification, il faisoit parfaitement les honneurs de sa maison, mais ne touchoit jamais à rien de ce qu'on servoit aux généraux et aux officiers que le désir de voir un homme aussi extraordinaire et de converser avec lui attiroit en foule dans son palais. Cette espèce de culte, d'estime et de vénération n'étoit pas renfermée dans les seules armées françaises ; les ennemis mêmes la partageoient : la connoissance de ses écrits, et surtout de son Télémaque, avoit fait une si grande impression dans le pays étranger, que les sentimens pour celui qui en étoit l'auteur se trouvoient les mêmes dans l'armée des alliés que dans celle de France.

M. le prince Eugène, M. le duc de Marlborough, et M. le duc d'Ormond, le prevenoient par toute sorte de politesses.

Lorsque les partis ennemis apprenoient qu'il devoit faire quelque voyage dans son diocese, ils lui mandoient qu'il n'avoit pas besoin d'escorte française, qu'ils l'escorteroient eux-mêmes ; et jusqu'aux hussards des troupes impériales, si décriés alors par leur rapacité, et si incapables, à ce qu'on croyoit, de garder des mesures et de marquer des égards, s'empressoient de lui rendre ce service : tant la vraie vertu a d'empire sur tous les esprits. Il aimoit aussi, ajoute M. de Ramsai, il chérissoit les étrangers, il les recevoit avec une cordialité et une distinction qui les touchoit, quelle que fût leur religion. Il prenoit plaisir à les entretenir des mœurs, des lois, du gouvernement de leur pays, sans jamais leur faire sentir ce qui leur manquoit de la délicatesse des mœurs françaises : au contraire, il disoit souvent : *La politesse est de toutes les nations ; les manières de l'exprimer sont différentes, mais indifférentes de leur nature.*

Il y avoit un jour de l'année où il avoit coutume d'aller à une ville de son diocèse pour une cérémonie religieuse : on le sut dans l'armée des alliés, il devoit passer à la portée de leur camp ; ils projetèrent de placer des détachemens sur sa route, et de l'amener au camp, pour donner à tous, aux officiers et aux soldats qui le désiroient également, la satisfaction de le voir et de l'entendre.

M. de Cambrai en fut averti, et ne crut pas que sa qualité de sujet d'un roi contre lequel se faisoit la guerre, et l'état de relégué dans son diocèse qui subsistoit encore, au moins quant à l'ordre qui lui avoit été donné et qu'il n'avoit jamais travaillé à faire révoquer, lui permissent de se prêter au dessein qu'on avoit sur lui. Ce que l'aventure auroit eu de flatteur pour l'amour-propre ne l'ébranla point, et il renonça généreusement à son voyage. Si les généraux des alliés apprenoient que quelque lieu à portée de leur armée appartenoit en propre à l'archevêque de Cambrai, ils y mettoient aussitôt des gardes, et en faisoient conserver les grains, les bois et les prairies avec autant de soin que s'il eût été question de l'un d'entre eux des plus accrédités. Ces terres, ainsi protégées en sa considération, devenoient même un refuge sûr pour les paysans du voisinage, qui s'y transportoient et y faisoient transporter leur famille et leurs effets.

Vers la fin de la campagne de 1711, l'armée des alliés se trouvoit par sa position à la vue des remparts de Cambrai, et entre l'armée de France et la petite ville de Cateau-Cambrésis, qui est le principal domaine des archevêques. Cette ville étoit remplie des grains du prélat et de ceux que les habitans de la campagne y avoient retirés. M. le duc de Marlborough les fit d'abord conserver par un détachement qu'il y envoya ; mais quand il prévit que la rareté des subsistances pour son armée ne lui permettroit pas de refuser jusqu'à la fin le fourragement de cette petite ville, il en fit avertir M. de Cambrai : on chargea sur des chariots les blés qui s'y trouvoient, et ils furent conduits, à la vue du camp des alliés, par une escorte de leurs troupes qui les suivit jusque sur la place d'armes de Cambrai, qui étoit comme le quartier-général de l'armée française. Ce trait si singulier montre bien la considération dont jouissoit partout M. l'archevêque de Cambrai.

Pendant cette guerre il eut l'honneur de recevoir chez lui et d'entretenir souvent le roi d'Angleterre, qui fit quelques campagnes avec nous, sous le nom de chevalier de Saint-Georges. Ce prince l'écouta avec vénération et docilité. Fénelon lui recommanda sur toute chose, comme le rapporte M. de Ramsai, de ne jamais forcer ses sujets à changer leur religion. Nulle puissance humaine ne peut forcer, lui dit-il, le retranchement impénétrable de la liberté du cœur.... Quand les rois se mêlent de religion, au lieu de la protéger ils la mettent en servitude. Accordez donc à tous la tolérance civile, non en approuvant tout comme indifférent, mais en souffrant avec patience tout ce que Dieu souffre, et en tâchant de ramener les hommes par une douce persuasion....

Tout prince sage, lui dit-il encore un jour,

doit souhaiter de n'être que l'exécuteur des lois, et d'avoir un conseil suprême qui modère son autorité. L'autorité paternelle est le premier modèle des gouvernemens ; tout bon père doit agir de concert avec ses enfans les plus sages et les plus expérimentés.

Ces leçons étoient reçues avec reconnoissance : mais le prince à qui elles étoient adressées ne fut jamais à portée d'en faire usage : ses tentatives pour rentrer dans le royaume de ses pères furent toutes malheureuses, et il se vit réduit à aller chercher un asile auprès du chef de la religion dont il étoit la glorieuse victime.

La guerre se continuoit toujours ; et l'année 1709, qui avoit été si rigoureuse, si terrible à passer, fut suivie de grands revers en Espagne. La bataille de Saragosse, gagnée par M. de Stahremberg, obligea Philippe V à quitter Madrid, et nos propres désastres en Flandre forcèrent Louis XIV à retirer ses troupes d'Espagne pour défendre ses propres états.

Les alliés, épuisés malgré leurs succès, voyoient pour eux comme pour nous le besoin de la paix. Louis XIV la demandoit : il offroit de faire les plus grands sacrifices, on en exigea d'impossibles. Il les refusa, et fit sentir enfin aux ennemis qu'on ne pousse pas impunément à bout un roi tel que lui et une nation comme la nôtre. La fermeté de Louis et le zèle de ses sujets suppléèrent à tout. La providence vint à notre secours. La reine d'Angleterre, inopinément changée, après avoir rappelé M. le duc de Marlborough qu'elle priva de tous ses emplois, ne tarda pas à se détacher des alliés qui la ruinoient. On s'assembla à Utrecht pour traiter de la paix. On se battit vigoureusement pendant qu'on la traitoit ; et le maréchal de Villars soutint en Flandre l'honneur de nos armes, vainquit à Denain le prince Eugène, et sauva la France par cette victoire.

Pendant ces dernières années de la guerre, M. de Fénelon continua à se montrer en évêque zélé et en citoyen dévoué à sa patrie. Sa vigilance pastorale s'étendoit à tous les besoins spirituels de son troupeau, et sa charité compatissante répandoit avec profusion les secours les plus abondans sur tous ceux qui les réclamoient. Il travailloit constamment à la défense de la foi et à l'accroissement de la piété, et ne travailloit pas avec moins d'ardeur au soulagement des malheureux qui l'environnoient.

La confiance qu'il avoit inspirée par ses lumières et ses vertus ; la considération que lui donnoit une conduite noble, uniforme, pieuse, épiscopale ; sa réputation de droiture, de désintéressement, de vérité ; tout faisoit qu'on avoit recours à lui dans les embarras spirituels et temporels où nous jetoient la confusion des armes et les querelles theologiques : et cet homme étonnant, qu'on s'étoit tant efforcé d'humilier, qui sembloit devoir être flétri, écrasé et par la disgrâce où le tenoit encore un roi tout puissant, et par la foudre lancee contre son livre du haut du Vatican, devint cependant l'admiration de l'église et de l'état par les services qu'ils leur rendit et par le zèle qu'il mit à les défendre. Les travaux auxquels il fallut se livrer, les sacrifices d'argent qu'il fallut faire, ne lui coûtèrent pas un regret; il ne tenoit ni à ce qu'on appelle fortune, ni à cette gloire profane qui donne à ses partisans tant d'activité et de courage. Le cœur de Fénelon, désoccupé, détaché de tout, n'étoit plus sensible qu'au désir de plaire à Dieu, qu'aux charmes et aux consolations de l'amitié. Dieu voulut sans doute y régner seul : il lui ôta tout ce qui sembloit partager ses affections. M. de Cambrai perdit successivement et presque coup sur coup ses amis, ses protecteurs les plus chéris et les mieux éprouvés.

M. L'abbé de Langeron fut le premier qu'il eut à pleurer, et celui peut-être qui lui avoit donné les marques les plus tendres d'attachement. Avec de l'esprit, du savoir, de la piété, de la naissance, et une place de confiance, à quoi ne pouvoit-il pas aspirer? Il ne lui en eût coûté que de dissimuler, que du moins de ne pas faire une profession trop ouverte de ses sentimens pour M. de Cambrai. Ce que tant d'autres auroient traité de sage circonspection parut une bassesse à une âme pure comme celle de M. l'abbé de Langeron; un ami tel que Fénelon étoit pour lui le bien préférable à tout, et il le préféra effectivement à tout ce qu'il avoit, et, qui plus est, à tout ce qu'il pouvoit espérer. Retiré presque toujours à Cambrai, rien ne lui manquoit, puisqu'il avoit les exemples et la société de son ami. Il y tomba malade vers la fin de 1710, et mourut sous les yeux et entre les bras de Fénelon. « J'ai le cœur » percé de douleur, écrivoit ce prélat à l'un de » ses neveux dès qu'il s'aperçut que la maladie » tournoit à la mort : notre pauvre abbé de » Langeron est à l'extrémité. Oh ! que je souffre » et que j'aime la volonté qui me fait souffrir !... » Nous avons perdu notre cher abbé, lui man- » doit-il deux jours après, et je suis accablé de » douleur...En vérité la vie est bien amère. Je n'y » sens que de la douleur dans la perte que je » viens de faire. Si je pouvois sentir du plaisir, » votre arrivée m'en feroit. »

Mais, dans sa réponse à une religieuse carmélite qui lui avoit écrit au sujet de la mort de M. l'abbé de Langeron, M. de Cambrai peint encore plus vivement et sa sensibilité et sa resignation.

« Je n'ai point la force que vous m'attribuez ;
» j'ai ressenti la perte irréparable que j'ai faite
» avec un attachement qui montre un cœur
» bien foible. Maintenant mon imagination est
» un peu apaisée, et il ne me reste qu'une
» amertume et une espèce de langueur inté-
» rieure. Mais l'adoucissement ne m'humilie
» pas moins que la douleur : tout ce que j'ai
» éprouvé dans ces deux états n'est qu'imagina-
» tion et qu'amour-propre. J'avoue que je me
» suis pleuré en pleurant mon ami qui faisoit
» la douceur de ma vie, et dont la privation se
» fait sentir à tout moment. Je me console,
» comme je suis affligé, par lassitude de la
» douleur et par besoin de soulagement.
» L'imagination, qu'un coup si imprévu avoit
» saisie et troublée, s'y accoutume et se calme.
» Hélas ! tout est vain en nous, excepté la mort
» à nous-mêmes que la grâce y opère. Au reste,
» ce cher ami est mort avec une vue de sa fin
» qui étoit si simple, si paisible, que vous en
» auriez été charmée. Lors même que sa tête se
» brouilloit un peu, ses pensées étoient toutes
» de grâce, de foi, de docilité, de patience, et
» d'abandon à Dieu : je n'ai rien vu de plus édi-
» fiant et de plus aimable. Je vous raconte tout
» ceci pour ne vous représenter point ma tris-

» tesse sans vous parler de *cette joie de la foi*
» dont nous parle saint Augustin, et que Dieu
» m'a fait sentir en cette occasion. Dieu a fait
» sa volonté, il a préféré le bonheur de mon ami
» à ma consolation. Je manquerois à Dieu, et à
» mon ami même, si je ne voulois pas ce que
» Dieu a voulu. Dans ma plus vive douleur, je
» lui ai offert celui que je craignois de perdre.
» On ne peut être plus touché que je le suis de
» la bonté avec laquelle vous prenez part à ma
» peine. Je prie celui pour l'amour de qui vous
» le faites de vous en payer au centuple.... »

Cette perte si affligeante pour M. de Cambrai ne fut que le prélude des sacrifices douloureux que la providence exigea bientôt de lui. Peu de temps après, il eut à pleurer avec M. le duc de Bourgogne la mort du grand dauphin et celle de madame la duchesse de Bourgogne. Personne ne connoissoit mieux un cœur qu'il avoit formé en quelque sorte, et personne ne sentit aussi plus vivement et ne fut autant alarmé de l'impression que devoient faire sur son auguste élève ces catastrophes accablantes et inattendues. Un père dans la force de l'âge; une épouse uniquement chérie et si digne de l'être, les liens les plus tendres et les plus sacrés subitement rompus; toutes les douceurs, toutes les consolations de la vie, brusquement enlevées; ce vide, cette solitude de l'âme, qui rendent si importuns, si fatigans les empressemens de tout ce qui nous reste, de tout ce que nous voyons; la jeunesse du prince, qui lui promettoit de longs jours, et ne lui laissoit que la triste espérance de prolonger son deuil et ses regrets; sa vertu même, qui, en sanctifiant, en purifiant ses attachemens, les avoit rendus plus profonds, plus solides, plus inébranlables, et ne donnoit aucune prise aux distractions, ou plutôt aux illusions qu'on nous offre dans la douleur, et qui n'entrent guère dans les cœurs véritablement affligés : voilà l'état où M. de Fénelon se représentoit M. le dauphin. Il en ecrivit à M. le duc de Chevreuse, et lui envoya une lettre pour le prince désolé. Il y entre dans sa peine, la justifie, pour ainsi dire, par l'exemple de saint Augustin, rapporte la peinture si vive que fait ce père d'une âme plongée dans l'amertume de ses regrets, et le ramène ensuite aux sentimens de religion, les seuls peut-être qu'on soit capable d'écouter dans l'excessive douleur.

M. de Fénelon se trompoit dans les espérances qu'il avoit conçues du rétablissement de la santé de M. le dauphin. Frappé presque du même coup que madame la dauphine, il ne lui survécut que de six jours. Jamais prince ne fut plus regretté, et ne mérita plus de l'être, pour sa piété, son esprit, son application aux affaires; son amour pour le peuple, et sa charité, qui le rendoit si économe pour lui-même et si prodigue pour les pauvres.

« Mes liens sont rompus ! s'écria M. de Cam-
»brai en apprenant cette affreuse nouvelle :
»rien ne sauroit plus m'attacher à la terre!

»Hélas! mon bon duc (c'est à M. le duc de
»Chevreuse qu'il écrivoit), Dieu nous a ôté
»toute notre espérance pour l'église et pour
»l'état : il a formé ce jeune prince, il l'a orné,
»il l'a préparé pour les plus grands biens, il l'a
»montré au monde, et aussitôt il l'a détruit.
»Je suis saisi d'horreur et malade de saisisse-
»ment sans maladie. En pleurant le prince
»mort, qui me déchire le cœur, je suis alarmé
»pour les vivans : ma tendresse m'alarme pour
»vous et pour le bon (c'est-à-dire M. le duc
»de Beauvilliers). De plus, je crains pour le
»roi ; sa conservation est infiniment impor-
»tante.

»On n'a jamais tant dû désirer et acheter la
»paix. Que seroit-ce si nous allions tomber
»dans les orages d'une minorité, sans mère ré-
»gente, avec une guerre accablante au dehors!

»Tout est épuisé, poussé à bout. Les hugue-
»nots sont encore très-redoutables : d'autres
»novateurs le sont au delà de tout ce qu'on
»peut concevoir. Quels chefs n'auroient-ils
»pas! Quels ressorts leur verroit-on remuer!

» La paix ! la paix ! à quelque prix que ce
» soit........ Il y auroit des réflexions infinies à
» faire là-dessus, mais vous les ferez mieux
» que moi : je n'en ai ni le temps ni la force.
» Je prie notre Seigneur qu'il vous inspire : ja-
» mais nous n'en eûmes un si grand besoin. »

Après avoir donné à sa douleur et au bien de la patrie ces premiers momens, M. de Fénelon crut pouvoir s'occuper de ce qui l'intéressoit, et réclama les lettres, les mémoires, les instructions qu'on trouveroit de lui dans les papiers secrets de M. le dauphin. M. le duc de Beauvilliers fit à ce sujet toutes les démarches convenables et nécessaires; et madame de Maintenon lui répondit de Saint-Cyr, le 15 mars 1712 :

« Je voulois vous renvoyer tout ce qui s'est
» trouvé de vous et de M. de Cambrai ; mais
» le roi a voulu le brûler lui-même. Je vous
» avoue que j'y ai eu grand regret, car jamais
» on ne peut écrire rien de si beau et de si bon :
» et si le prince que nous pleurons a eu des
» défauts, ce n'est pas pour avoir reçu des
» conseils trop timides, ni qu'on l'ait trop flatté.
» On peut dire que ceux qui vont droit ne sont
» jamais confus. »

Un reste de prévention dans Louis XIV contre

Fénelon ; le regret peut-être de ne s'être pas toujours conduit par des principes si justes, des vérités fortes, qui le frappoient par leur importance, mais qui le blessoient, qui paroissoient dures à un prince trop accoutumé à la louange, et qu'il regardoit comme une critique téméraire et hardie de plusieurs époques de son règne ; ses malheurs actuels, et l'épuisement de son peuple, dont il ne vouloit pas voir la source principale dans ces idées fausses de gloire, de grandeur et de magnificence, dont la religion lui faisoit sentir la vanité, mais dont son cœur et son esprit n'étoient pas encore parfaitement désabusés ; tant d'autres raisons, plus sages sans doute que celles que nous imaginons, déterminèrent Louis XIV à supprimer ces leçons précieuses. Il conserva néanmoins les écrits de son petit-fils ; et l'auteur de la vie de ce prince en a enrichi son histoire, les cite, les copie très-souvent et toujours d'une manière sage et intéressante.

Tout ce que M. de Fénelon avoit composé pour l'instruction de M. le dauphin ne fut cependant pas perdu pour le public, M. le duc de Beauvilliers en avoit des copies de la main même de Fénelon ; et c'est à ce seigneur que nous sommes redevables de la partie qui nous reste de la correspondance de ce prince avec son ancien précepteur, et nommément de la direction pour la conscience d'un roi.

Cet ouvrage vraiment singulier ne fait pas moins d'honneur à l'élève qu'à l'instituteur. Il montre que l'un et l'autre étoient capables d'entendre et de dire toute vérité.

Le grand âge de Louis XIV; l'enfance du seul héritier qui lui restoit, car le duc de Bretagne n'avoit survécu que de huit jours à son père; l'état où se trouvoit le royaume; l'état plus fâcheux où il craignoit qu'il ne tombât: voilà ce qui attristoit Fénelon, ce qui lui faisoit désirer la paix et chercher les moyens de prévenir les maux qu'il redoutoit. Il faut le lire lui-même; personne ne pourroit peindre avec autant de vérité et ses agitations et sa prevoyance.

« Mon neveu, écrit-il à M. le duc de Che-
» vreuse, mon neveu s'en va à Paris, mon bon
» duc, et je profite de cette occasion pour vous
» ouvrir mon cœur.

» Il me tarde de voir la paix : tous les mo-
» mens sont précieux. Je crains, pour la France,
» que Dieu ne soit point encore assez apaisé,
» et que, le roi manquant, nous ne soyons
» plongés dans de nouveaux malheurs. Il faut
» se hâter de conclure la paix : dans l'état pré-
» sent, elle sera douce en comparaison de celle
» qu'on étoit réduit à désirer il y a huit mois,

» sans pouvoir l'obtenir. Il convient même que
» cette paix contente à peu près les principales
» puissances, et qu'elle apaise l'animosité des
» voisins. Il faut laisser les politiques nourris
» dans les finesses des négociations chicaner
» peu à peu le terrain : on doit trancher, et
» perdre largement. En tranchant on prévient
» les malheurs qui renverseroient tout; en cé-
» dant beaucoup, on diminue la jalousie et
» l'animosité, on facilite les alliances.

» Il est capital de se hâter d'établir un ordre
» pour l'avenir, dès que la paix sera conclue.
» Il faut réformer les troupes, prendre un plan
» pour les dettes, et pourvoir au gouvernement
» futur. Le temps s'écoule rapidement, on
» touche à celui où l'on ne pourra plus presser
» le roi de travailler de suite. On voudra lui
» épargner les vues qui l'attristeroient, et l'on
» ne pensera plus qu'à le soulager pour pro-
» longer sa vie. Ainsi on court grand risque
» de ne faire rien, et de tomber tout à coup
» dans un desordre affreux.

» On est menacé pour la religion de maux
» plus redoutables que ceux de l'état : les no-
» vateurs font des progrès étonnans; ceux qui
» leur sont opposés deviennent de plus en plus
» odieux et meprisables...... Au nom de Dieu,
» mon bon duc, ne perdez aucune occasion
» de parler courageusement, et de manière à

» alarmer le roi sur ce progrès rapide. En lui
» parlant ainsi, vous ne lui direz que ce qu'il
» est accoutumé à croire. Il ne peut point vous
» soupçonner d'intérêt et d'artifice dans de tels
» avis........

» Si vous avez la bonté d'écouter mon neveu,
» et même de l'interroger, il vous rendra bon
» compte de ce qu'il a vu sur cette frontière.
» Je puis, sans le flatter ni m'entêter de lui,
» vous répondre de sa sincère piété, de son
» bon sens, de son application, et de sa dis-
» crétion, qui est au-dessus de son âge. Il peut
» vous dire beaucoup de choses.......... Il sait
» ce que je pense,...... . et vous en rendra bon
» compte.

» Je vous conjure, mon bon duc, de ménager
» votre foible santé. Il vous faut du repos d'es-
» prit et de la gaieté, avec de l'air et de l'exer-
» cice du corps. Je serois charmé si j'apprenois
» dans la belle saison que vous montassiez
» quelquefois à cheval pour vous promener à
» Vaucresson. J'espère que la bonne duchesse
» vous pressera de le faire, rien n'est meilleur.
» Dieu vous conserve, et vous donne un cœur
» large par simplicité et par abandon. Cette
» largeur contribuera même à votre santé. Que
» ne donnerois-je point pour votre conserva-
» tion! J'ai le cœur toujours malade depuis la
» perte irréparable de notre prince. Celle du

» cher tuteur (c'étoit le nom qu'il donnoit à
» M. le duc de Beauvilliers) a rouvert toutes
» mes plaies. Dieu soit béni! adorons ses des-
» seins impénétrables. Je mourrai, mon bon
» duc, comme je vis, vous étant dévoué avec
» une reconnoissance et un zèle sans bornes. »

Cette paix, si ardemment désirée, fut enfin signée à Utrecht en 1713. M. de Cambrai, qui la souhaitoit plus que personne, en reçut la nouvelle de notre armée, et ne manqua pas de s'en réjouir avec M. le duc de Chevreuse, alors le plus ancien, le plus constant de ses amis, le seul qui lui restât à la cour; et il ne lui resta pas long-temps, car il eut bientôt après à déplorer sa perte. Ma douleur, écrivoit-il à ce sujet à son neveu, ma douleur est une langueur paisible : je suis triste, mais en paix et en soumission. C'étoit le dernier sacrifice que Dieu demandoit à M. de Cambrai : il avoit vu disparoître dans l'espace de trois ans tout ce qu'il chérissoit le plus, ses conseils, ses appuis, ses confidens les plus intimes. Séparé d'eux depuis 1697, leur correspondance, leur union, s'étoient maintenues malgré tout ce qu'on avoit fait pour les rompre ; et ce qui prouve qu'elles étoient fondées sur l'estime et sur la vertu, c'est que la disgrâce de M. de Cambrai n'avoit servi qu'à rendre leur amitié plus vive et plus tendre.

M. de Cambrai pleura amèrement, il pleura le reste de ses jours des amis si dignes d'être regrettés. Il ne cachoit point ses larmes, il ne cherchoit point à les retenir par une ostentation philosophique : mais, au milieu de ses douleurs, ce prélat conservoit de la résignation ; il conserva même de la liberté pour remplir avec la même égalité d'esprit ce que la bienséance et le devoir exigeoient de lui. Ses travaux pour l'église, ses soins et sa vigilance pour la conduite de son diocèse, son attention à diriger, à instruire et les âmes dont il étoit chargé et celles qui le consultoient, rien ne fut interrompu, rien ne souffrit du chagrin profond qui le minoit : il travailloit, il agissoit avec le même zèle, mais sans ces consolations humaines que les âmes même vertueuses éprouvent en s'épanchant dans le sein de leurs amis, en les consultant, en leur communiquant, et ce qu'elles pensent, et ce qu'elles projettent, et ce qu'elles désirent.

La terre entière ne parut plus, aux yeux du tendre Fénelon, qu'un désert aride et sombre, puisqu'il n'y voyoit pas ceux qu'il avoit tant aimés. Tous ses regards se tournèrent plus que jamais vers le ciel ; tous ses désirs ne furent désormais que de s'unir à Dieu, que d'aller se perdre et s'enfoncer dans cet abîme d'amour et de bonheur pour y trouver et ce qu'il pleuroit et ce qu'il avoit toujours espéré. Il attendit ce moment avec soumission, avec douceur et en silence : il ne l'attendit pas long-temps.

Pour s'y préparer avec une entière liberté, il songeoit sérieusement à abandonner son archevêché. Il avoit pris pour cela des mesures ; et après les perquisitions les plus exactes pour se choisir un successeur, et le demander au roi, il étoit presque déterminé pour M. l'abbé de Tavannes, depuis évêque de Châlons-sur-Marne, archevêque de Rouen, et cardinal. C'étoit alors un jeune abbé qui n'avoit paru à la cour que depuis que M. de Cambrai l'avoit quittée pour ne plus sortir de son diocèse. Il n'avoit avec M. de Tavannes aucune affinité, aucune liaison, et ne s'étoit décidé pour lui que sur les témoignages avantageux qu'on lui avoit rendus de sa conduite modeste et ecclésiastique. Tout cela se passoit dans un secret qui n'a pas même été connu de celui qu'il intéressoit le plus, et dont nous avons trouvé la preuve dans les manuscrits de ce prélat, et dans une petite vie abrégée, composée par feu M. le marquis de Fénelon, ambassadeur en Hollande.

L'archevêque de Cambrai étoit dans ces dispositions quand une maladie de peu de jours l'enleva de ce monde, au commencement de l'année 1715. Pendant sa maladie il donna toutes les marques d'une patience et d'une fermeté vraiment chrétienne. Un historien a voulu cependant faire mourir Fénelon en philosophe qui se livre aveuglément à sa destinée sans crainte ni espérance : il cite en preuve quelques vers qu'il prétend que M. de Cambrai répéta dans les derniers jours de sa maladie; mais il n'a garde de faire observer que ces vers * sont tirés d'un cantique de M. de Fénelon sur cette simplicité d'une enfance sainte et divine qui renonce à la prudence humaine et aux inquiétudes de l'avenir pour s'abandonner, sans toutes ces prévoyances inutiles et souvent nuisibles, à la confiance dans la miséricorde de Dieu et dans les mérites de Jésus-Christ.

« Quelle âme, dit M. de La Harpe dans
» l'éloge de ce prélat, mérita mieux que celle
» de Fénelon de n'être pas légèrement soup-
» çonnée? Il me semble que, dans tous les cas,
» le parti qui coûte le plus à prendre, c'est de
» croire que Fénelon a pu tromper. »

---

* *Renoncer à la sagesse humaine pour vivre en enfant.*

Adieu, vaine prudence,
Je ne te dois plus rien :
Une heureuse ignorance
    Est ma science ;
Jésus et son enfance
    Est tout mon bien.

Jeune, j'étois trop sage,
Et voulois tout savoir :
Je n'ai plus en partage
    Que badinage,
Et touche au dernier âge
    Sans rien prévoir.

Eh! qu'auroit-il fait autre chose toute sa vie, s'il étoit mort comme l'insinue Voltaire? et quelle gloire en reviendroit-il à la philosophie de nos jours, que de compter parmi ses héros, un hypocrite de plus?

Nous opposerons à ce qu'en raconte cet historien le caractère de candeur, de désintéressement et de modestie que personne avant Voltaire n'a contesté à M. de Fénelon: une vie constamment calquée sur les principes de la foi la plus soumise et de la plus ardente charité; l'estime générale, l'admiration même qu'on avoit pour sa vertu; la confiance, la vénération de ceux qui le voyoient de plus près; les larmes de tout son peuple, qui le pleura comme son père, comme le modèle de la piété la plus franche et la plus sincère.

Nous lui opposerons encore une relation de la maladie et de la mort de M. de Cambrai écrite par un ecclésiastique attaché à ce prélat, qui étoit présent à tout ce qui se passa dans le cours de cette maladie, et qui raconte avec simplicité ce qu'il a vu et ce qu'il n'avoit aucun intérêt d'altérer et de falsifier.

Vous avez raison, dit cet ecclésiastique en écrivant à un de ses amis, vous avez raison de croire que la mort précieuse de notre saint archevêque auroit été pour vous un sujet d'édification si vous y aviez assisté comme nous.

Vous l'auriez vu, tranquille jusqu'au dernier moment, s'offrir à Dieu et attendre en paix l'ordre d'aller à lui. Sa maladie, qui étoit une fièvre continue, dont la cause étoit cachée, n'a duré que six jours et demi, avec des douleurs très-vives et très-aiguës. Pendant ce temps-là, il ne vouloit être entretenu que de la lecture de l'Écriture sainte ; mais on n'osoit le contenter qu'à demi les premiers jours, de peur que l'application qu'il donnoit à cette lecture n'empêchât l'effet des remèdes et n'aigrît son mal. On ne lui lut d'abord que le livre de Tobie de temps en temps, et peu à la fois ; on y ajoutoit, suivant les occasions, quelques textes sur la fragilité des biens qui passent et sur le désir de ceux qui durent à jamais. Nous lui récitions souvent et il paroissoit toujours charmé d'entendre les derniers versets du chapitre iv et les neuf premiers du chapitre v de la seconde épitre de saint Paul aux Corinthiens. Redites encore cet endroit, me dit-il en deux occasions.

Dans les intervalles, on ne laissoit pas de lui parler de quelques affaires pressantes. Par exemple, on lui proposa de signer les provisions d'un canonicat de notre église métropolitaine qu'il avoit ordonné d'expédier, et il le fit. On lui demanda encore s'il n'avoit rien à changer à son testament ; et il fit un codicille pour substituer M. l'abbé de Fénelon à la place de feu M. l'abbé de Langeron, qu'il avoit nommé, avec M. l'abbé de Chanterac, exécuteur de son testament.

En mon particulier, je lui demandai s'il n'avoit rien à m'ordonner par rapport aux deux ouvrages qu'il faisoit imprimer ; et il me chargea de faire achever cette impression, et d'y insérer, dans un de ces deux ouvrages, deux lettres ou dialogues sur les affaires du temps qu'il me donna écrits de sa main.

Les deux derniers jours et les deux dernières nuits il nous demanda avec instance, et nous lui récitâmes, suivant son désir, les textes de l'écriture les plus convenables à l'état où il se trouvoit. Répétez-moi, disoit-il de temps en temps, ces divines paroles. Il les achevoit avec nous autant que ses forces le lui permettoient. On voyoit dans ses yeux et sur son visage qu'il entroit avec ferveur dans de vifs sentimens de foi, d'espérance, d'amour, de résignation, de sacrifice, d'union à Dieu, de désir, de conformité avec Jésus-Christ, que ces textes exprimoient.

Quoiqu'il se fût confessé la veille de Noël avant que de chanter la messe de minuit, il se confessa de nouveau dès le second jour de sa maladie, qui étoit aussi le second de cette année 1715. Le troisième jour au matin il me chargea de lui faire donner le saint viatique. Une heure après il me demanda si je m'étois acquitté des préparatifs nécessaires pour cette cérémonie. Comme je lui représentai qu'il n'étoit pas encore si mal : Dans l'état où je me sens, dit-il, je n'ai point d'affaire plus pressée.

Il se fit porter, de la petite chambre où il couchoit ordinairement, dans une chambre plus grande, afin que tous les chanoines pussent y entrer et être présens à cet acte de religion. Il dit alors quelques mots d'édification que je n'entendis que confusément, étant trop éloigné de lui. Le quatrième jour au matin, son confesseur qui l'étoit venu voir, se retirant du chevet de son lit, il m'en fit approcher. Monsieur N., me dit-il, vient de me demander si je ne suis pas assuré d'avoir fait un bon acte de contrition. Je lui ai répondu que personne n'en étoit assuré. *Nescit homo utrum amore an odio dignus sit.* Il est moins question d'un acte exprès, ajouta-t-il, que de la disposition d'horreur pour le péché, et d'une tendance réelle vers Dieu qui règne dans le cœur. Il faut se confier en Dieu et s'abandonner à sa miséricorde, c'est un bon père.

M. l'abbé de Beaumont et M. le marquis de Fénelon arrivèrent en poste de Paris le quatrieme jour après midi. Cette vue lui fit plaisir.

Il leur demanda qui leur avoit donné l'alarme. La douleur ne leur permit pas de faire autre chose que de montrer M. l'abbé de Fénelon. Quelque sensible que je l'aie vu à la mort de M. l'abbé de Langeron, son ami intime, et à celle de monseigneur le dauphin auparavant duc de Bourgogne, son élève; cependant, dans sa dernière maladie, il vit, sans pleurer, l'affliction et les larmes de toutes les personnes qu'il aimoit le plus tendrement.

Ces messieurs avoient amené de Paris avec eux le célèbre M. Chirac. Ils le firent d'abord conférer avec nos médecins, gens sages et habiles. Ils n'épargnèrent aucun soin. Les médecins convinrent de le faire saigner une seconde fois et de lui donner l'émétique. L'effet en fut prompt et grand; on en conçut même quelque espérance de guérison : mais on remarqua, bientôt après, que le mal étoit plus fort que les remèdes. Dieu vouloit retirer à lui une des plus fermes colonnes qu'il eût données à son église dans des temps d'indocilité et de schisme. Le matin, jour des Rois, après m'avoir dit le regret qu'il avoit de ne pouvoir dire la messe, j'allai, suivant son ordre, la dire pour lui.

Pendant ce temps-là on le trouva plus mal, et on lui donna l'extrême-onction. Immédiatement après il me demanda; et ayant fait sortir tout le monde de sa chambre, il me dicta la dernière de ses lettres, qu'il signa, m'ordonnant de la montrer ici à quatre personnes et de l'envoyer dès qu'il auroit les yeux fermés. C'est dans cette occasion que se rappelant toutes ses forces, sentant qu'il alloit paroître devant Dieu, et s'y préparant, il exposa ses véritables sentimens. Quelque courte que soit cette lettre, on ne peut marquer ni un plus grand désintéressement pour sa famille, ni plus de respect et d'attachement pour son roi, ni plus de tendresse pour son diocèse, ni plus de zèle pour la foi contre les erreurs nouvelles, ni une docilité plus absolue pour l'église mère et maîtresse.

Il souffrit beaucoup le reste du jour et pendant sa dernière nuit. Il étoit ravi d'être rendu semblable à Jésus-Christ souffrant. Je suis, disoit-il, sur la croix avec Jésus-Christ qui y a été pour nous tous. *Christo confixus sum cruci.* Nous lui récitions alors les paroles de l'écriture qui parlent de la nécessité des souffrances, de leur brièveté, de leur peu de proportion avec le poids immense de gloire éternelle dont Dieu les couronne. Ses douleurs redoublant, nous lui disions ce que saint Luc rapporte de Jésus-Christ, que dans ces occasions il redoubloit ses prières : *Factus in agonia, prolixius orabat.* Jésus-Christ, ajouta-t-il, réitéra trois fois la même prière. *Oravit ter-*

tio eumdem sermonem dicens. La violence du mal ne lui permettant pas d'achever seul, nous continuâmes avec lui : *Mon Père, s'il est possible que ce calice s'éloigne de moi ! Cependant que votre volonté se fasse, et non pas la mienne.*

Oui, Seigneur, ajoutoit-il, votre volonté, et non pas la mienne. Sa fièvre redoubloit par intervalles, et lui causoit des transports qu'il apercevoit lui-même et dont il étoit peiné, quoiqu'il ne lui échappât rien de violent ou de peu convenable.

Le redoublement cessant, on le voyoit d'abord joindre les mains, lever les yeux au ciel, se soumettre de nouveau, et s'unir à Dieu dans une grande paix. Cet abandon plein de confiance à la volonté de Dieu avoit été dès sa jeunesse le goût dominant de son cœur; et il y revenoit toujours, ne voulant agir que dépendamment de l'esprit de Dieu. C'étoit là, pour ainsi dire, son unique nourriture et celle qu'il nous donnoit.

Je suis encore attendri quand je pense au spectacle touchant de cette dernière nuit. Sa pieuse famille, M. l'abbé de Beaumont, M. l'abbé de Fénelon, M. le marquis de Fénelon et les chevaliers ses frères, M. l'abbé de Leschelle, M. de Leschelles, et M. l'abbé de Devise leur neveu, etc., vinrent tous l'un après l'autre, dans les intervalles de pleine liberté d'esprit, lui demander et recevoir sa dernière bénédiction, lui donner le crucifix à baiser, et lui dire chacun un mot d'édification. Quelques dames et demoiselles ses pénitentes reçurent aussi sa bénédiction. Ses domestiques vinrent ensuite tous ensemble en fondant en larmes la lui demander ; et il la leur donna avec amitié. M. l'abbé le Vayer, supérieur du séminaire de Cambrai, qui l'assista particulièrement à la mort cette dernière nuit, la reçut aussi pour le séminaire et pour le diocèse. Il récita les prières des agonisans, y entremêlant de temps en temps des paroles courtes et touchantes de l'écriture, les plus convenables à la situation du malade, qui fut environ une demi-heure sans donner aucun signe de connoissance, après quoi il expira doucement à cinq heures et un quart du matin.

Nous allons mettre sous les yeux du lecteur la lettre que M. de Cambrai écrivit au P. le Tellier, confesseur du roi, la veille de sa mort, et un extrait de son testament : ces derniers traits de sa vie achèvent de le peindre et de le montrer tel qu'il étoit véritablement, plein de désintéressement, de candeur et de zèle.

« A Cambrai, ce 6 janvier 1715.

» Je viens de recevoir l'extrême-onction. C'est dans cet état, mon révérend père, que je me prépare à paroître devant Dieu, et que je vous supplie instamment de présenter au roi mes véritables sentimens.

» Je n'ai jamais eu que docilité pour l'église et qu'horreur pour les nouveautés. J'ai reçu la condamnation de mon livre avec la simplicité la plus absolue. Je n'ai jamais été un seul moment dans ma vie sans avoir pour la personne du roi la plus vive reconnoissance, le zèle le plus ingénu et l'attachement le plus inviolable.

» Je prendrai la liberté de demander à sa majesté deux grâces, qui ne regardent ni ma personne, ni aucun des miens. La première est que le roi ait la bonté de me donner un successeur pieux, régulier, bon, et ferme contre le jansénisme, lequel est prodigieusement accrédité sur cette frontière. L'autre grâce est qu'il ait la bonté d'achever avec mon successeur ce qui regarde mon séminaire, et son union avec MM. de Saint-Sulpice. Je dois à sa majesté le secours que je reçois d'eux : on ne peut rien voir de plus apostolique ni de plus vénérable.

» Je souhaite à sa majesté une longue vie, dont l'église aussi-bien que l'état ont infiniment besoin. Si je puis aller voir Dieu, je lui demanderai souvent cette grâce. »

Je mets ici la première partie du testament de M. de Cambrai, pour faire voir, comme le dit M. de Ramsai en terminant la Vie qu'il en a donnée, l'unité et la continuité de ses sentimens jusqu'au dernier moment de sa vie.

Après avoir invoqué la très-sainte Trinité, et dit que l'état de sa santé, qui étoit à l'ordinaire, n'étoit pas une raison pour négliger la pensée de la mort et le soin de s'y préparer, il commence ainsi :

« Je déclare que je veux mourir entre les bras de l'église catholique, apostolique et romaine, ma mère. Dieu, qui lit dans les cœurs et qui me jugera, sait qu'il n'y a eu aucun moment de ma vie où je n'aie conservé pour elle une soumission et une docilité de petit enfant, et que je n'ai jamais cru aucune des erreurs qu'on a voulu m'imputer. Quand j'écrivis le livre intitulé : *Explication des maximes des saints*, je ne songeai qu'à séparer les veritables expériences des saints, approuvées de toute l'église, d'avec les illusions des faux mystiques, pour justifier les uns et rejeter les autres. Je ne fis cet ouvrage que par le conseil des personnes les plus opposées à l'illusion, et je ne le fis imprimer qu'après qu'ils l'eurent examiné. Comme cet ouvrage fut imprimé à Paris en mon absence, on y mit les termes de *trouble involontaire* par rapport à Jésus-Christ; lesquels n'étoient point dans le corps de mon texte original, comme certains témoins oculaires d'un très-grand mérite l'ont certifié, et qui avoient été mis à la marge seulement pour marquer une petite addition qu'on me conseilloit de faire en cet endroit-là par une plus grande précaution. D'ailleurs il me sembloit, sur l'avis des examinateurs, que les correctifs inculqués dans toutes les pages du petit livre écartoient avec évidence tous les sens faux et dangereux. C'est suivant ces correctifs que j'ai voulu soutenir et justifier ce livre, pendant qu'il m'a été libre de le faire ; mais je n'ai jamais voulu favoriser aucune des erreurs en question, ni flatter aucune personne que je connusse en être prévenue.

» Dès que le pape Innocent XII eut condamné cet ouvrage, j'ai adhéré à son jugement, du fond de mon cœur et sans restriction, comme j'avois promis d'abord de le faire. Depuis le moment de ma condamnation, je n'ai jamais dit un seul mot pour justifier ce livre. Je n'ai songé à ceux qui l'avoient attaqué que pour prier avec un zèle sincère pour eux, et que pour demeurer uni à eux dans la charité fraternelle.

» Je soumets à l'église universelle et au siége apostolique tous les écrits que j'ai faits, et j'y condamne tout ce qui pourroit m'avoir échappé au delà des véritables bornes; mais on ne doit pas m'attribuer aucun des écrits que l'on pourroit faire imprimer sous mon nom. Je ne reconnois que ceux qui auront été imprimés par mes soins, et reconnus par moi pendant ma vie : les autres pourroient ou n'être pas de moi, et m'être attribués sans fondement, ou être mêlés avec d'autres écrits étrangers, ou être altérés par des copistes. A Dieu ne plaise que je prenne ces précautions par une vaine délicatesse pour ma personne! Je crois seulement devoir au caractère épiscopal qu'on ne m'impute aucune erreur contre la foi, ni aucun ouvrage suspect. »

La mort de M. de Fénelon fut une calamité pour son diocèse et un événement dans l'Europe. Ses vertus et ses talens, connus partout, furent partout sincèrement pleurés et regrettés.

FIN DU PREMIER VOLUME.

www.ingramcontent.com/pod-product-compliance
Lightning Source LLC
Chambersburg PA
CBHW071330150426
43191CB00007B/689